Miradas inquietas

Pablo Antonio Fernández Sánchez

Miradas inquietas

de un mundo desordenado a
un orden mundial humillado

EDITORIAL
UNIVERSIDAD DE SEVILLA

Sevilla 2025

© Editorial Universidad de Sevilla 2025
  c/ Porvenir, 27 - 41013 Sevilla.
  Tlfs.: 954 487 447; 954 487 451
  Correo electrónico: info-eus@us.es
  Web: https://editorial.us.es
© Pablo Antonio Fernández Sánchez 2025

Impreso en papel ecológico
Impreso en España-Printed in Spain

ISBN 978-84-472-3158-4
Depósito Legal: SE 1297-2025

Maquetación y realización de cubierta:
Editorial Universidad de Sevilla
Impresión: Podiprint

Índice

Prólogo

En el año 1996, después de haber ejercido como profesor titular en la Universidad de Sevilla, me trasladé a la Universidad de Huelva para ocupar la cátedra de Derecho Internacional Público y Relaciones Internacionales de dicha institución. Trece años después, en 2009, regresé de nuevo a la Universidad de Sevilla, manteniendo el mismo rango profesional que había alcanzado en la de Huelva. Con motivo de mi regreso a Sevilla, la universidad onubense me propuso publicar algún libro de memorias o de recopilación de trabajos científicos, donde se reflejara mi paso por ella. Así surgió el libro *Primera mirada: huellas y cicatrices de un mundo desordenado*, editado por la Universidad de Huelva. Esa obra recogía todos los artículos periodísticos publicados durante mi etapa onubense, como parte de una actividad que en el ámbito universitario llamamos transferencia de conocimiento. En ellos había ido comentando distintas situaciones internacionales que requerirían precisión, rigurosidad, explicación y oportunidad.

El recorrido fue desde el primer artículo que me pidió el Grupo Joly, «Austria y la Unión Europea», publicado el 2 de febrero de 2000, hasta «La Comisión para los Derechos Humanos», publicado el 30 de julio de 2009. La mayor parte de estos artículos se habían publicado en los diferentes diarios del Grupo Joly (*Diario de Sevilla, Diario de Cádiz, Diario de Jerez, Europa Sur, Día de Córdoba, Huelva Información, Granada Hoy, Málaga Hoy* y *El Diario de Almería*) y se habían escrito desde la óptica de un observador privilegiado del mundo internacional, no solo por mi propia formación, sino por mi participación activa en la mayor parte de los problemas internacionales que analizaba. Como experto internacional, podía explicar los hechos y mostrar una valoración crítica con el rigor científico de la universidad. También podía aportar el bagaje personal de los contactos, en muchos casos con los actores directos en la escenografía internacional.

Como se dice en la introducción de esa primera obra, ese libro es «algo más que una recopilación de artículos de prensa. Trata de mostrar, de una forma articulada, una mirada, primeriza, de este mundo para que sirva de testigo de cuanto no sólo ha sucedido, sino qué ha condicionado la vida pública internacional de estos primeros años del siglo XXI. Y todo ello, desde mi atalaya onubense».

Al llegar el momento de mi jubilación forzosa, y tras haber tenido la oportunidad de publicar un nuevo e importante conjunto de artículos de opinión y tribunas periodísticas —una vez más en los diarios del Grupo Joly—, he considerado relevante plasmar la visión del mundo que he construido desde mi regreso a la Universidad de Sevilla en 2009 hasta 2025, unos años en que he vuelto a tener la oportunidad de observar los acontecimientos con mirada propia, esta vez desde la ciudad de La Giralda, desde la Universidad de Sevilla.

Han sido unos años de importantísimos acontecimientos que han merecido mi mirada, a veces sorprendida, a veces incrédula, pero sobre todo inquieta, y que requerían una valoración, una crítica o, al menos, una llamada de atención. Vengo observando cambios estructurales en una sociedad internacional que se enfrenta a transformaciones sustanciales, con desafíos enormes y complejos.

El orden internacional instaurado tras la Segunda Guerra Mundial ya no resiste sus propias costuras. Han aflorado nuevos sujetos y nuevos actores, nuevas fuentes, nuevas apreciaciones sobre la aplicación del Derecho Internacional, nuevas responsabilidades y nuevas funciones. Todo esto ha supuesto un proceso revolucionario en el orden internacional que ha convertido miles de normas jurídicas en una obsolescencia programada. A ello se le une el comportamiento impúdico de muchos gobernantes, de muchos Estados y algunos de los nuevos actores que muestran el alcance de situaciones humillantes.

No hay más que ver la guerra de Ucrania, la de Gaza, la conquista del espacio desde empresas privadas, el cambio climático, los movimientos migratorios masivos, el avance de la inteligencia artificial en el desarrollo de los conflictos armados, la universalización de las pandemias, la constante degradación medioambiental y un largo etcétera.

La aproximación a temas tan distintos y tan distantes tiene un eje común, que es la mirada al mundo, a través de hechos que han ido ocurriendo y que me han servido para proyectar una idea crítica en un entorno ciudadano. Por ello, me he ocupado de todo lo que ha ido sucediendo, poniendo el acento en aquellos asuntos que han estado interesando a la opinión pública, pero, sobre todo, a la opinión publicada, que requería de una mirada diferente, inquieta pero con sólidos fundamentos.

Me he tenido que ocupar, en varias ocasiones, de un mismo tema, con diferentes variables, como la guerra de Ucrania (desde sus comienzos en 2014); la situación de Oriente Próximo (donde me he aprovechado de mi viaje a Jerusalén y Cisjordania, en calidad de miembro de la Comisión de Juristas en Palestina, en 2005); de Europa, y no solo de la Unión Europa, sino del Consejo de Europa o de la OTAN, sin olvidarme de un tema que tengo siempre en mi horizonte, Gibraltar, que tanto ha dado que hablar siempre, pero, sobre todo, estos últimos años, desde que se produjo el Brexit; de Cataluña; de la pandemia; de las migraciones; del cambio climático; de América Latina, y de otros temas que han acaparado la agenda internacional de estos años.

Durante este tiempo, he tenido ocasión de seguir todos los pasos de numerosos estudiantes de tercer ciclo que se han iniciado en la investigación y que han culminado con importantes contribuciones científicas, más allá de sus propias tesis doctorales. Estos han sido los mayores logros de esta etapa, en el modesto espacio en el que me he movido: haber tenido tiempo para el estudio y la reflexión y haber colaborado en la formación de investigadores, que ya vuelan con alas propias.

El estímulo constante que he tenido de mis alumnos, de mis colaboradores, de mis discípulos ha sido la mayor riqueza de estos años, junto a mis hijos, que han tardado mucho en comprender en qué gastaba mi tiempo, pero que hoy lo comprenden y valoran.

Podía haber optado por agrupar temáticamente las cuestiones que abordo, pero he preferido utilizar el método cronológico porque ello también explica los hechos y porque también es un método discursivo.

Quisiera concluir estas breves apalabras expresando mi agradecimiento al Grupo Joly, especialmente a su presidente, don José Joly, que me ha permitido hacerlo llegar a un público generalista, al que no siempre puedo dirigirme porque, en la universidad, nuestro público fundamental son los académicos, los colegas, los investigadores y, en muchas ocasiones, los alumnos.

Sevilla, 12 de junio de 2025

La nueva jurisdicción universal española

Global Viewpoint Network/Tribune Media Services
14 de agosto de 2009

Podríamos decir que España ha puesto de moda la jurisdicción universal. A las tres de la tarde del viernes 16 de octubre de 1998, el Juez Baltasar Garzón Real, Magistrado-Juez del Juzgado Central de Instrucción número 5 de la Audiencia Nacional redactó una orden internacional de búsqueda y captura, por delitos de genocidio, terrorismo y tortura, contra el exjefe del Estado de Chile, Augusto Pinochet Ugarte. Lo hizo a sabiendas de que se encontraba en una clínica londinense, convaleciente de una operación quirúrgica. Todos los teletipos del mundo saltaron y fue así como se popularizó la expresión *jurisdicción universal*.

El Sr. Pinochet se encontraba en Londres, en visita privada, sin inmunidad alguna y los agentes de Scotland Yard, con sus intérpretes, comunicaron la detención formulada por el juez británico de su jurisdicción, quien había recibido la comisión rogatoria del juez español.

Fue un mazazo y un quebradero de cabeza para los políticos y diplomáticos, pero una enorme fuente de animación para los defensores de la causa de los derechos humanos.

No es que la jurisdicción universal no fuera una institución jurídica internacional suficientemente conocida por los expertos, sino que era la primera vez que se activaba una detención de estas características, basándose en la competencia que le permite una ley interna a un juez nacional sin relación alguna con la mayoría de los delitos, que habían sido cometidos en el extranjero, por extranjeros, contra extranjeros.

Para el Reino Unido no se trataba de una demanda de jurisdicción universal, sino, técnicamente, de una respuesta a una solicitud de extradición por parte de España en el marco de un tratado en el cual ambos Estados eran partes.

Sin embargo, la repercusión mediática hizo saltar todas las alarmas jurídicas. De hecho, a partir de este caso se iniciaron estudios concienzudos de esta institución, que han provocado, incluso, réplicas y contrarréplicas académicas y políticas.

Es verdad que no era la primera vez que se hacía funcionar esta institución, sin embargo, sí que era novedoso el que se estuviera implicando a un Estado de tradición jurídica anglosajona, que no se refiriera a crímenes de guerra y que se imputara a antiguos Jefes de Estado.

En este sentido, podemos decir que España ha sido la gran impulsora de esta institución jurídica. De hecho, el Tribunal Constitucional español ha considerado la prevalencia de la jurisdicción universal sobre la existencia o no de intereses españoles.

Sin embargo, ahora los legisladores españoles han querido modificar sustancialmente este envite. Unos dicen que como medida de contención diplomática, otros que para evitar incidentes como los habidos con China y otro Estados poderosos y, la mayoría, que se vuelve a la impunidad de los años previos a la popularización de esta institución jurídica.

En este sentido, aprovechando una reforma de legislación procesal para la implantación de una Nueva Oficina Judicial, se introduce una modificación de la Ley Orgánica del Poder Judicial. La estrategia no puede ser más torticera. El cambio es sustancial, en el sentido de que ahora solo se prevé la competencia de los jueces españoles para la jurisdicción universal, únicamente en el caso de que estén implicados españoles o el presunto responsable se halle bajo jurisdicción territorial española.

Es verdad que se aumentan sustancialmente los delitos por los que los jueces españoles serán universalmente competentes, pero desvirtuando esta institución jurídica.

La próxima práctica internacional de esta jurisdicción no podrá seguir la práctica española, que se convertirá en una más de las existentes. Lo curioso es que el porcentaje de los votos emitidos en la Cámara Baja española indican la convicción de los legisladores, sobre todo, de los dos grandes partidos con posibilidades de gobernar, que no quieren planteamientos de problemas de orden diplomático. La propuesta del Gobierno fue respaldada el pasado mes de junio de 2009 por el PSOE, PP, CiU y PNV (329 votos a favor, 9 en contra y 6 abstenciones), lo que indica el grado de consenso parlamentario, tan lejos del sentir popular español.

España ha sido un caso paradigmático de buena práctica procesal en este marco de la jurisdicción universal porque una Ley Orgánica otorga competencias a la Audiencia Nacional para que pueda procesar a presuntos violadores de crímenes de Derecho Internacional. Algunos jueces españoles, con más valentía que medios, han ejercido su competencia y han establecido reglas jurídicas que, incluso han comprometido la acción del Gobierno en el exterior.

Por ello, desgraciadamente, el Gobierno español, tras esta práctica insólita, ha tenido miedo y con la inestimable ayuda del Parlamento está en el último proceso para promulgar una modificación de la Ley Orgánica del Poder Judicial, en el sentido de exigir la presencia del inculpado en territorio español o algún nexo nacional con el delito. Esto ya no es jurisdicción universal, es pura jurisdicción penal, con la variante de la posible aplicación del principio *aut dedere aut judicare*. Sin embargo, habrá que estar a la espera de las decisiones judiciales para ver su alcance real.

El nuevo desafío europeo

Diarios Grupo Joly
17 de noviembre de 2009

El pasado jueves 12 de noviembre escuchaba desde la tribuna del público, el histórico discurso del presidente de turno de la Unión Europea, el primer ministro sueco, dirigiéndose al Parlamento Europeo, reunido solemnemente en Bruselas, con la presencia del presidente de la Comisión Europea.

La dimensión histórica viene dada por el hecho de que era el anuncio oficial de la entrada en vigor del Tratado de Lisboa (que se recibió con un cerrado aplauso) y con la convocatoria oficial de una Cumbre extraordinaria para el próximo día 19 de noviembre, donde el Consejo debía nombrar al presidente de la Unión Europea, figura de nuevo cuño en el Tratado de Lisboa.

El primer ministro sueco justificó la inexistencia de candidatos oficiales (que no de candidatos potenciales) porque las múltiples variables y los exigentes equilibrios le habían impedido llegar a acuerdos aún.

En efecto, parece razonable que el candidato deba ser de un Estado Miembro de la zona euro y de la zona Schengen. También parece razonable que sea del partido mayoritario, tanto de la Eurocámara como de los gobiernos nacionales. Menos razonable parece que tenga que ser de un país pequeño para impedir las inevitables tendencias a confundir los intereses nacionales con los de la Unión Europea o que tenga que ser mujer para que haya un signo de los tiempos en razón del género.

Además, los equilibrios tendrán que tener en cuenta las sensibilidades del Norte y del Sur, e incluso, me atrevería a decir que del Este y del Oeste.

Tantas variables han exigido poner sobre la mesa algo imprevisto: el cargo de Secretario General del Consejo. No es que no esté previsto en el Tratado de Lisboa, sino que no era una figura de relevancia y que la adquiere únicamente para contentar las apetencias de altos cargos en la nueva Unión Europea. De esta forma se puede sumar, ahora, a las figuras del presidente de la Unión y del Alto Representante para la Política Exterior y de Seguridad Común.

Dicho sea de paso, España lo tiene difícil. Primero porque el actual Alto Representante es español y no va a repetirse nacionalidad. En segundo lugar, porque a la península ibérica, que forma parte de la sensibilidad del sur de Europa, ya tiene representación con el Sr. Durao Barroso, en la Presidencia de la Comisión Europea. En tercer lugar, porque el Gobierno nacional pertenece a la minoría socialista europea de la Eurocámara.

Pero todo esto entra dentro de lo que podríamos llamar la lógica de la política. Negociaciones interminables servirán para que cada uno intente sacar su propia tajada. Ahora bien, deberíamos reflexionar sobre algunas cuestiones de este magno proceso.

Lo que puede sorprendernos más es que el Tratado de Lisboa nace con una vocación de legitimidad democrática de las instituciones comunitarias. Por eso el Parlamento Europeo asume muchas más competencias co-legislativas, por eso también se incorpora con rango jurídico la Carta de Derechos Fundamentales de la Unión Europea y por eso, igualmente, aparecen los parlamentos nacionales en el nuevo Tratado. Sin embargo, ni un solo candidato oficial ha trascendido, más allá de las valoraciones periodísticas que se han hecho de Tony Blair o de Felipe González, o de las autoproclamadas candidatas o las webs de presión existente para potenciar a unos u otros.

Ni el primer ministro sueco, que no olvidemos es el presidente de turno de la Unión Europea, dijo nada en el Parlamento Europeo, ni nadie le objetó este silencio. Parece como si fuera una broma y se insistiera en el déficit democrático de la Unión. ¿Por qué no hay transparencia política y se hacen públicos los nombres de los candidatos para que pueda haber reacción parlamentaria y ciudadana? ¿Por qué el Consejo sigue manteniendo una postura secretista en el proceso de negociación de los distintos nombramientos?

No digo yo, como acaba de decir la ausente Sègolene Royal, en Francia, que el presidente de la Unión Europea debería ser nombrado por sufragio universal entre todos los ciudadanos de la Unión. No es eso lo previsto en el Tratado de Lisboa, pero, al menos, deberíamos pedirles a los políticos que sean más coherentes con los nuevos postulados que se pretenden y que empiecen con el ejemplo de la trasparencia y la explicación. Todos tenemos derecho a saber entre quiénes se elige el Consejo Europeo y por qué se deciden por uno u otro, al menos hasta tanto podamos elegir más democráticamente a nuestro presidente, directamente por sufragio universal o a través de nuestra representación parlamentaria. Ese debería ser el siguiente nuevo desafío de la Unión Europea.

Aguas marítimas de Gibraltar

Diarios del Grupo Joly
9 de diciembre de 2009

Un nuevo incidente en las aguas de la Bahía de Algeciras ha vuelto a poner de manifiesto la insuficiente cooperación hispano-británica en materia tan fundamental como la lucha contra el contrabando, el narcotráfico, la inmigración clandestina o el tráfico ilícito de personas en la zona de Gibraltar.

En este caso ha sido la penetración de una patrullera de la Guardia Civil, en aguas interiores del puerto de Gibraltar.

España no discute que estas aguas del puerto de Gibraltar sean aguas interiores de la colonia británica. Ese espacio (el puerto) fue cedido en el Tratado de Utrecht y, por lo tanto, España no lo objeta. Y las aguas de un puerto, según el Derecho Internacional, son aguas interiores, es decir espacio de soberanía del ribereño territorial.

Desde luego, la torpeza de los guardias civiles, en zonas de tan delicada sensibilidad política, está fuera de lugar. Nadie pone en duda que el celo de estos agentes por perseguir a un buque que habiendo salido de Gibraltar se dirigía ilegalmente a Campamento (zona española), es lo que los animó a continuar la persecución que ellos creerían «en caliente» hasta penetrar en la misma bocana del puerto de Gibraltar, a donde trataban de refugiarse.

Desconozco la experiencia de estos agentes de la benemérita en la zona, pero estoy seguro que no ignoran la sutileza de los gobiernos español y británico respecto al tema de las aguas de la Bahía de Algeciras.

España no ha establecido líneas de base rectas en la Bahía de Algeciras para delimitar sus aguas interiores y los demás espacios marítimos. Por tanto, las únicas aguas interiores existentes en la Bahía son las del puerto de Algeciras y las del puerto de Gibraltar (que ya he dicho que España no objeta). El resto de las aguas son aguas territoriales, es decir, que a diferencia de la mayoría de los españoles, los campogibraltareños se bañan en aguas territoriales y no en aguas interiores.

El problema es si dichas aguas territoriales de la Bahía solamente lo son de España (posición diplomática española) o hay que compartirlas en el marco de una delimitación equidistante (posición británica).

Por ello, precisamente, siempre hay que andarse con pies de plomos en estos asuntos (y en lo relativo al espacio aéreo también, aunque este es menos controvertido). La situación está clara en términos jurídico-internacionales y diplomáticos. España siempre señala reservas y declaraciones e interpretaciones en todos los tratados internacionales que ratifica y que puedan tener que ver con este tema. Por tanto, tiene más que salvaguardada su posición jurídica. En este aspecto es un objetor persistente.

El problema es la escasa cooperación policial (y también judicial) que existe entre España y el Reino Unido en estas aguas, por muy controvertidas que estén.

Por ejemplo, la persecución en caliente de la delincuencia o de las entradas o salidas ilegales de embarcaciones sospechosas, no existe en la zona. Lo que es muy común, en el ámbito de la cooperación policial y judicial de la Unión Europea, en la que agentes españoles o portugueses o franceses pueden penetrar, armados, en territorio soberano del otro país, siempre que se trate de una persecución continuada de delincuentes, no es posible en la Bahía de Algeciras. Bastaría un tratado internacional bilateral en el marco de los tratados complementarios de la Unión Europea.

¿Qué es lo que se impone, pues? Grandes acuerdos de cooperación en esta materia entre España y el Reino Unido. Sin que afecte a la posición política de ambas partes, hay que tratar de resolver los problemas cotidianos de la Bahía, incluyendo el fondeo de buques, la protección medioambiental de la Bahía, la represión de la delincuencia, la lucha contra la inmigración ilegal, etc., etc.

En el marco de una Unión Europea, lo importante es la solución de los problemas de los ciudadanos en el ámbito que sea más favorable. Tenemos instrumentos jurídicos que ya estamos aplicando con Portugal y con Francia con notable éxito, como son los Tratados de Cooperación Transfronteriza, donde caben todos los problemas presentes en la Bahía de Algeciras. ¿Por qué no ponerlos también en marcha en esta zona?

Nadie puede decir que esto significaría una renuncia española a sus posiciones diplomáticas. Veo mucha más renuncia sabiendo que el ministro del Interior, Sr. Rubalcaba, llama por teléfono al Sr. Caruana para disculparse y rogarle que devuelva a los agentes de la Guardia Civil, capturados y desarmados, o creando nuevos incidentes diplomáticos innecesarios que obligan al ministro de Asuntos Exteriores a intervenir.

Haití, la ONU y los Estados Unidos

Diarios del Grupo Joly
27 de enero de 2010

Da la impresión de que los desastres se ceban siempre con los más débiles, pero en realidad, lo que sucede es que la debilidad acrecienta los desastres. No hay más que comparar las consecuencias del terremoto de Haití con el de Japón de hace unos años, con la misma escala de intensidad. El primero lleva ya más de cien mil muertos, incontables heridos y el colapso total. El de Japón se saldó solo con algunos heridos.

Pues bien, algo similar sucede también con la ONU. No solo ha tenido en Haití el mayor desastre de su historia sino que, además, ha perdido la confianza y se ha ganado la crítica feroz de los medios y de amplios colectivos de ciudadanos.

Sin embargo, no se debe olvidar la debilidad de la que parte la ONU para comprender las limitaciones de su reacción. La impotencia para controlar la situación, como la de Haití, ha acrecentado su propio desastre.

La naturaleza de esta organización internacional es política. Por tanto, no hay que tener la creencia de que es una magna ONG o una Agencia de Ayuda al Desarrollo. Solo podrá hacer aquello que sus 192 Estados Miembros quieran que haga y, además, aunque quieran hacer, tiene que contar con mucha voluntad política para que su maquinaria se mueva con agilidad.

Para empezar, estamos en enero, fecha en la que los Estados Miembros de la ONU tienen que pagar sus cuotas ordinarias para el funcionamiento de la organización. Sin terminar aún este periodo, las arcas de la ONU están al mínimo. Y aunque estuvieran al máximo, solo se puede correr con los gastos «ordinarios». No hablaré de los Estados morosos o aquellos que cuentan con cuotas ridículas o de los muchos que no pueden pagar por falta de liquidez o de los que piden aplazamientos de sus cuotas, impidiendo una labor imprescindible.

Me imagino al pobre Secretario General, una vez que se produjo el terremoto de Haití, intentando buscar soluciones rápidas. Para empezar, de los 192 Estados Miembros, más de 150, a estos efectos de búsqueda de soluciones, sean económicas, logísticas u operativas, son inexistentes. Los que pueden están enredados en sus miserias políticas, entretenidos con la crisis económica o financiera o vaya usted a saber, otros intentando que sean banderas de otras organizaciones las que lleguen a Haití y otros, en fin, queriendo que sea su propia bandera.

Si la OTAN es capaz de necesitar dos meses para conseguir que sus Estados Miembros (todos pudientes e interesados en los temas de seguridad) pongan a disposición doce helicópteros (menos de los que tiene la Comunidad de Madrid o menos de los que se han dispuesto estos días para rescatar a un perro en Estados Unidos), no quiero ni imaginarme qué necesitará el Secretario General de la ONU para afrontar una crisis de esta naturaleza.

Por tanto, las críticas no se las merece la ONU sino nuestros gobiernos, tampoco el nuestro, sino todos. Por eso, cuando se critica que Estados Unidos se haya hecho cargo del control de Haití, con expresa autorización del Gobierno haitiano, no hay más que felicitar al pueblo norteamericano que ha presionado a su Gobierno para que gaste millones de dólares en Haití, sin aparente interés geoestratégico, sin recursos naturales explotables y sin trascendencia política relevante. Solo por razones humanitarias y que nadie quiera ver en estas razones otros subterfugios de carácter mezquino. Estados Unidos ha demostrado muchas veces en la historia que, además de invadir Irak o bloquear Cuba o derrocar presidentes democráticos, es capaz de ser solidario con el prójimo o de llevar sus ideales a tierras lejanas. Se comporta, pues, como cualquier otro pueblo (o incluso mejor), como cualquier otro Gobierno, como cualquier otro grupo humano. Pero, hoy por hoy, es el único actor global y eso hay que reconocérselo.

Por tanto, es verdad que el Consejo de Seguridad de la ONU, ante tantas críticas por su falta de reacción inmediata por el desastre de Haití, ha decidido no solo mantener su misión en Haití, sino ampliar sus efectivos. Sin embargo, lo ha hecho a los muchos días de la tragedia y los nuevos contingentes necesarios aún no han llegado y tardarán bastante tiempo en llegar. Mientras tanto, hacía falta que hombres y mujeres habituados a desplazamientos inmediatos y a trabajar en condiciones de liderazgo en zonas devastadas, pusieran orden y permitieran que los otros generosos de las ONGs puedan participar con plena seguridad en las labores de rescate o de atención. Luego habrá tiempo de analizar, una vez más, cómo la ONU podría ser más eficaz o más autónoma, si debe ser la ONU la que rehabilite o reconstruya el país, etc. Para ello, deben ser los medios y la sociedad civil los que exijan/exijamos a sus/nuestros gobiernos la prevención o la minimización de estos desastres y la reacción inmediata para consolar y ayudar a nuestros congéneres.

¿Cada uno en su sitio?

Diarios Grupo Joly
2 de junio de 2010

Estos días he estado recordando un libro de memorias del ministro español de Asuntos Exteriores, Fernando Morán, que tituló *España en su sitio* para reconciliarse con su labor de ministro. Lo he recordado en Río de Janeiro donde he tenido la oportunidad de participar en el Foro de Naciones Unidas para la Alianza de Civilizaciones.

Cuando el 21 de septiembre de 2004 el presidente Rodríguez Zapatero lanzó esta idea ante la Asamblea General de las Naciones Unidas, fundamentada en la necesidad de establecer no solo vínculos de diálogo sino estructuras activas, no creo que fuera consciente de la trascendencia de su dimensión. Pero no voy a vender esto en tiempos de crisis económica y de mercados, donde solo priman los interesen personales inmediatos.

A pesar de ello, otros menos acomplejados que los españoles, saben aprovechar las oportunidades. Por ejemplo, el presidente de Brasil, Lula da Silva, estrenando liderazgo internacional, ha querido ser el anfitrión de este Foro de Naciones Unidas. Y lo ha hecho con orgullo y determinación.

Ni qué decir tiene que han asistido al mismo, representantes de más de cien Estados, de organizaciones internacionales y de organismos de Naciones Unidas, muchos de ellos representados al máximo nivel de Jefes de Estado o de Gobierno.

Cada uno, como es lógico, ha barrido para casa. Lula ha sido rotundo. No se puede pensar en civilizaciones sin tener en cuenta la latinoamericana, sobre todo a Brasil, india, negra y occidental. Luego, algunos de sus ministros se encargaron de hacer llegar el mensaje de las pretensiones de Brasil para conseguir un escaño permanente en el Consejo de Seguridad.

Ban Ki-Moon visitó previamente una favela, antes de arengar sobre la necesidad de ser buenos y benéficos, dejando claro que la ONU, lejos de liderar sus grandes propósitos y principios, ha quedado relegada a una súper ONG oficial.

Erdogán, en nombre de Turquía, fue también, como Lula, potente en su discurso y en sus ideas, pero sobre todo, se encargó de hacer llegar al mundo por qué fue a visitar Irán con Lula, preguntándose, con bastante lógica, por qué hemos de aceptar que los Estados con armas atómicas tengan que prohibírselas a los que no la tienen, en vez de desarmarse y predicar con el ejemplo. También ha sido una llamada de atención a la Unión Europea por su retraso para su adhesión que anhela fervientemente y debemos apoyar sin fisuras.

La presidenta argentina, Sra. Fernández de Kirchner presentó a su país como modelo de integración, pero aprovechó el discurso para dejar claro cuál es la principal iglesia de su país (no la catedral de Buenos Aires, donde la oposición celebró el Te Deum por los 200 años de la República). El presidente boliviano Evo Morales mostró su rechazo más ácido contra una civilización que mató unos setenta millones de indios, con la cruz o con la espada, y no se olvidó de arremeter contra el capitalismo, el mal de todos los males.

El Sr. Saud Al Faisal, ministro de Asuntos Exteriores de Arabia Saudí, inició sus palabras dirigiéndose a todos en nombre del Todopoderoso y Misericordioso Alá y de Mahoma, Su Profeta, para adentrarse en una interpretación del Corán más tolerante, admitiendo palabras contra el terrorismo o favoreciendo el perdón, aunque se olvidó de las mujeres.

Entre otros oradores que estuvieron en su sitio, el alcalde de Sevilla, que no habló de *La Piel Sensible* pero sí de *Construir un Sueño* y el Sr. Gaspar

Zarrías, que habló de Al-Ándalus, con una especial referencia a una embajada del Califato Omeya, que fue muy celebrada.

Sin embargo, creo que el presidente Rodríguez Zapatero debió haber estado en Río, a pesar de la incomprensión que generaría su viaje, en España. Las cuestiones trascendentes tienen que estar por encima de las críticas mezquinas porque si no, corremos el riesgo de que, como dejó claro el ministro Moratinos, los mediocres políticos de Lleida, hoy, prohíben el gurka en las dependencias municipales, como si fuera un clamor popular, pero ¡ay, mañana!...

También creo que la presencia de la Unión Europea debió ser inexcusable. Nadie la representó. Quizás esto signifique también que la Unión Europea estuvo en su sitio, es decir, ausente. Comprendo que esté muy desmotivada tras la Cumbre de Copenhague sobre Cambio Climático, pero Europa no puede faltar en estos foros desde donde tanto se sensibiliza y moviliza. Es una exigencia que esté presente y se manifieste no solo su voz sino, sobre todo, su acción. Todo no es el G-20 o Davos. En estos foros se habla de la esperanza de millones de personas a convivir con dignidad y, como se dejó claro convivir no es solo vivir juntos, sino la aceptación del otro. Y eso vale más la pena, lo aseguro, que las medidas para reducir el déficit público. ¡Qué sería de todo nuestro sistema de bienestar sin seguridad!

La agonía de Cuba

Diarios del Grupo Joly
18 de julio de 2010

Aunque Cuba no fue nuestra última colonia perdida, nos comportamos con ella como si fuera el último paraíso del que dispusimos. Por ello, nuestra sensibilidad con la Isla está mucho más a flor de piel que la de nuestros convecinos y aliados. Para España constituye una prioridad, aunque no sea estratégica. Ello justifica el enorme interés que suscitan sus asuntos.

La mayoría de los españoles, pues, tiene sus propias convicciones sobre el régimen político cubano y la manera de encarar sus problemas.

Ahora bien, habría que desprenderse de todo elemento «emocional» y analizar este tema con los límites que establecen las relaciones internacionales.

El actual régimen hunde sus raíces en una época muy concreta de la historia. La Asamblea General debatía el proceso de autodeterminación de los pueblos y la política internacional se asentaba sobre un mundo dual: este/oeste, norte/sur, opulentos/hambrientos... Y aquellos países periféricos y pequeños tenían sus necesidades de adscripción a ese mundo bipolar. España fue un ejemplo claro. Y Cuba, también.

Las conquistas económicas y políticas para España fueron evidentes, pero para Cuba, también. A Cuba no le tocaba ser España en el Caribe, sino Guatemala u Honduras. Y durante décadas, el pueblo cubano no conoció niños descalzos o pedigüeños como los pueblos guatemaltecos u hondureños. Los pediatras y odontólogos cubanos se exportaban a medio mundo y se ofrecían solidariamente para aliviar el sufrimiento de los pueblos que «disfrutaban» de las *libertades democráticas* (generalmente limitadas a elecciones periódicas fraudulentas, corrupción generalizada, etc.), pero que no alimentaban o curaban a sus poblaciones.

Ahora bien, dicho todo esto, el régimen castrista no ha sido capaz de adaptarse a las nuevas exigencias de la historia. Ya no es tiempo de bipolaridad ni de posicionamientos ideológicos. Los dirigentes tienen que saber que sus responsabilidades consisten en ofrecer bienes políticos a sus ciudadanos. Y esos bienes políticos, en Cuba, ya no se cumplen con calzado, leche o asistencia sanitaria gratuita. Los cubanos reclaman su incorporación a la historia. Tienen derecho a un sistema que les permitan expresarse libremente, viajar libremente, autoexcluirse en libertad, elegir su futuro sin interferencias ideológicas, en definitiva, ser libres incluso para equivocarse.

Hay tres grandes líneas a la hora de afrontar el asunto cubano desde la perspectiva de las relaciones internacionales. La línea dura que exige todo tipo de ruptura con el régimen, aislándolo política y económicamente. La línea blanda que es exigente con el respeto de los derechos humanos, al mismo tiempo que mantiene relaciones de cooperación para aminorar los efectos sobre la población. La inacción, que es poco eficaz e inoperativa.

Estados Unidos ha seguido siempre la primera línea. España y Europa se han posicionado tanto con la primera como con la segunda, e incluso la tercera, sobre todo en función del Gobierno español de turno que es quien en este marco suele proponer. La situación actual mantiene una Posición Común de la Unión Europea, de1996, que pretende una transición política pacífica y una promoción de los derechos humanos, especialmente la libertad de expresión. La situación mejoró a comienzos de los años 2000 y la UE incluso abrió Delegación en la Isla y se incorporó a Cuba en el marco de la cooperación europea.

Sin embargo, en 2003, la Unión Europea, por iniciativa del entonces presidente Aznar, se empleó a fondo para sancionar diplomática y políticamente a Cuba, a raíz del encarcelamiento masivo de dirigentes de la oposición y de la ejecución de varios cubanos que intentaron escapar de Cuba hacia Miami. Estas medidas punitivas tampoco han dado resultados.

Después vino el Gobierno de Rodríguez Zapatero que con la conciencia de que el régimen tiene que hacer una transición pacífica, sin bajar la guardia en la presión crítica hacia el Gobierno cubano y tratando de aliviar las consecuencias económicas que la cerrazón del régimen impone a la población, tratando de promocionar la ayuda de la Unión Europea a Cuba, la protección de los derechos humanos y facilitando una salida digna al régimen, ayudando por ejemplo, con el acogimiento de disidentes excarcelados o con cooperación significativa.

Siempre cabe volver a repetir las otras alternativas, como endurecer las relaciones, aislar al régimen, restringir la ayuda, etc., pero se han demostrado ineficaces. Hay que ser realista y mantener los últimos planteamientos, a la espera de que los dirigentes cubanos sean capaces de desprenderse de sus apriorismos y produzcan los cambios sustanciales que Cuba merece.

El papel de España en las misiones militares internacionales

Diarios del Grupo Joly
7 de octubre de 2010

En un reciente curso de verano que he dirigido en Osuna, muchos alumnos, emocionados al final del mismo, se dirigieron a los militares, de varias armas, que habían estado contándoles sus experiencias técnicas en Afganistán, los Balcanes, Congo, Sudán y Océano Índico. Quisieron, para sorpresa de los mismos, agradecerles que les hubieran clarificado tanto su papel como el sacrificio que suponía, para ellos y para España, su presencia en el exterior.

En efecto, la clarificación más importante era dejar claro por qué estábamos allí. Por qué un país como España tiene que enviar soldados y oficiales a países tan remotos como Afganistán o Congo.

El subdirector de este diario me pide una tribuna sobre este tema y he aceptado el reto. Podría hacer un análisis de las obligaciones jurídicas de España, tanto en el marco de las Naciones Unidas como de la Unión Europea, pero no me dirijo a un público especializado y, por eso, señalaré aspectos que puedan ser comprendidos, de forma didáctica.

Empezaré diciendo que España es un consumidor neto de seguridad. Ya se sabe que cuanto más rico es una persona, más tiene que invertir en seguridad. Cuando más grande es un chalet o más obras de arte alberga en su interior, más adecuadas tienen que ser las medidas de protección (y seguramente más caras). Con los Estados ocurre igual.

España es hoy día, a pesar de la crisis, la octava potencia económica del mundo, por tanto, es la octava contribuyente neta a los gastos que genera la ONU, incluyendo sus Operaciones de Mantenimiento de la Paz. Por tanto, España, inicialmente, tiene obligaciones financieras para contribuir al mantenimiento de la paz y seguridad internacionales.

Ahora bien, ¿podría España limitarse al pago de sus cuotas o tiene que comprometerse con el envío de logística adecuada, incluyendo militares, policías y/o civiles?

No haré mención a los términos jurídicos por los que España está obligada a proveer de personal y de apoyos materiales. Me conformaré con indicar que nuestra contribución debe ser, también, con hombres y con medios, porque está en juego nuestra seguridad. Es decir, por decirlo con palabras rotundas, por puro egoísmo.

Las amenazas que vienen desde países tan desestructurados y tan infranqueables por su orografía y sus lealtades étnicas son inimaginables. Ya hemos tenido alguna experiencia dolorosa en ese terreno.

Por otro lado, la opinión pública española, tan proclive a cambiar de opinión, por cierto, se irrita cuando ve los millones de refugiados que provoca el conflicto en Darfur, los burkas a que se ven sometidas las mujeres afganas o el dinamitado de estatuas gigantescas de Budas. Quiere que se intervenga para evitar estos males, pero cuando se interviene y vienen cadáveres cubiertos con la bandera nacional, quieren que se retiren.

Ello es, en mi opinión, porque no tenemos claro que nos estamos jugando nuestro sistema acomodado de vida. La prensa juega un papel crítico en este aspecto. Da la sensación, por ejemplo, de que España gasta millones de euros en enviar barcos de guerra a las costas de Somalia para proteger a pescaderos españoles y a sus capturas, es decir, intereses privados. Ya sé que a los españoles nos encanta la ensaladilla rusa con atún pescado en el Índico, pero no es esa la razón de nuestra apuesta de seguridad.

Por el Estrecho de Ormuz pasa casi el 90% de la energía y los bienes que España consume. Todos nos hemos habituado a encender la luz cuando se llega a casa, poner el aire acondicionado, la calefacción en invierno, la ducha calentita y coger el coche para ir de compras, a la playa o al trabajo. También queremos coches japoneses, relojes baratos de China, muebles de IKEA, móviles o televisores. Por tanto, es vital asegurar nuestro suministro. Esa es la razón de ser por la que nuestras fuerzas navales estén en la mayor autopista del mundo, la ruta marítima del Índico, donde operan piratas sin escrúpulos que saben de la alta rentabilidad de sus fechorías.

Igualmente sucede cuando criticamos nuestra presencia en Afganistán. No soy tan iluso como para creer que con presencia militar se puede resolver el tema de Afganistán, pero esa es otra cuestión. Sin embargo, no disponemos del tiempo que requieren varias generaciones de afganos para que tengan identidad con el Estado, para que acepten el monopolio de la fuerza concentrado en las estructuras militares y policiales o para que los señores de la guerra dejen las armas porque ya no tengan el apoyo de la población, porque esta tenga posibilidades de desarrollo, infraestructuras útiles, recursos agrícolas adecuados o sistemas educativos y sanitarios homologables a los países con mínimos servicios.

Sin embargo, no solo está en juego el nivel de vida de los españoles, también está en juego la defensa de sus valores, la democracia, los derechos humanos, las libertades fundamentales, la integración social. Y esto, para los españoles, para los occidentales es vital. Después de tantos siglos de guerra, de esclavitud, de invasiones, de inquisición, los españoles, los europeos, sabemos del dolor humano cuando se conculcan los derechos más esenciales de la vida. Por eso nuestra indignidad con la sangría de África.

Sé que la cuota que tenemos que pagar es muy alta en vidas de soldados y oficiales de España y en recursos económicos que no debemos sustraer, ni siquiera un euro para mejorar la actual situación de crisis, porque está en juego la seguridad de nuestras vidas, de nuestros sistemas de garantías sociales y nuestros valores. Y cuando está en juego todo eso, no debería importarnos que se destinen recursos para su protección.

Presupuestos y ayuda al desarrollo

Diarios del Grupo Joly
31 de octubre de 2010

Pocos meses antes de que Rodríguez Zapatero ganara las elecciones de 2004, le invité a participar en un ciclo que había organizado sobre cuestiones internacionales actuales en la Universidad de Huelva.

Su jefe de Gabinete de entonces, Torres Mora, me pidió unas líneas sobre las que fundamentar el discurso de Rodríguez Zapatero. No se trataba de hilvanar ideas ajenas para que fueran expuestas con impostura, sino todo lo contrario: señalar los problemas a los que dar respuesta en un hipotético gobierno socialista.

Las dos ideas fundamentales sobre las que sugerí que se planteara el debate fueron, además de la guerra de Irak, tan actual en esos momentos, la ayuda al desarrollo y el multilateralismo.

España no ofrecía ayuda al desarrollo en consonancia con su nivel económico. Nuestra renta *per cápita* y nuestra necesidad de consumo de seguridad nos hacía estar en la parte alta del ranking de países, es decir, en la posición octava de las potencias económicas del mundo. Sin embargo, nuestro nivel de ayuda era ridículo, a pesar de ser la octava contribuyente neta a los gastos de la ONU. Eso quería decir que las contribuciones voluntarias a los organismos y agencias especializadas de Naciones Unidas eran muy deficitarias.

Por otro lado, la poca ayuda que se distribuía se hacía de forma bilateral, es decir, de entrega directa, sin tener en cuenta más intereses que los particulares del Estado, en el mejor de los casos, sin atender a los intereses comunes o intereses generales que representan los organismos y agencias multilaterales de ayuda al desarrollo.

Las ideas que yo mismo preparé fueron excesivamente genéricas y sin compromisos concretos porque era consciente de que una cosa era el ámbito académico y otra el ámbito político.

Sin embargo, el entonces diputado Rodríguez Zapatero, para mi sorpresa, hizo compromisos muy concretos, incluso afirmando en aquel foro universitario que, si conseguía gobernar, su gobierno destinaría el 0,70% del PIB a ayuda al desarrollo.

Es verdad que nunca hemos alcanzado esa cantidad (actualmente estamos en el 0,46% del PIB, si incluimos la ayuda de Comunidades Autónomas y Ayuntamientos y el compromiso europeo es llegar al 0,70% en 2015), pero no es menos verdad que los cambios operados en estos últimos siete años en materia de ayuda al desarrollo han sido espectaculares. Incluso el propio Ministerio de Asuntos Exteriores cambió de nombre para añadirle la expresión... y Cooperación, como señal inequívoca del nuevo rumbo.

Agencias como UNICEF, ACNUR, PNUD, etc. comenzaron un periodo de bonanza, gracias, en parte, a las ayudas multimillonarias españolas. Nunca habíamos sido tan generosos. Nunca habíamos tenido la ayuda al desarrollo como objetivo fundamental de la política exterior. Se hicieron planes únicos en nuestra historia, como el Plan África, o se transfirieron fondos llamativos a los Objetivos del Milenio en la lucha contra el hambre.

Pero he aquí que la crisis económica, menos a los bancos y a los futbolistas, lo ha tocado casi todo. Y también a la ayuda al desarrollo. Parece normal que cuando un presupuesto se resiente todas sus partidas deben ser redistribuidas. El problema es la proporción en relación con los beneficios sociales que reporta. Por eso, en materia sanitaria o educativa, o en investigación e innovación, los recortes son proporcionales a los beneficios sociales que reporta.

Si esto es así, por qué el nuevo presupuesto tiene previsto reducir el 21% de la ayuda al desarrollo. Pasaremos de 4.670 millones de euros a 3.667 millones de euros. Es más, por qué esta drástica reducción se hace toda ella sobre la ayuda multilateral. Será el Banco Mundial, o el Banco Interamericano de Desarrollo o el Programa de Naciones Unidas para el Desarrollo o las otras agencias de Naciones Unidas los que se verán más afectados, mientras que la ayuda bilateral, la que lleva el sello de la AECID, para entendernos, no sufrirá merma significativa.

No estoy muy seguro de que nuestras ONGs o los proyectos bilaterales sean más eficaces que los multilaterales, gestionados teniendo en cuenta intereses generales programados desde instituciones internacionales. Ese era uno de los problemas que se le achacaba al Gobierno de Aznar. ¿No había otra fórmula para que, desde la comprensión del diferencial económico, no sufrieran los más pobres o las agencias más comprometidas? ¿Es un signo de cambio ideológico de nuestro Gobierno? ¿Es simplemente un tijeretazo sin previsión de las consecuencias? Este tema merece un debate serio en nuestro Parlamento durante la tramitación de la Ley de Presupuestos de 2011, pero la miopía de nuestros políticos puede hacer que no se produzca.

La condena del Sáhara

Diarios del Grupo Joly
21 de noviembre de 2010

Ningún alumno me pregunta sobre la descolonización de Guinea o de Ifni, por citar ejemplos coetáneos del Sáhara y de resultados tan parecidos en cuanto a sus consecuencias. Ello es por el enorme éxito del programa de visitas de niños saharauis, con estancias en familias españolas, durante todos los veranos. Esta proximidad ha permitido una toma de conciencia y una autoexigencia de solidaridad.

Por supuesto, para un Estado democrático de derecho, ese ánimo de la población, aun en un tema geoestratégico, condiciona su proceder..., sobre todo dependiendo de donde se está, si en el Gobierno o en la oposición. Resulta paradójico que dirigentes del PP enarbolen banderas y lideren pancartas prosaharauis, tanto como que una ministra del PSOE hable ahora de prudencia y de diplomacia, cuando tan solo hace unos años abanderaba, con insignias y símbolos saharauis, posiciones más justas.

Creo que podemos hacer un pequeño análisis sereno de lo que llamo «la condena del Sáhara».

Las circunstancias en las que se produjeron los acontecimientos por los que España abandonó a su suerte a los saharauis, son de todos conocidas. La inminente muerte de Franco, el tránsito de un régimen autocrático a un régimen democrático, la incontenible «marcha verde» y otras cuestiones.

Son mucho menos conocidos otros aspectos de aquellos tiempos que forzaron a España a hacer dejación de sus obligaciones internacionales. Entre ellos la negativa del Consejo de Seguridad de las Naciones Unidas, a pesar de la insistencia de España, a tomar medidas eficaces, la política interesada respecto a este tema de Francia y Reino Unido (memorables discursos, hoy olvidados), la impaciencia del Frente Polisario con sus ostentosas manifestaciones antiespañolas, durante la visita de los altos funcionarios internacionales que debían estudiar la situación, o la negativa de los organismos internacionales (por las presiones francesas, marroquíes y norteamericanas) a la propuesta de independencia que hizo España.

Ahora bien, las cosas han cambiado mucho desde entonces. Los españoles de aquellos años no se ocupaban de solidarizarse con el pueblo saharaui porque estaban inmersos en la propia supervivencia del Estado. Nuestro potencial económico y militar era mínimo y la situación en el Magreb y en el Sahel no era tan preocupante como lo es ahora.

El gran problema geoestratégico de Saria-el-Hambra y Río de Oro (de ahí, POLISARIO), las dos zonas colonizadas por España, es que están en un lugar del mundo equivocado. Próximo al Sahel y con una fachada atlántica de enormes dimensiones, con extensiones desérticas inmensas, favorables a las fechorías del terrorismo internacional, de las grandes mafias y de los intereses geoestratégicos de sus vecinos, sobre todo, de Argelia.

Nadie garantizaría el monopolio del control de la fuerza en un hipotético Estado que, de ser independiente, con sus 80 000 o 165 000 habitantes, según las cifras que queramos tomar, estaría abocado, casi sin remedio, a convertirse en un Estado fallido, con las consecuencias que se derivan de ello. Y todo a las puertas de Europa.

¿Estamos dispuestos a arriesgar nuestro modelo de vida, nuestra seguridad? Supongo que la respuesta sería que depende del precio.

Es verdad que se puede hablar de principios. Y el de la autodeterminación es un principio, pero el de la independencia no. Eso lo saben muy bien los gibraltareños y, por supuesto, los de Ifni, a quien España retrotrajo el territorio a Marruecos sin consulta previa, o los de Hong-Kong.

Se les puede preguntar a los saharauis si quieren la independencia o la integración con Marruecos o, por qué no, su integración con Mauritania o con España. Al fin y al cabo, la mayoría de los saharauis hablan español y han tenido en su familia algún español o funcionario público español, o un antepasado o familiar ascendente con pasaporte o DNI español.

Por tanto, España debe abogar, y no hay que dudar que lo hace, porque se produzca la aplicación del principio de autodeterminación, donde libremente los saharauis puedan votar, aunque esta votación suponga una integración a Marruecos que, desde el punto de vista geoestratégico, es lo que quieren Estados tan poderosos como Estados Unidos, Francia, Reino Unido, etc. No les interesa un Estado sin apenas población, en un desierto de fronteras inabarcables, con las grandes servidumbres que tendría con Argelia y de posible anidamiento de las grandes mafias que trafican con personas, armas, minerales, idearios fundamentalistas y un largo etcétera.

El problema es si Marruecos está en disposición de aceptar una amplia autonomía, con órganos de gobierno propios, con aprovechamiento de los recursos naturales que favorezca el bienestar del pueblo autóctono, con pleno respeto a los derechos humanos, etc. Y aquí es donde debemos ser inflexibles con los principios. Con los derechos humanos no se juega. Fue nuestra gran apuesta durante la transición española y fuimos ejemplo, no solo para los nuestros, sino para el mundo de esta apuesta tan inusual.

España no molesta a Marruecos si reclama la protección de los derechos humanos, si reclama libertad de prensa o si reclama que el Consejo de Seguridad y el Consejo de la Unión Europea tomen cartas en el asunto. Si Marruecos no sabe gestionar esta pequeñez de una protesta ciudadana, con garantías humanitarias, es que no sabrá gestionar tampoco una autonomía con la que pretende engañar al mundo. La lección debe ser que, con racionalidad, en un marco multilateral, España debe mantener sus principios, en los términos enunciados, y nadie debe considerar actos inamistosos, la defensa y promoción de los derechos humanos.

El problema es que España se siente sola, incluso aislada. No hay nada más que ver al Consejo de Seguridad, siendo convocado por un país lejano como México y que salvaguarda su misión principal con una Declaración de Presidente deplorando los actos de desalojo del campamento en el Sáhara, o a la Alta Representante de la Unión Europa que no sabe o no contesta. Todo esto me hace pensar que la condena es la del pueblo saharaui.

Bush no puede viajar

Diarios del Grupo Joly
6 de marzo de 2011

El 12 de febrero de 2011 el expresidente de Estados Unidos, George Bush, tenía previsto realizar una visita a Ginebra para asistir como invitado de honor a una cena de gala organizada por la asociación judía Keren Hayessod.

La Organización Mundial contra la Tortura, una coalición de organizaciones no gubernamentales es una activa organización que lucha contra la tortura, las ejecuciones sumarias, las desapariciones forzadas y cualquier otro tratamiento cruel, inhumano o degradante y que cuenta con 297 organizaciones asociadas, distribuidas por todo el mundo. Pues bien, dicha organización ha denunciado a George Bush, señalándole como responsable de la autorización de los métodos llevados a cabo en Guantánamo o Abu Ghraib, como las detenciones y traslados ilegales, tratamientos inhumanos, técnicas de interrogatorio ilegales, etc. Estos métodos fueron calificados, en general, por el jurista austriaco Manfred Nowak, Relator Especial de las Naciones Unidas contra la Tortura, como actos de tortura.

La denuncia ha consistido en el envío de una carta, con toda suerte de fundamentos jurídicos, a la presidenta de la Confederación Helvética (Suiza) y al ministro de Asuntos Exteriores, pero con copia al Fiscal General del Cantón de Ginebra y al Fiscal General de Suiza, además de al ministro de Justicia e Interior. En dicha misiva se informa de las obligaciones de Suiza respecto a la represión de esta práctica antijurídica. Los destinatarios no pueden ignorar, pues, estos cargos, que deben, al menos, investigar.

Son hechos notorios, sin embargo, en derecho hay que encontrar nexos de causalidad para determinar la responsabilidad penal de una persona. Es verdad que se citan aspectos muy fundamentados de esta relación entre las órdenes dadas y la práctica realizada. Se cita expresamente las propias memorias escritas por Bush, que tanto dinero le han reportado y que contienen confesiones muy interesantes respecto al ejercicio de la responsabilidad por delitos graves del Derecho Internacional.

La Convención de las Naciones Unidas contra la Tortura es, precisamente, una de esas convenciones que recogen expresamente la justicia universal. El derecho interno suizo también recoge la tortura entre los delitos a los que se le reconoce esa jurisdicción universal.

Eric Sottas, el secretario general de la Organización Mundial contra la Tortura ha explicado que no se trata de la caza de un expresidente, sino del respeto por el estado de derecho.

En efecto, esta es la grandeza del estado de derecho. Nadie está por encima, ni por debajo, del mismo. Ni la nación más poderosa, ni el político que se considere inmune, ni el que actúe para salvaguardar los pretendidos intereses de un colectivo, aunque sea un Estado, pueden burlar el Derecho. Por eso es tan importante que este se refleje en el ámbito de las obligaciones de los Estados.

Puede que, durante un tiempo, un dictador, un Jefe de Estado en ejercicio, aunque sea democráticamente elegido por sus connacionales, impida ejercitar acciones contra él, pero la implacable salud de una sociedad democrática debe velar porque no haya impunidad ni impudicia.

Si se ha violentado el estado de derecho se debe responder por ello. Y no basta solo con la respuesta de la historia. Por eso, de momento, el Sr. Bush ha cancelado su viaje a Ginebra, obviamente por el temor de que allí haya un juez Garzón cualquiera que ordene su detención y arresto para responder de las acusaciones que se formulen contra él. Esta ha sido, hasta ahora, la grandeza del derecho: está impidiendo a Bush a viajar libremente.

Por supuesto, ya ha habido Estados como España que se han apresurado a desvirtuar el principio de jurisdicción universal, bajo la excusa del daño que produce a las relaciones exteriores. No importa, siempre quedarán políticos honestos o sociedades civiles exigentes, como la que ahora puebla Egipto, que reclamarán el principio de igualdad para la aplicación del estado de derecho. Es el triunfo, aunque doloroso, del desarrollo de la libertad, la igualdad y la justicia que el ser humano lleva reclamando desde hace tantos siglos.

Diplomacia y *Wikileaks*

Anuario Joly 2010
24 de marzo de 2011

En el año 2010 hemos tenido ocasión de introducirnos en las tripas de la diplomacia internacional, gracias a la circulación de 251 287 cables confidenciales procedentes de distintas embajadas de los Estados Unidos.

No hay nada que objetar a la función de las embajadas sobre la información que obtienen y su transmisión a las autoridades del Estado que representan. De hecho, la Convención de Viena sobre Relaciones Diplomáticas, del 18 de abril de 1961, recoge en su artículo 3 que una de las funciones fundamentales de una misión diplomática es «enterarse por todos los medios lícitos de las condiciones y de la evolución de los acontecimientos en el Estado receptor e informar sobre ello al gobierno del Estado acreditante».

Es más, el artículo 27 de la citada Convención establece: «El Estado receptor permitirá y protegerá la libre comunicación de la misión para todos los fines oficiales. Para comunicarse con el gobierno y con las demás misiones y consulados del Estado acreditante, dondequiera que se radiquen, la misión podrá emplear todos los medios de comunicación adecuados, entre ellos los correos diplomáticos y los mensajes en clave o en cifra».

Por tanto, la polvareda que ha levantado el conocimiento de los cables diplomáticos no se debe a lo inadecuado o no de lo que se diga o cómo se diga, sino al levantamiento de la confidencialidad de los datos aportados.

Wikileaks se creó en 2007 con la idea de ofrecer información original para que se pudiera contrastar la evidencia de las mismas, desarrollando para ello una alta tecnología que asegurara la confidencialidad de los denunciantes (*whistleblowers*) y una red mundial que le permitiera contrastar la veracidad de la documentación que se pone a disposición del público.

Su objetivo es, pues, según ellos mismos dicen, de servicio a la libertad de expresión y a la democracia, pues su información sirve para luchar contra la corrupción o para evidenciar engaños y mentiras de los gobiernos. Eso sí, eliminan información o retrasan su publicación cuando los detalles pueden poner en peligro vidas humanas.

Desde su nacimiento en la red, su reputación ha ido creciendo a medida que ha ido prestando información muy diversa. No hay más que recordar sus denuncias de actividades del Pentágono, del Departamento de Seguridad Pública de China, de los primeros ministros de Kenia o Bermudas, de la Iglesia Católica, la Mormona o la Cienciología, bancos suizos, empresas rusas y un largo etcétera.

Sin embargo, este año 2010 se ha atrevido a ir demasiado lejos. En abril difundió un video donde se podía constatar un ataque indiscriminado sobre 12 personas en un distrito de Bagdad. En julio fueron documentos sobre la guerra de Afganistán, en octubre 391 832 documentos o informes militares sobre Irak. Todo ello provocó las iras del Gobierno de Obama, lo que bloqueó la página web, a través de ataques informáticos. Por eso, *Wikileaks* contactó con cinco grandes periódicos, *New York Times, Le Monde, El País, Der Spiegel* y *The Guardian*, que se comprometieran a publicar los 251 287 cables confidenciales, con informaciones valiosísimas para desenmascarar a gobiernos y poner en su sitio a embajadores, diplomáticos, funcionarios, policías, militares, fiscales, jueces, etcétera.

Ningunas de las informaciones aparecidas suponen, en sí mismo, un ataque a la seguridad nacional de ningún Estado, ni suponen un peligro para ninguna persona, más allá del bochorno que debe tener algún diplomático por manifestar a su gobierno cosas que callaba o negaba a los funcionarios del Estado acreditante.

La información aparecida, a pesar de ser confidencial, que no íntima, puede y debe ser ofrecida por los medios de comunicación, en una sociedad democrática. El relator especial de la ONU para la Libertad de Opinión y de Expresión, Frank LaRue, y la relatora especial para la Libertad de Expresión de la Comisión Interamericana de Derechos Humanos, Catalina Botero, lo han dejado muy claro: «El derecho de acceso a la información en poder de autoridades públicas es un derecho humano fundamental sometido a un estricto régimen de excepciones». Es más, señalan que «el derecho a la libertad de expresión protege el derecho de toda persona a tener libre acceso a la información pública y a conocer las actuaciones de los gobiernos».

Por tanto, al margen de los cotilleos e, incluso, sobre la pobre imagen que se ofrece de algunas instituciones estatales, desde la perspectiva del Derecho Internacional no podrá deducirse responsabilidad alguna.

Ello justifica, quizás, que Julián Assange esté siendo acusado de acoso sexual y se le quiera acusar de terrorismo. Porque no hay más.

Ahora bien, ¿qué duda cabe que la situación que ha provocado *Wikileaks* tendrá alguna influencia en la política internacional? Habrá algunos cambios de diplomáticos norteamericanos que se han expuesto excesivamente, habrá nuevas reservas de los políticos en sus relaciones con diplomáticos extranjeros y el cambio de algunos usos, pero nada más. Eso sí, se sabe que EE. UU. no tiene ya tanta influencia en América Latina, que teme por sus intereses hegemónicos, que no duda en doblegar voluntades políticas. Se sabe que España tiene una política de doble rasero respecto al Sáhara. Se sabe que hay políticos corruptos y sectas religiosas católicas criminales.

Se sabe mucho más y se intuye aún más. Por tanto, la sociedad civil estará más atenta a lo que cuentan sus gobiernos y le podrá exigir mayor transparencia y menos hipocresía. Y en esto, *Wikileaks* ha hecho un servicio impagable.

El último criminal de guerra

Diarios del Grupo Joly
23 de julio de 2011

En 1993, el Consejo de Seguridad de Naciones Unidas estableció un Tribunal Internacional para juzgar las graves violaciones de derechos, incluidos el genocidio, los crímenes de guerra y los crímenes contra la humanidad perpetrados en la guerra de la antigua Yugoslavia. Con esta experiencia se inauguraba un proceso de lucha internacional contra la impunidad, seguida luego por otros Tribunales creados *ad hoc* como el de Ruanda, Sierra Leona y otros y, por fin, por la Corte Penal Internacional.

El *Tribunal Internacional para el enjuiciamiento de los presuntos respon-sables de las Violaciones graves del derecho internacional humanitario cometidas en el territorio de la ex Yugoslavia desde 1991* se instaló en La Haya y comenzó su andadura, con la incomprensión de algunos y las zancadillas de muchos.

Sin embargo, ha contado con fiscales ejemplares e infatigables, entre ellos, el venezolano Ramón Escovar Salon, el sudafricano Richard Goldstone, la canadiense Louise Arbour, la suiza Carla del Ponte y el belga Serge Brammertz, actual Fiscal General.

Durante estos 18 años ha procesado a 161 personas (entre ellos 19 fallecidos en distintos momentos del proceso) y ha condenado a 64 de ellas. Entre sus procesados más ilustres se pueden contar a Slobodan Milošević, ex presidente de Yugoslavia, quien fue entregado en 2011, aunque falleció antes de que se pudiera celebrar el juicio; Radovan Karadžić, antiguo presidente de los serbiobosnios; el general Ratko Mladić, detenido el pasado 26 de mayo de 2011; y, por fin, Goran Hadžić, líder serbocroata, detenido muy recientemente por las autoridades de Belgrado en un intento de congraciarse con la comunidad internacional y con la Unión Europea para normalizar su situación en el mundo.

Se podría pensar que 18 años son muchos para conseguir el procesamiento de estos criminales y que solo se ha logrado una vez que Serbia ha colaborado plenamente con el Tribunal. También es muy comprensible que se pregunte uno por qué la OTAN, la ONU, la Unión Europea, la CIA y otras muchas instituciones no han sido más diligentes para poner a disposición del Tribunal Internacional a los criminales más buscados, seguramente a sabiendas de su localización.

Sin embargo, estas instituciones y los gobiernos, aunque sometidos al imperio de la ley, tienen que operar en un medio político que no siempre se lleva bien con el medio jurídico. De ahí que necesitemos tribunales independientes, jueces y fiscales imparciales y medios judiciales para hacer cumplir las normas jurídicas.

Siempre se podrán buscar justificaciones, habrá acuerdos más o menos espurios para conseguir objetivos políticos, pero una vez que la maquinaria judicial se pone en marcha es muy difícil detenerla.

En todo caso, lo más importante ha sido que este Tribunal ha contado con la cooperación plena y sincera de muchos Estados, entre otros, España, que no solo ha entregado al Tribunal de la ex Yugoslavia al general croata Ante Gotovina, detenido por la policía española el 8 de diciembre de 2005 en las Islas Canarias, sino que ha aceptado el cumplimiento de condenas establecidas por este Tribunal Internacional en las prisiones españolas. Ante Gotovina ha sido sentenciado este mismo año 2011 a 24 años de reclusión.

Y, sobre todo, que la contribución de este Tribunal al desarrollo del Derecho Internacional Penal ha sido y sigue siendo impagable. No solo por su lucha contra la impunidad, no solo por sus aciertos procesales y penales, sino por su amplísima jurisprudencia que ha ampliado la tipología de los delitos más graves del Derecho Internacional y ha dado luces a muchos de los elementos de los crímenes que han sido recogidos posteriormente en el Estatuto de la Corte Penal Internacional.

Esta es la grandeza de la existencia de los tribunales, de sus jueces independientes, no sometidos a designios políticos y de sus fiscales imparciales. Pero no olvidemos tampoco que son los gobiernos los que lo hacen posible con su creación, el pago de sus cuotas o su plena colaboración cuando esta es requerida.

La nueva OTAN y Libia

Diarios del Grupo Joly
2 de octubre de 2011

Los días 16 y 17 del septiembre pasado, el Comité Militar de la OTAN se reunió en Sevilla para, entre otras cosas, discutir sobre la operatividad de la misión de la OTAN en Libia.

Esta reunión ha sido contestada por algunos grupos antimilitaristas, ecologistas y pacifistas con vigilias, manifiestos y otros actos, siempre pacíficos, condenando, entre otras cosas, la «injerencia militarista de la OTAN en la guerra de Libia».

Me gustaría aclarar algunas cosas para ayudar a reflexionar desde la responsabilidad, sobre el nuevo papel de la OTAN en este mundo global desordenado y en nuestro pequeño mundo europeo, ciertamente de opulencia, pero no por ello despreciable.

La OTAN que conocíamos, la que se gestó en 1949 tiene muy poco que ver con la actual y no es porque la OTAN haya modificado su tratado constitutivo. Sigue siendo una organización defensivo-militar, aunque ahora no tiene como enemigo a la Unión Soviética ni como objetivo principal la contención de la expansión comunista de pensamiento único.

Hace ya bastante tiempo que la OTAN modificó su estrategia. Ya no hay bloques Este-Oeste y la brecha económica ya no es solo norte-sur. Los aliados son diferentes y las amenazas también.

Antes incluso del 11-S se reinventó la OTAN. Fue en 1991 cuando, por primera vez, modificó sustancialmente su concepto estratégico. Con él se supera la guerra fría, pero no la inestabilidad. Ninguno de los europeos deberíamos olvidarnos de los discursos incendiarios de los nacionalistas serbios o las guerras fratricidas de la ex Yugoslavia, en pleno corazón de Europa. Hasta Naciones Unidas tuvo que acudir a la OTAN para evitar las mismas masacres en Sarajevo que las habidas en Srebrenica.

Pero no solo sucedían estas horrendas circunstancias en Europa. Había señores de la guerra en Somalia, luchas entre los tutsis y los hutos en Ruanda, talibanes en Afganistán, terroristas sin piedad por todo el globo, proliferación de armas de destrucción masiva. Es decir, las amenazas, como la economía, se convertían en globales. No servía el viejo traje y había que confeccionar otro, aunque fuera con restos.

Fue en 1999, cuando la OTAN afronta nuevos cambios en su concepto estratégico. Las amenazas lejanas también incumben a la seguridad europea, es decir, a la seguridad de todos los que poblamos estas tierras, máxime si la inseguridad se presenta ante las puertas de Europa. En nombre de esa seguridad, se cometieron gravísimos errores como fue el caso de la agresión de la OTAN a Serbia, en Kosovo.

Después vino el 11-S de 2001 y el 11-M de 2004 y muchos otros acontecimientos que arrastraron al mundo a otras guerras y, con ellas, a esquivar el derecho en nombre de la libertad.

El desconcierto que creó esta dimensión desconocida del terrorismo internacional, la acentuada peligrosidad de los Estados canallas consiguió confundirnos. Esto hizo que nuestros gobernantes, sobre todo occidentales, mostraran una impotencia estructural frente a amenazas tan novedosas.

Había que reflexionar y se produjeron debates, encuentros, discusiones, implicando a los Estados, a los estudiosos, a los parlamentarios. El fruto sería un nuevo concepto estratégico de seguridad, que vería la luz en el noviembre de Lisboa de 2010. La OTAN no podía seguir siendo exclusivamente una alianza defensiva, pero tampoco podía ser el gendarme del mundo. Había que buscar socios estratégicos, entre ellos prioritariamente a Rusia, participar en operaciones de mantenimiento de la paz, única institución capaz de asegurarlas de forma sostenida, allá donde estuviera comprometida la seguridad trasatlántica, siempre y cuando se contara con la conformidad de los Estados soberanos, incorporarse a los objetivos del mantenimiento de la paz y seguridad internacionales cuando así lo autorice Naciones Unidas o establecer cauces para la ciberdefensa.

Pues bien, Libia ha sido el primer escenario de esta nueva OTAN, donde ha sostenido (y está sosteniendo) operaciones militares, con la autorización del Consejo de Seguridad de Naciones Unidas, para evitar dramáticos derramamientos de sangre. Me consta que la unidad que más ha trabajado y sigue trabajando en esta operación es la asesoría jurídica de la OTAN para que todo se desarrolle dentro de la más estricta legalidad. Además, se contaba con el beneplácito de la opinión pública, que veía con buenos ojos una intervención militar meramente quirúrgica para evitar la violación grave, masiva y sistemática de los derechos humanos por las fuerzas de Gadafi.

Lo que no podemos estar haciendo continuamente es exigirle que emplee sus fuerzas para obligar a respetar los derechos humanos y luego criticar constantemente sus acciones. De hecho, los mismos que critican su intervención en Libia, también critican que no se actúe en Siria. Ello es así porque, precisamente, no hay base jurídica para actuar en Siria, aunque nos duela, mientras que sí la hay en el caso de Libia.

Gibraltar y el escudo antimisiles

Diarios del Grupo Joly
31 de octubre de 2011

Como es bien sabido, España cuando ingresa en la OTAN lo hace sin integrarse en las estructuras militares, como se puede recordar tras el referéndum oportuno que se planteó. Una de las dificultades fue la existencia del llamado mando operativo GIBMED-GIBAIR, radicado en la base de Gibraltar. España no estaba de acuerdo en que este mando controlara el flanco oriental del Mediterráneo o que el territorio español estuviera controlado por el mismo. Mantendría, pues, restricciones navales y aéreas.

Cuando a finales de los años 90 se decide la reestructuración de la Alianza Atlántica para adaptarla a las nuevas circunstancias, tras la Guerra Fría, España ve la oportunidad de que Gibraltar pierda su mando de cuarto nivel y la dimensión atlántica de la Base Militar, hasta que quedara reducida a una Base Militar británica.

Cada vez que ha tenido oportunidad, desde entonces, para reducir la posición estratégica de Gibraltar, lo ha hecho. Por ejemplo, durante las operaciones de control y patrulla del Mediterráneo tras los atentados del 11-S de 2011 y durante la operación *Enduring Freedom* para derrotar a Al-Qaeda y los Talibanes en Afganistán, las fuerzas armadas españolas han sido las encargadas del control del Estrecho y de garantizar las medidas de seguridad a los buques mercantes. Los puertos de todas las unidades navales de la OTAN fueron Rota y Cádiz, no Gibraltar.

El Consejo Atlántico aprobó en noviembre de 2010, en Lisboa, un nuevo concepto estratégico de seguridad de la OTAN. En esta misma Cumbre se decidió también desarrollar un sistema de defensa antimisiles para luchar contra las posibles amenazas que son muchas y variadas, incluyendo la de aquellos Estados poco respetuosos con el Derecho Internacional que desarrollan armas nucleares y otras armas sofisticadas que pueden alcanzar territorio europeo.

En este marco, España ha visto una nueva oportunidad. El pasado día 5 de octubre, España y Estados Unidos acordaron la instalación de un escudo antimisiles en apoyo del sistema de defensa de la OTAN. Este escudo antimisiles se desarrollará a través de cuatro buques de guerra norteamericanos estacionados en el puerto militar de la Base Naval de Rota, que están equipados con el llamado sistema de combate AEGIS. Quisiera llamar la atención sobre el hecho de que España ya posee cuatro Fragatas F-100 dotadas con este mismo sistema de combate, sin embargo, no están integradas en el dispositivo defensivo de la OTAN.

La situación geoestratégica de Rota era idónea para el establecimiento de este escudo naval antimisiles. La Base Naval de Rota es la más grande de las que utiliza Estados Unidos fuera de su propio territorio y no hay que olvidar que España obtuvo el importante Centro de Operaciones Aéreas Combinadas de la OTAN, que se instaló en Torrejón de Ardoz. En este centro, junto al de Uedem, en Alemania, se va a integrar el mando y control aéreo de toda la defensa antimisiles.

Este sistema de escudo antimisiles ya lo han desarrollado previamente, además de Estados Unidos, Rusia, Israel e India y, aunque ha sido criticado de forma genérica por la Organización de Cooperación de Shanghai, un bloque de seguridad del que forman parte China, Rusia, y cuatro exrepúblicas soviéticas de Asia Central, no está suponiendo un obstáculo en la cooperación de la OTAN con Rusia, con Marruecos y otros socios del Diálogo Mediterráneo o del Partenariado.

Por tanto, era lógico que España ofreciera esta posibilidad en el marco de sus aportaciones a la defensa atlántica y dentro del Tratado Hispano-norteamericano de Cooperación para la Defensa. Si ello favorece el desplazamiento de Gibraltar como punto estratégico, mejor.

Ahora bien, no me atrevería a decir que el tema de Gibraltar ha sido decisivo en la decisión española de instalar este sistema en Rota. Ha habido, obviamente, atención político-diplomática porque no viene mal a las pretensiones españolas. Sin embargo, no creo que haya sido una cuestión decisiva.

Gibraltar ya no es una base de la OTAN. Es más, la OTAN procura no utilizar los puertos de territorios sometidos a dominación colonial para no incomodar a sus Estados Miembros. Ahora bien, otra cosa es lo que hagan los buques militares de sus Estados Miembros, que no estén de misión con la OTAN. España ha pedido a los Estados Miembros de la OTAN que sus buques no atraquen en el puerto de Gibraltar (esto lo ha resaltado en numerosas ocasiones Wikileaks en la documentación que ha filtrado a la prensa), pero no siempre ha resultado convincente.

España quiere que los buques de guerra de sus socios en la OTAN atraquen en puertos españoles y, desde luego, su colaboración intensa en la defensa y sus compromisos militares con los aliados ayudarán a estos fines. Los buques norteamericanos tendrán que buscar una muy buena excusa para atracar en Gibraltar a sabiendas de la generosa oferta española y de las inmejorables instalaciones con las que cuenta Rota.

Por tanto, Gibraltar hace tiempo que ya ha perdido su antigua privilegiada situación geoestratégica. La OTAN también hace tiempo que ha perdido interés en la Roca dado que España demuestra cada día su disponibilidad. Además, desde Rota se puede controlar el Estrecho de Gibraltar e incluso perímetros mucho más amplios como ya se ha demostrado durante operaciones lideradas por España en años pasados, y como se demuestra con este escudo antimisiles. Gibraltar, por tanto, en este tema se queda sin oportunidades. Por eso busca incansablemente otros flancos.

La Europa cínica y la Europa humillada

Diarios del Grupo Joly
9 de diciembre de 2011

Esta semana más que nunca aflora un sentimiento de humillación cuando se está a la espera de que dos líderes europeos, por muy importantes que estos sean, decidan o no refundar Europa.

En realidad, lo que se va a tener que decidir es algo que debió decidirse cuando se estableció el euro como moneda común. Incluso Jacques Delors lo ha reconocido estos días. No podía ser sostenible una política monetaria común sin integrar la política financiera y la política fiscal. Sin embargo, aquel paso, con todas sus dificultades actuales, se dio en la dirección correcta. Europa no podrá tener una capacidad global si sigue enrocada en diminutas entidades políticas, por mucha historia que haya detrás. Lo saben bien los griegos.

Los desafíos del mundo contemporáneo y los nuevos actores globales exigen, inevitablemente, una adecuación histórica. El modelo de una Unión Europea que defienda sus valores *ad intra* y *ad extra*, es un modelo necesario. No cabe discusión.

Ahora bien, los egoísmos nacionales siguen prestando flacos servicios a los ideales unionistas europeos. No hay que ser hipócritas. No solo son euroescépticos los conservadores británicos o los conservadores polacos o checos. Son mucho peores los dirigentes franco-alemanes que hablan de refundar Europa, desde sus minúsculos despachos de París o Berlín.

¡Qué pronto se han olvidado en estas dos capitales del esfuerzo del resto de Europa para su prosperidad! Es más, qué cínicos cuando exigen cumplimientos económicos imposibles mientras Francia vende (impone) a Grecia fragatas sofisticadísimas y helicópteros de última generación y Alemania vende (impone) submarinos supersónicos a costosísimos precios, mientras les exigen imposibles recortes sin el oxígeno del crecimiento económico. Qué cínicos cuando compran deuda soberana griega (o italiana o española) a altos intereses con dinero prestado a casi cero puntos de interés.

Y ellos que tantas veces incumplieron los criterios de convergencia, qué exigentes están ahora con los débiles, sean cuales fueran las causas de esta debilidad.

Sé bien que nuestros políticos del sur no han hecho de forma adecuada sus deberes. Sé bien también que hay problemas estructurales, políticos y territoriales, de difícil solución, e igualmente sé que hay que hacer esfuerzos titánicos para superar esta crisis, pero lo haríamos mejor si estuviéramos acompañados.

Aunque algunos crean que los genes de los alemanes son diferentes, no lo son, como no lo son los de los catalanes o vascos. Hay condicionantes históricos, intereses económicos y políticas deliberadas que hacen que unas tierras se industrialicen más que otras y que su crecimiento económico, su empleo, su dinámica social se desarrollen a ritmos diferentes. Por eso se necesita a la política, para que redistribuya y equilibre.

Ellos saben lo que es estar humillados y ellos saben lo que les ha supuesto la solidaridad. El uno vivió la ocupación alemana de París. El otro vivió la derrota más humillante de la historia. Los dos saben que solo salieron de estos agujeros, gracias a la integración europea y a la ayuda exterior.

No es soportable que sean ellos los que hablen en nombre de Europa, incluso escondiendo la bandera. Tenemos que ser todos y tienen que ser los responsables institucionales. Hay quien piensa que Europa será alemana o no será. Por el contrario, yo pienso que Alemania será europea o Europa no será; pero Alemania sin mercado interior tampoco será. Trescientos millones de consumidores dejaríamos de comprar sus televisores, coches o instrumentos de óptica. ¡Y pobre Alemania sin la despensa alimentaria de calidad como la que le ofrecemos el resto de Europa!

Por tanto, no es tiempo de reproches, aunque sí de análisis, no es tiempo de dos velocidades en una Europa interdependiente, sino de liderazgo, de esfuerzos colectivos, por egoísmos, como lo fue el Plan Marshall que terminó reconvirtiendo la industria norteamericana, eminentemente militar por la guerra, a una industria civil que intercambiara productos con sus socios europeos.

Desde luego, hay que recuperar la fe en las capacidades europeas. Tenemos instrumentos, tenemos personas, tenemos ideas. Solo nos falta voluntad. Pero una voluntad colectiva, un liderazgo común, una dirección institucionalizada.

Ni siquiera es necesario reformar los tratados. Basta cumplir los que tenemos. Ahí están el art. 3 del TUE y el art. 127 del TFUE. Hay cauces para hacerlo, incluso desde el Parlamento Europeo, y cauces para no hacerlo, haciendo acuerdos multilaterales en el seno del Eurogrupo. Lo que más importa es que estemos todos juntos, decidiendo, aportando, comprometiéndonos. Que no se obligue a que se vuelva a hablar de la vieja Europa y la nueva Europa porque si no, cuando haya oportunidad, no podrán esperar más que humillación y cinismo.

La calidad de la democracia en la UE

Diarios del Grupo Joly
23 de enero de 2012

Hace exactamente doce años publicaba mi primera Tribuna en las páginas del *Diario de Sevilla*, animado por su subdirector, preocupado porque no se entendiera bien lo que estaba ocurriendo con Austria.

Decía entonces que Austria encarnaba un sistema democrático y respetuoso con los derechos humanos. Sin embargo, el propio sistema democrático permitió que un partido político, que propugnaba y defendía actitudes xenófobas y planteamientos neofascistas, pudiera llegar al poder, con lo que ello suponía para la Unión Europea.

Se encendieron todas las alarmas porque se vio que esta situación era posible y, aunque la Unión Europea era un club de Estados demócratas, nada impedía que se llegara, por esta vía, a situaciones antidemocráticas.

Es verdad que teníamos la experiencia histórica de Hitler, pero no pareció que fuera necesario establecer un sistema de sanciones, más allá de las exigencias políticas, para que la democracia, el sometimiento al imperio de la ley y el respeto de los derechos humanos fueran requisitos ineludibles para la pertenencia a la propia Unión Europea. Esa fue la razón por la que no se permitió a la España de Franco participar en el proyecto de construcción europea del entonces Mercado Común.

Para los temas de democracia y de respeto de los derechos humanos había otra organización internacional europea, el Consejo de Europa, que sí tenía establecido un sistema de sanciones para cualquier deriva antidemocrática. De eso supieron muy bien los Gobiernos de Grecia y Turquía.

Sin embargo, en el marco de la Unión Europea no había establecido mecanismos de garantía colectiva. Por ello, en el caso de Austria, se hizo una simple Declaración conjunta de intenciones de los restantes catorce Estados miembros de la Unión Europea, en el año 2000. Ahora bien, este Declaración no era más que un instrumento de presión política, muchas veces suficiente.

A partir de esta fecha comenzó un proceso de ampliación y expansión de la Unión Europea hacia los antiguos Estados de la Europa Oriental, ávidos de integrarse en las instituciones más prestigiosas del mundo occidental. Muchos de ellos buscaban seguridad frente a Rusia y por eso encontraron el amparo de la OTAN, sin descuidar el Consejo de Europa y otras organizaciones europeas.

El caso de Austria abrió los ojos a los políticos europeos. Después vendrían algunas dificultades con Polonia y como ha quedado patente recientemente, estas dificultades serían puestas de manifiesto en los casos de la República Checa y también por Francia (el caso de las actuaciones xenófobas), Dinamarca y otros Estados «clásicos» de la UE.

Obviamente era necesario establecer mecanismos para garantizar el respeto a la democracia, al imperio de la ley y a los derechos humanos, entendidos todos desde una perspectiva de calidad y de efectividad y no solo de formalidad.

El Tratado de Lisboa reconoce que la democracia no es solo un valor europeo, sino un principio constitucional sobre el que se apoya la Unión Europea. Es decir, fundamento y esencia de la misma. La Carta de Derechos Fundamentales de la Unión Europea, parte inherente del Tratado de la UE, reconoce que la Unión está fundada sobre los valores indivisibles y universales de la dignidad humana, la libertad, la igualdad y la solidaridad, y se basa en los principios de la democracia y el estado de derecho. Por tanto, todo acto inamistoso contra una democracia de calidad, en cualquier Estado de la Unión, es una violación del Derecho de la Unión. Por ello, la Comisión Europea puede iniciar un procedimiento que permita restablecer los derechos democráticos, incluso con sanciones políticas, económicas y hasta judiciales si fuera necesario.

El presidente del Gobierno húngaro, del partido conservador, Viktor Orban, ha establecido restricciones a la libertad de prensa, ha impuesto un bloqueo legislativo para impedir procedimientos de modificaciones de leyes, ha generado desconfianza en cuanto a la independencia del poder judicial, del Banco Central o de las instituciones de protección de datos.

La Unión Europea, a través de los cauces establecidos en el Tratado de Lisboa, ha puesto en marcha sus mecanismos que, ahora, serán extensibles al Consejo de Europa, donde también se han preocupado por el tema.

Es obvio que la institución más agresiva con estas cuestiones esté siendo el Parlamento Europeo, pero también la Comisión Europea y la Presidencia de la Unión Europea, este semestre atribuida a Dinamarca, están iniciando un camino sin retorno. Este selecto club no admite derivas totalitarias. La Unión Europea será democrática o no será. Esto no es ya una aspiración, sino una obligación.

El sempiterno asunto de Gibraltar

Diarios del Grupo Joly
25 de febrero de 2012

Cada vez que hay un cambio de gobierno (y no tiene por qué ser un cambio de gobierno provocado por un vuelco electoral en las urnas), hay un cambio de posición en el sempiterno asunto de Gibraltar. Esto quiere decir que se somete a los vaivenes del ministro de turno o al socaire de la ocurrencia o circunstancia del momento.

Me imagino a los colegas británicos frotándose siempre las manos, amparados por su inflexible política de estado, cuando se enfrentan a intereses internacionales. Observan, con gozo, que el nuevo ministro o el nuevo presidente del Gobierno español trata de reconducir la situación de Gibraltar, la mayor parte de las veces volviendo a las posiciones clásicas, que son las únicas que nos han dado buenos resultados, tratando de deshacer los inventos del último ministro que quería coronarse con el éxito para solucionar el conflicto.

Los británicos lo tienen claro. La posición inicial era la autodeterminación de Gibraltar. Por el contrario, Naciones Unidas defendió la posición española de la integración territorial. Este éxito diplomático fue debido, fundamentalmente al Derecho, porque España no se movió ni un solo milímetro de este objetivo (igual que lo ha hecho recientemente en el caso del Odissey). Cuando se fundamenta una posición en el derecho, es difícil que no se reconozca.

Claro que España debe tener en cuenta los intereses de las personas que habitan Gibraltar. Hablamos de personas, no de inmuebles o de árboles. Las personas somos objeto mayúsculo de protección.

Ahora bien, el Derecho Internacional no permite, en el actual marco jurídico, que se tengan en cuenta exclusivamente sus deseos (ni los de Gibraltar ni los de Triana, ni los del País Vasco o los del Pueblo Kurdo). Un pueblo colonial no puede determinar el destino de un territorio. Los habitantes originarios de Gibraltar, a través de sus descendientes, están hoy día diseminados por los núcleos de población que se constituyeron en torno a las tres grandes ermitas que usaban sus pobladores (San Roque, San Bernabé y San Isidro). Allí están las imágenes iconográficas de las cofradías gibraltareñas, sus archivos, su carta puebla, su pendón, en definitiva, su identidad y su historia. Desgraciadamente ninguna de estas nuevas ciudades se llamó Gibraltar, en un intento de salvaguardar la identidad íntegra de la vieja ciudad, ahora ocupada.

Esto debe ser comprendido por los actuales habitantes de Gibraltar, aunque ellos no sean responsables de la situación. La legitimidad histórica, jurídica y política no puede obviarse por un pretendido derecho democrático a decidir el futuro, salvo que haya un acuerdo entre las partes.

Nunca estuvimos más cerca de la solución del tema de Gibraltar que cuando, el 18 de abril de 2002, Londres y Madrid llegaron a un acuerdo para compartir la soberanía, en el que los actuales habitantes de Gibraltar pudieran tener la máxima cota de autogobierno. Sin embargo, España, en el último minuto, rechazó esta propuesta y, después, también se rechazó en La Roca.

Luego vinieron los Foros de Diálogo, cuatripartitos, tripartitos, incluso Foros de Diálogo sin diálogo y sin foro.

Estamos, pues, como hace ya muchos años. Se ha avanzado en algunos aspectos de la cooperación, se dan facilidades a los ciudadanos gibraltareños para que puedan obtener bienes políticos en España (residencia, educación, sanidad, comunicaciones...). El Instituto Cervantes es hoy día un motor de cultura en Gibraltar, a pesar de estar recién inaugurado. Deberíamos de sorprendernos del éxito rotundo de la matriculación masiva de estudiantes de español.

Pero debemos dar aún muchas más facilidades. La integración territorial no vendrá por que se les venza en despachos diplomáticos, sino porque se les convenza. Y para ello no hay más camino que ofrecer un modelo de integración, como el que se ofrece en la UE, pero más allá.

El Campo de Gibraltar no puede seguir siendo la pariente pobre de España. Debe ser un espejo en el que los ciudadanos gibraltareños quieran mirarse. Para ello, no puede haber este porcentaje de desempleo en una de las zonas más depauperadas de España, no puede haber tantas limitaciones en las comunicaciones, ni tanta miseria educativa, cultural e incluso medioambiental, pero tampoco puede haber núcleos de fiscalidad desleal, opacidad bancaria o privilegiada economía parasitaria.

Por tanto, hay que mantener una política constructiva para convencer y, al mismo tiempo, exigir el cumplimiento íntegro de la normativa internacional y europea. El privilegio casa mal con los pretendidos derechos democráticos, que podrían derivar en derechos aristocráticos u oligárquicos.

Igualmente, habría que destinar más esfuerzos políticos para que Gibraltar deje de tener interés internacional (por ello he aplaudido la localización del escudo antimisiles de la OTAN en la Base Naval de Rota). Su interés debe ser solo el de sus habitantes, los de dentro y los de fuera, que al fin y al cabo, son los mismos. De eso sabe bastante el propio ministro principal actual, el socialista Fabián Picardo, nieto de republicana española, a quien he tenido oportunidad de recordarle que, a los efectos de nuestra legislación, por ese solo hecho, ya podría solicitar la nacionalidad española (sin perder la propia, si es que la tiene).

Espero y deseo que el encuentro, incluso la ósmosis, si es posible y, si no, al menos, la identidad de intereses, nos lleve a converger en una solución negociada que tenga en cuenta los irrenunciables derechos de todos, sobre todo, de los gibraltareños de dentro y de fuera. Darse la espalda ya no es una opción. Asentarse en el privilegio, tampoco.

Repsol, Argentina y España

Diarios del Grupo Joly
19 de abril de 2012

La empresa de nacionalidad española REPSOL había participado, a través de una OPA (Oferta Pública de Adquisiciones de Acciones) en la compra de un porcentaje de la empresa pública argentina YPF. Lo hacía en el marco de seguridad jurídica que le daba la normativa interna argentina, así como el Derecho Internacional.

Con el tiempo, REPSOL adquiriría otras acciones de YPF que la convertirían en accionista mayoritario, con el 57,43% del total de acciones. De esta forma operaba en el marco de un mercado global, con reglas bien establecidas para asegurar las inversiones, las actividades empresariales y las transacciones comerciales.

Las reglas jurídicas con las que REPSOL comienza su gran expansión empresarial en Argentina son de tres tipos: normas del ordenamiento interno argentino, normas de Derecho Internacional Público y normas de Derecho Internacional Privado.

Antes que todo, hay que partir del principio de que nada impide que un Estado soberano expropie una propiedad privada, máxime si esta propiedad privada se dedica a la extracción de recursos naturales. No hay mejor ejemplo de ejercicio de competencias soberanas.

Ahora bien, dicha expropiación requiere tres condiciones: debe estar justificada, no puede ser discriminatoria y tiene que procederse a un pago justo y pronto, de acuerdo con las reglas establecidas en su ordenamiento jurídico.

La justificación dada hasta ahora por el Gobierno argentino ha sido la de la utilidad pública y eso debe ser valorado por los jueces internos.

Sin embargo, las otras dos condiciones deben ser valoradas en el marco del Derecho Internacional.

En este sentido, debo añadir que REPSOL es una empresa domiciliada en España y, por tanto, de nacionalidad española, aunque sus accionistas puedan ser, como muchos de ellos lo son, extranjeros. Esto es lo que justifica la intervención del Gobierno español, que está obligado a defender los derechos y los intereses de sus nacionales.

Los Estados disponen de una institución jurídica para defender estos intereses (sean de personas físicas o jurídicas). Es la protección diplomática. Y es en esta institución donde pueden hacer reclamaciones internacionales. España, pues, tienen la obligación de velar por el cumplimiento del Derecho Internacional de sus nacionales.

La primera violación aparente ha sido que la expropiación ha sido discriminatoria porque solo se ha expropiado el 51% de las acciones de la empresa REPSOL. No se ha tocado el resto de las acciones ni tampoco a otras empresas que operan en el mercado energético argentino con parecidas circunstancias. Esto está prohibido expresamente por el Derecho Internacional y es, además, una de las causas específicamente establecidas en el Acuerdo para la Promoción y la Protección Recíproca de Inversiones entre la República Argentina y el Reino de España, suscripto en Buenos Aires, el 3 de octubre de 1991 y aprobado por Ley 24118 (art. 3).

En artículo 5 del citado Acuerdo señala: «La nacionalización, expropiación, o cualquier otra medida (...) deberá aplicarse exclusivamente por causas de utilidad pública conforme a las disposiciones legales y en ningún caso deberá ser discriminatoria. La Parte que adoptara alguna de estas medidas pagará al inversor o a su derecho-habiente, sin demora injustificada, una indemnización adecuada, en moneda convertible».

Claro que España puede acudir al sistema arbitral establecido para dirimir esta controversia. Claro que REPSOL, una vez agotado los recursos internos argentinos puede llevar el caso al CIADI (Centro Internacional sobre Diferencias relativas a Inversiones). Sin embargo, todo el mundo sabe que todo pleito interpuesto, aunque se gane, es intrínsecamente negativo.

¿Hay algunas otras medidas que pueda adoptar España para defender los intereses de una empresa española? Debo reconocer que son difíciles porque estamos en unos momentos de debilidad política y económica, pero hay contramedidas, que no represalias, que sí pueden ser adoptadas y espero que se adopten, siempre y cuando no sean medidas de retorsión que vayan a afectar más a España o a terceros que a Argentina. Pero, sobre todo, espero medidas diplomáticas que le «duelan» a Argentina. Chile, México, Bolivia, Reino

Unido, etc., ya han hecho declaraciones duras, la Unión Europea ha suspendido la reunión del Comité Conjunto Unión Europea-Argentina del próximo 19 y 20 de abril. Ha habido una tímida respuesta de Estados Unidos…

¿Será suficiente? No lo creo, sinceramente, pero debemos intentar que estas bravuconadas no tengan el respeto de la comunidad internacional porque se pone en duda la credibilidad de un Estado, y sus nacionales deberían ser los primeros interesados en que los inversionistas extranjeros tengan seguridad jurídica porque, de otra forma, huirán del país como de la peste.

Pescar en la bahía de Algeciras

Diarios del Grupo Joly
30 de mayo de 2012

Tengo por costumbre explicarles a mis alumnos que en toda la costa española solo encontraremos tres pequeños espacios donde nos podemos bañar en mar territorial: las desembocaduras del río Miño y del río Guadiana y la bahía de Algeciras. En todo el resto de la costa, el Gobierno, de conformidad con la Convención de las Naciones Unidas sobre el Derecho del Mar, ha establecido las líneas de base rectas desde las que España mide su mar territorial. Por tanto, las aguas que se encierran dentro de esas líneas de base rectas son aguas interiores, que es donde se baña la casi totalidad de los bañistas en España, con las excepciones mencionadas.

Pues bien, si España no ha establecido aguas interiores en la Bahía de Algeciras, más allá de las legalmente correspondientes a los puertos, es porque el Derecho Internacional no le permite establecer un punto de apoyo en Punta Europa (Gibraltar) que sería necesario para cerrar la embocadura de la Bahía como aguas interiores, desde Punta Carnero.

Explico esto porque es importante a la hora de establecer el derecho de pesca. En cualquier caso, al ser mar territorial (aquí no importa tanto de quién) la competencia regulatoria de la pesca corresponde en exclusiva a la Unión Europea.

Ahora bien, es verdad que el actual Reglamento (CE) nº 2371/2002 del Consejo, que es el que establece la Política Pesquera Común (PPC) permite que un Estado miembro (da igual qué Estado) restrinja la pesca de los buques pesqueros que tradicionalmente faenen en esas aguas y procedan de los puertos situados en la costa cercana. Sin embargo, para ello hay que fundamentar la decisión, informar a la Comisión Europea y recibir la compatibilidad con los objetivos generales de la PPC. La fundamentación tendrá que ver con la conservación de los recursos pesqueros, con la preservación de las actividades pesqueras tradicionales y con el mantenimiento de la infraestructura social y económica de la zona.

Es más, la nueva PPC, en su última fase ya de elaboración establece medidas favorables a las pesquerías a pequeña escala.

A la Comisión Europea no le consta ninguna comunicación del Reino Unido, único responsable de la política exterior del territorio comunitario de Gibraltar, en relación con la prohibición, limitación, restricción o suspensión del derecho de pesca de cualquier buque pesquero de la Unión Europea a las aguas adyacentes a Gibraltar (sin entrar a discutir la pertenencia de dichas aguas).

La posible bondad de una normativa de derecho interno (aun aceptando la normativa local de Gibraltar) no puede servir de excusa para el incumplimiento del Derecho Internacional ni del Derecho de la Unión Europea. Por tanto, una normativa de protección del medio ambiente no puede servir de pretexto para impedir el derecho de pesca en mar territorial de un buque de la UE, si no se han establecido las restricciones de conformidad con el vigente reglamento de la UE.

Por supuesto, los buques que faenen en dichas aguas (todas las de la Bahía de Algeciras, con excepción de las aguas interiores de los puertos) tienen que utilizar artes conformes con la normativa de la UE. Todos ellos tienen que conducirse de acuerdo con el principio de precaución, con el principio de sostenibilidad (que no solo es medioambiental, sino también económico y social), con el principio de igualdad de acceso a las aguas y a los recursos de todos los buques de la UE, salvo las restricciones ya mencionadas.

La Unión Europea favorece los acuerdos regionales o locales y estos pueden y deben contener medidas técnicas restrictivas para contribuir al mantenimiento o al restablecimiento de las poblaciones de peces, para reducir las capturas de ejemplares de talla inferior a la reglamentaria, reducir las capturas de organismos marinos no deseados, o para mitigar el impacto de los artes de pesca en el ecosistema y en el medio ambiente. En esto debe consistir un acuerdo entre las autoridades locales de Gibraltar y las cofradías de pescadores de la zona.

Cualquier otra cosa está condenada al fracaso porque el problema es político. España no acepta la proyección de espacios marítimos de Gibraltar, como consecuencia de la aplicación estricta del Tratado de Utrecht, de 1713, aún en vigor (y así lo ha declarado en el momento del depósito del instrumento de ratificación por parte de España de la Convención de las Naciones Unidas sobre el Derecho del Mar), considerando que dicho acto de ratificación «no puede ser interpretado como reconocimiento de cualesquiera derechos o situaciones relativas a los espacios marítimos de Gibraltar que no estén comprendidos en el artículo 10 del Tratado de Utrecht, de 13 de julio de 1713, suscrito entre las Coronas de España y Gran Bretaña. España considera, asimismo, que la resolución III de la Tercera Conferencia de las Naciones Unidas sobre el Derecho del Mar no es aplicable al caso de la colonia de Gibraltar, la cual está sometida a un proceso de descolonización en el que son aplicables exclusivamente las resoluciones pertinentes adoptadas por la Asamblea General de la Organización de las Naciones Unidas».

Por el bien de toda la comunidad gibraltareña (la de ambos lados de la verja), nos conviene no levantar fantasmas ruinógenos de consecuencias impredecibles. Está en juego el bienestar de todos.

Cataluña y derecho internacional

Diarios Grupo Joly
1 de octubre de 2012

A las ya duras preocupaciones cotidianas de estos tiempos se acaba de añadir una nueva de carácter político. Las autoridades catalanas están manifestando su frustración permanente con un reiterado órdago que amenaza con un problema de alcance imprevisible. Sus manifestaciones veladas y sus actitudes inconfundibles hablan ya abiertamente de independencia y de soberanía.

¿Tiene algo que decir al respecto el Derecho Internacional Público y las Relaciones Internacionales?

En este sector jurídico no existen normas positivas escritas sobre la estatalidad, aunque su fundamento está en la existencia de estas entidades políticas, llamadas Estados. Por tanto, no hay compromisos escritos ni tratados que regulen el procedimiento mediante el que una entidad pueda alcanzar su independencia, más allá de si se trata de pueblos sometidos a dominación colonial u ocupación, que no es el caso.

Ahora bien, sí existe una práctica muy consolidada, con convicción jurídica de que se trata de reglas que deben ser cumplidas. Por ejemplo, la nueva entidad debe estar constituida con un territorio, una población y una organización jurídico-política. Esta organización debe contar con un monopolio de la fuerza, con un control efectivo sobre el territorio y (debería) contar con la aceptación de la población.

Además, esto debe ser viable y traducirse en la obligación de ejercer sus atribuciones soberanas, respetando y haciendo respetar el derecho de los demás Estados. Es decir, el ejercicio de la soberanía frente al exterior y frente al interior. Esto basta para que una entidad proclame su independencia.

Sin embargo, a todo esto, le debe seguir el reconocimiento, es decir, la aceptación de que otros Estados se comprometen a mantener relaciones de cooperación. Por supuesto, esta aceptación es un instrumento político que se transforma en jurídico cuando se ha expresado, por sus consecuencias. Con ello, se descartaría que la voluntad de un loco convierta en Estado una plataforma petrolífera marina o un soñador convierta su isla privada en un nuevo Estado.

En el caso de Cataluña, se trataría de una segregación territorial de un Estado reconocido internacionalmente. En estos casos, los precedentes, salvo Kosovo, del que no dispongo de espacio para aclarar, exigen siempre el acuerdo. Nada impide que se produzca dicha segregación (ejemplo hay muchos, sobre todo en Europa). De hecho, el último Estado que ha ingresado en Naciones Unidas como Estado miembro, el pasado 11 de julio de 2011, ha sido Sudán del Sur, segregado de Sudán. Pero todos ellos han sido producto del acuerdo entre el Estado matriz y el nuevo Estado segregado.

Si Cataluña proclamara su independencia, de forma unilateral, tendría que forjar el reconocimiento en el ámbito de las relaciones internacionales. No importa lo que digan los constitucionalistas sobre el marco interno. Ya sabemos que las revoluciones, las guerras civiles, los golpes de Estado, etc., no son materia de regulación por ninguna constitución y si lo son, se violentan. Se trata de situaciones de hecho.

Independientemente de la posible viabilidad del Estado catalán, lo que es cuestionado por la mayoría de los economistas y politólogos, Cataluña tendría que legitimarse a través del reconocimiento de otros Estados, sobre todo los Estados que pueden facilitar su proyección exterior y cooperar para facilitar mercados y bienes políticos a su población. Es ahí donde se encontrará con problemas. No porque España ruegue de rodillas a los Estados europeos, a Estados Unidos o a los Estados de la Comunidad Iberoamericana que no reconozcan a Cataluña como Estado, sino porque esos mismos Estados tienen también problemas internos (Escocia en Reino Unido, Córcega en Francia, Lombardía o Cerdeña en Italia, Baviera o Brademburgo en Alemania, Santa Cruz en Bolivia, movimientos indigenistas y secesionistas en toda América Latina, etc., etc.) que les impide hacer movimientos de falsas expectativas.

¿Quién va a querer romper un consenso, por una entidad de poco valor estratégico y menor valor comercial o económico? ¿Qué puede ofrecer Cataluña a la estabilidad política, tras su independencia? Nada. Esta será la clave. Y los políticos catalanes lo saben. No hay nada que impida sus expectativas, porque se trata de la ruptura del derecho. A partir de ahí, juega la política y el derecho internacional. La política no querrá resucitar viejos fantasmas de nacionalismos o segregacionismos con un nuevo pequeño Estado que no aportaría más que problemas, *ad intra* y *ad extra*. El derecho se mostraría inflexible en cuanto a la pertenencia de Cataluña en organizaciones internacionales o en cuanto al pago proporcional de las deudas. ¿Quieren los catalanes estar de espaldas a la historia y empeorar sustancialmente sus vidas?

Europa no les va a salvar. O nos salvamos todos o no nos salvaremos ninguno. Ya ha habido experiencia suficiente para saberlo. La última durante los años 90 en la ex Yugoslavia. Fue un discurso nacionalista incendiario de Milosevic, en Belgrado, el que abrió la espita de la guerra balcánica. Es verdad que a Belgrado luego le siguió Alemania (y el Vaticano) con su precipitado reconocimiento de Eslovenia. La consecuencia fue la guerra, y la guerra solo trajo muerte, destrucción, dislocación de la economía. Aprendamos de la historia, si nos duelen nuestros hijos, amigos, compañeros y conciudadanos; forcémonos en conseguir un diálogo limpio y sincero porque cualquier aventura soberanista es mala para Cataluña (y para otros), para España y para Europa. España puede y debe ser federal y solidaria. España puede y debe ser nacional, europea, universal. Hay que perder el miedo a las palabras y encontrar el equilibrio que nos permita defender juntos valores supremos de justicia, igualdad y libertad.

¿Justicia internacional selectiva?

Diarios Grupo Joly
25 noviembre 2012

El Tribunal Penal Internacional para la ex Yugoslavia, con sede en La Haya y constituido por el Consejo de Seguridad para enjuiciar a los responsables de crímenes de guerra y contra la humanidad durante el conflicto de la ex Yugoslavia, acaba de dictar una sentencia exculpatoria contra un teniente general croata, Ante Gotovina y un antiguo ministro adjunto del Interior y comandante en jefe de las fuerzas especiales de la policía croata, Mladen Markač.

Ambos habían sido acusados de crímenes contra la humanidad (transferencia forzada de población, constitutiva de expulsión y otros actos inhumanos) y crímenes de guerra (pillaje de bienes públicos y privados, destrucción sin motivos de ciudades y pueblos o devastación sin justificación por exigencias militares y asesinatos y tratamientos crueles) contra los serbios de Krajina (Croacia).

Hay que recordar que el general Ante Gotovina fue detenido por la policía española en un restaurante canario el 7 de diciembre de 2005 y España lo transfirió a La Haya, de conformidad con sus obligaciones internacionales, al hallarse en territorio español y disponer de una orden de detención y entrega del citado Tribunal Internacional.

El pasado día 11 de abril de 2011, la Sala de Primera Instancia del Tribunal Internacional los consideró culpables de dichos crímenes y fueron condenados a 24 y 18 años, respectivamente.

La base fundamental era que los acusados formaban parte de una organización criminal común que tenía la intencionalidad de expulsar a los serbios de Krajina y que habían contribuido decisivamente a ello, en tanto que miembros de dicha organización.

En realidad, la Sala de Primera Instancia no los considera culpables de la transferencia forzada de población, pero sí de persecución, expulsión, pillaje, asesinatos, etc.

La defensa de los dos condenados, ejerciendo su derecho más elemental de apelación, solicitó que la Sala de Apelaciones examinara el asunto. El 16 de noviembre de 2012 esta Sala de Apelaciones ha dado su veredicto. La Sala de Primera Instancia ha cometido dos errores: considerar que los ataques de artillería ordenados por los condenados eran ilegales y considerar que ambos eran parte constitutiva de una organización criminal para la limpieza étnica.

En estas condiciones, ordena la puesta en libertad de los condenados.

No voy a entrar a detallar algunos aspectos técnicos de las dos sentencias, pero sí voy a denunciar dos cuestiones que resaltan la actual insatisfacción por la justicia penal internacional.

La primera es la duración de todo el proceso. Es verdad que el proceso puramente definido no se abrió hasta el 11 de marzo de 2008 y ha durado, por tanto, 303 días, es decir, una eternidad. Pero la verdad es que el procedimiento se inició con el acta de acusación del 8 de junio de 2001. Casi doce años.

Si esto se hubiera producido en cualquiera de los Estados del Consejo de Europa, incluidos Croacia o España, el Tribunal Europeo de Derechos Humanos, quizás los podría condenar por dilación indebida.

La segunda tiene que ver con la voluntad política de los Estados, de perseguir realmente a los responsables de una de las guerras más cruentas de las últimas décadas. Se desarrolló en el blando vientre de Europa, como llamaba Churchill a los Balcanes. Duró más de cuatro años y en ella aparecieron nuevos crímenes que dieron lugar a elementos novedosos que se incluyeron en el Estatuto de la Corte Penal Internacional. Conceptos como limpieza étnica, ataques contra los bienes culturales o la violación masiva de mujeres bosnias, como elemento de genocidio, que, sin ser nuevos en los conflictos armados del siglo XX, sí fueron forjados jurídicamente durante esta guerra yugoslava. También aparecieron nuevos matices sobre los conflictos internos o internacionales y, sobre todo, se supo que Europa era incapaz de resolver asuntos de paz y seguridad como estos.

Los serbios acusan al Tribunal Internacional para la ex Yugoslavia de ser selectivos y condenar solo a serbios, obviando croatas o bosnios. Estoy seguro de que esto no es verdad. Conociendo como conozco a Theoron Meron, presidente de la Sala de Apelaciones que ha dictado esta última sentencia, no creo que esos elementos políticos estén en el ánimo de los jueces internacionales. Sin embargo, como la mujer del César, la justica tiene no solo que ser independiente sino parecerlo. Y, además, oportuna. En unos momentos en que Croacia está a punto de ser el Estado número 28 de la Unión Europea, rechazar la responsabilidad por las consecuencias de los hechos probados, aparándose en la mera formalidad de una acusación centrada en la existencia o no de una organización criminal, me parece un flaco servicio a la sociedad que tiene esperanzas fundadas en una nueva dimensión de la justicia: la justicia penal internacional.

La eurofobia y Gibraltar

Diario Grupo Joly
26 de mayo de 2013

En los años cincuenta, el Reino Unido había declinado participar en las Comunidades Europeas, en la creencia de que sus relaciones con la *Commonwealth* y con los Estados Unidos le daban una posición suficientemente segura en el ámbito internacional. Pronto percibió que no era así y, ante el éxito comunitario, propuso crear la Asociación Europea de Libre Comercio (EFTA, por sus siglas en inglés).

La EFTA proporcionaba un marco suficiente para el librecambio, que permitía una política proteccionista de los Estados con la única necesidad de suprimir los aranceles y contingentes internos. Sin embargo, empezó a resultar insuficiente para Reino Unido. A los británicos les interesaba cada vez más la CEE desde un punto de vista económico, pero a su vez tenía grandes condicionantes, entre los que destacan sus reticencias a la Política Agrícola Común y la necesidad de dar un tratamiento preferente a sus antiguas colonias y a los países de la *Commonwealth*.

El 9 de agosto de 1961, Reino Unido presentaría su solicitud de ingreso en las CCEE, junto a Irlanda, Dinamarca y Noruega. Reino Unido contó con la oposición de la Francia de De Gaulle para su ingreso. Tras la caída de De Gaulle, y después de duras negociaciones, se firmó en 1972 el «Tratado de adhesión» de las Comunidades Europeas con el Reino Unido. Este instrumento internacional entró en vigor en 1973. Desde entonces comenzó todo un período de ajuste que hizo a las Comunidades avanzar más lentamente. Solo dos años más tarde de la ampliación, el Reino Unido exigió renegociar su adhesión y obtuvo ciertas mejoras en cuanto a su participación presupuestaria y a los productos lácteos procedentes de Nueva Zelanda. En 1979 planteó una nueva renegociación con la que consiguió ventajas financieras, agrícolas y pesqueras.

A pesar de ello y otras muchas singularidades de las que se ha beneficiado, como el famoso «opting out», en la cultura política y ciudadana británica hay un íntimo deseo de excluirse del marco de la Unión Europea. Hay, incluso, ministros del actual Gobierno de Cameron que reivindican un referéndum para provocar la salida, esperemos que ordenada, del Reino Unido.

Si llegara este caso, ¿qué podría pasar con Gibraltar?

En una tribuna como esta, hace ya algunos años, yo expliqué cuál es la situación jurídica de Gibraltar en el marco de la Unión Europea. El antiguo artículo 277 del Tratado de la CEE preveía la posibilidad de aplicar las normas comunitarias a aquellos territorios europeos cuyas relaciones exteriores dependían de los Estados miembros. Por tanto, nada impidió, en principio, que Gibraltar pudiera considerarse como territorio comunitario. El Reino Unido había previsto ese *status* en el Acta de Adhesión a las CCEE, cuando ingresó en 1973, *status* aceptado por el resto de los Estados miembros. Por tanto, en principio, el régimen general comunitario sería aplicable a Gibraltar, dado que no contaría con un régimen especial. Sin embargo, explicaba yo entonces, el artículo 28 de la propia Acta de Adhesión del Reino Unido contemplaba la exclusión de la legislación comunitaria aduanera de determinados productos, como las frutas y legumbres, el vino, el cerdo, los derivados lácteos, el bovino, la pesca..., así como de los productos sometidos en el momento de su importación en la Comunidad a una regulación específica a consecuencia de la aplicación de la política agraria común; además de los actos en materia de armonización de las legislaciones de los Estados miembros relativas a los impuestos sobre el volumen de negocios.

Había, pues, un régimen general con ciertas especificaciones aduaneras impuestas por el Reino Unido y que España no objetó tras su ingreso en 1986, porque su debilidad política entonces era evidente y porque su voluntad también era la búsqueda de cauces de encuentros respecto a Gibraltar.

En caso de que el Reino Unido decida salir de la Unión Europea, opción prevista en el Tratado de Lisboa, Gibraltar saldría también del sistema. Dejaría de aplicarse la *libre circulación de mercancías*, aun considerando las exclusiones presentes; la *libre circulación de personas*, incluyendo la residencia, el establecimiento, el trabajo, el ejercicio de la profesión...; la *libre circulación de capitales*, incluyendo las transacciones bancarias, el ahorro, la participación en los contratos públicos... y, finalmente, la *libre circulación de servicios*, incluyendo los servicios financieros, el transporte, las nuevas tecnologías, la energía...

El empobrecimiento, no solo económico, sino en la calidad de la vida, en la cultura, en el ocio, etc. sería descomunal para nuestros conciudadanos del otro lado de la verja.

Seguramente el Reino Unido pudiera abrir una negociación con la UE, al estilo de Noruega, Islandia o Suiza. Sin embargo, la situación de Gibraltar no sería comparable, ni en su dimensión geográfica, ni en su dimensión política, ni en su dimensión económica. El perjuicio de cualquier resultado negociador, donde ahora España estaría mucho más atenta y mejor posicionada, por bueno que fuera, siempre resultaría perjudicial para los intereses de los gibraltareños.

Siria y la responsabilidad de proteger

Diarios Grupo Joly
2 de septiembre de 2013

Como se sabe bien, la primavera árabe tuvo su versión siria en marzo de 2011 contra Bashar al Asad, considerado entonces un moderado, educado en Occidente y aliado de la causa democrática. Pocos imaginaban entonces la respuesta contundente que daría a las reivindicaciones del pueblo sirio.

Desde entonces, se han producido centenares de miles de muertos y desaparecidos, más de tres millones de refugiados y otros tres millones más de desplazados. La comunidad internacional ha reaccionado bastante pobremente y no ha sabido dar respuestas a esta innoble acción del dirigente alauí. Una vez más, hemos hecho dejación de la responsabilidad de proteger de la comunidad internacional durante estos dos años largos, dejando que se llegara a una situación límite como la actual.

Ahora, como consecuencia de la utilización de armas químicas, llega el momento de llorar y crujir de dientes y empezamos a debatir qué hacer. Dada la situación de extremada violencia y de falta de consenso político para respuestas eficaces, ahora ya es muy difícil ejercer acciones contundentes.

Los intereses que están en juego (no hay que olvidar que Siria tiene fronteras con Turquía –miembro de la OTAN–, Iraq, Israel, Jordania y Líbano, es exportador de petróleo y está situado en una de las rutas comerciales más importantes del mundo) y espero que también la necesidad de proteger a la propia población siria, han despertado todas las alarmas.

El Consejo de Seguridad, que es el órgano principal de la ONU que tiene la responsabilidad primordial de garantizar la paz y seguridad internacionales, está conociendo el caso, pero no ha adoptado aún una resolución determinante para el uso de la fuerza contra el régimen sirio. Rusia, al menos en tres ocasiones, ha utilizado su influyente derecho de veto, para paralizar cualquier iniciativa en este tema. China, también con derecho de veto, tampoco es partidaria de autorizar el uso de la fuerza. Otra potencia regional como Irán apoya a Bashar al Asad.

El presidente francés François Hollande, y David Cameron, del Reino Unido, junto a los Estados Unidos, gran instigador de una potente reacción militar contra el régimen sirio, han alegado el principio de la responsabilidad de proteger, como base jurídica para una posible intervención.

Es verdad que este concepto, que no norma, existe desde que los jefes de Estado y de Gobierno de la ONU se reunieron en la sede de las Naciones Unidas en Nueva York del 14 al 16 de septiembre de 2005 para adoptar la Resolución A/RES/60/1. Sin embargo, esta Resolución no da patente de corso para que cada Estado decida cuándo y cómo hacer intervenciones militares en terceros Estados bajo la bandera de la defensa de los derechos humanos. La propia Resolución señala que las disposiciones pertinentes de la Carta son suficientes para hacer frente a toda la gama de amenazas a la paz y la seguridad internacionales.

Aunque todos los derechos humanos son universales, indivisibles e interrelacionados, la responsabilidad de proteger se dirige a la protección de las poblaciones contra el genocidio, los crímenes de guerra, la depuración étnica y los crímenes de lesa humanidad. Si los técnicos de la ONU informan positivamente que el régimen sirio ha estado utilizando armas químicas contra la población, podríamos calificar los hechos de crimen de guerra o, incluso, de lesa humanidad.

Un informe del secretario general, titulado *Hacer efectiva la responsabilidad de proteger*, del 12 de enero de 2009 señala de forma explícita que «la responsabilidad de proteger no cambia, y de hecho hace más estrictas, las obligaciones que incumben en derecho a los Estados miembros de las Naciones Unidas de no recurrir a la fuerza salvo que lo hagan de conformidad con la Carta». Por tanto, no cabe intervención militar alguna sin la expresa autorización del Consejo de Seguridad. El mismo secretario general afirma al respecto que «como dejaron absolutamente en claro los jefes de Estado y de Gobierno, el derecho de proteger es un aliado y no un adversario de la soberanía, dimana del concepto positivo y afirmativo de la soberanía como responsabilidad y no del concepto más estrecho de la intervención humanitaria».

Ahora bien, el mismo informe del secretario general reconoce que «en una situación de emergencia que se esté desencadenando con rapidez, la principal prioridad de las instancias decisorias en las Naciones Unidas y a nivel regional, subregional y nacional habrá de ser salvar vidas mediante la adopción de medidas «de manera oportuna y decisiva» (párr. 139 del Documento Final), y no seguir procedimientos arbitrarios, secuenciales o graduados en que priman la forma sobre el fondo y el proceso sobre los resultados».

Por tanto, se requiere imaginación política (implicando a la Liga Árabe), maniobras decisivas (haciendo daño al régimen y a sus representantes) y utilización de la gran variedad de instrumentos jurídicos que posee el sistema internacional, incluyendo la implicación de la Asamblea General de las Naciones Unidas, enfocando la solución desde el prisma de la responsabilidad de proteger, sin intervención unilateral. Solo falta voluntad política o convicción en los órganos institucionales de la comunidad internacional. Otras aventuras estarán condenadas, una vez más, al fracaso a largo plazo.

Desapariciones forzadas en España

Diarios Grupo Joly
1 de diciembre de 2013

La semana pasada se hicieron públicas las observaciones finales sobre el informe presentado por España en virtud del artículo 29, párrafo 1, de la Convención de Naciones Unidas contra la Desaparición Forzada, presentado ante el Comité de la ONU sobre este tema.

España es Estado parte en esta Convención y ha participado activamente en la evaluación que ha hecho el Comité sobre la situación de las desapariciones forzadas en España.

El Comité considera que, «al momento de la redacción de sus observaciones finales (recordemos, 13 de noviembre de 2013), el marco normativo en vigor en el Estado parte para prevenir y sancionar las desapariciones forzadas, así como algunas decisiones adoptadas en la materia no estarían en plena conformidad con las obligaciones que la Convención impone a los Estados que la han ratificado».

¿Cuáles son las preocupaciones del Comité de las Naciones Unidas sobre desapariciones forzadas para darle este tirón de orejas a España, un Estado bastante respetuoso con los derechos humanos?

El eje de esas preocupaciones se centra en tres elementos: a) la actitud del Estado respecto a las desapariciones forzadas de la guerra civil española y periodo franquista; b) la incomunicación a las que son sometidos los sospechosos de terrorismo; y c) los conocidos como «bebés robados».

El Código Penal español no reconoce el delito de desaparición forzada, tal como lo tipifica la Convención de Naciones Unidas, por tanto, ni el derecho ni la práctica española, incluida la jurisprudencia del Tribunal Supremo español, están en consonancia con las obligaciones internacionales de España. Es más, ridiculiza al Tribunal Supremo español, cuyas sentencias en relación con los desaparecidos de la Guerra Civil les parece muy poco técnicas desde el punto de vista jurídico.

La desaparición forzada es un delito continuado y no cabe prescripción hasta que se encuentra a la persona o los restos de su cuerpo, en cuyo caso es cuando debería empezar a contabilizarse dicha prescripción.

Una vez más, como han hecho otros Comités especializados de Derechos Humanos en Naciones Unidas y como ha dejado claramente asentada la jurisprudencia internacional, el Comité contra las Desapariciones Forzadas considera al menos inaplicable, si no nula de pleno derecho, la ley de amnistía española de 1977, que no puede suponer un obstáculo para la investigación de los hechos. Y, además, este tipo de delitos no pueden estar contemplados en la jurisdicción militar, sino que deben investigarse en la jurisdicción ordinaria.

Además, el Estado tiene la obligación de buscar a los desaparecidos, tiene la obligación de investigar las desapariciones y facilitar el derecho a la verdad de las víctimas y sus familiares, así como a la concesión de una reparación justa y adecuada. Por tanto, hay que incluir «la asignación de los recursos de personal, técnicos y financieros suficientes, para la búsqueda y esclarecimiento de la suerte de las personas desaparecidas». Es decir, es el Estado el obligado a la localización de las fosas comunes, a la investigación de los restos encontrados y a la localización de sus familiares, para darle sepultura, de conformidad con los deseos de estos últimos.

Por otro lado, el Comité también considera que «el régimen de incomunicación vigente no se ajusta a las obligaciones dimanantes de la Convención». Se está refiriendo al régimen de incomunicación a que son sometidos los detenidos por actos terroristas, a los que se les deja en un limbo jurídico durante un plazo de hasta 13 días, sin comunicación alguna ni con sus abogados, ni con sus familias ni con sus autoridades consulares. Sin embargo, este tema va a quedar resuelto en la nueva Ley de Enjuiciamiento Criminal que regulará técnicamente estos aspectos. Y esto es aplaudido por el propio Comité.

En relación con los «bebés robados», que el Comité llama apropiación de niños, «insta al Estado parte a que intensifique sus esfuerzos con miras a buscar e identificar a los niños que podrían haber sido víctimas de apropiación, desaparición forzada y/o sustitución de su identidad». Por tanto, está atribuyendo la responsabilidad internacional a España, como Estado, independientemente de la imputabilidad penal que pudiera corresponder a los responsables individuales por la comisión de estos hechos. Consecuentemente, las víctimas tienen derecho, hayan iniciado procesos penales o no, a la búsqueda de la verdad, a la reparación y a la restitución de la personalidad robada.

El Comité le da un plazo a España hasta el 15 de noviembre de 2019 para implementar todas las medidas que recomienda.

He aquí, una vez más, el triunfo del Derecho Internacional, que de nuevo sirve para aliviar el dolor de las víctimas, para llenar las lagunas de los ordenamientos internos y para exigir a los Estados el cumplimiento estricto de la legalidad, sin contemplaciones ideológicas, económicas o sociales.

La política exterior de Suárez

Diarios Grupo Joly
24 de marzo de 2014

He tenido la suerte de haberme relacionado intensamente con dos grandes artífices de la política exterior del presidente Suárez, su ministro de Asuntos Exteriores, Marcelino Oreja, y mi maestro, el profesor Juan Antonio Carrillo Salcedo. De ambos he oído siempre que el gran eje de la política exterior de Suárez no fue incorporar a España en la CEE, que también, en OTAN, que también, o en la no menos importante dimensión iberoamericana o árabe de nuestra tradicional política exterior. El gran eje de la política exterior de Suárez fue incorporar a España al club de países respetuosos con los derechos humanos y las libertades fundamentales. Esta fue su grandeza, hoy no suficientemente reconocida.

Ello no fue fácil. Cuando Adolfo Suárez comenzó su andadura presidencial, en 1976, España aún no tenía una Constitución democrática y nunca había aceptado formar parte de la comunidad convencional de los principales tratados de promoción y defensa de los derechos humanos. Por eso, el recién nombrado ministro de Asuntos Exteriores, Marcelino Oreja quiso contar en su gabinete con mi maestro, el profesor Juan Antonio Carrillo Salcedo. Ambos diseñarían la estrategia para estos fines.

Se le ha achacado a Suárez que no tenía política exterior, solo porque su política exterior era una política de Estado, por tanto, continuista en sus vectores más tradicionales: alianza estratégica con Occidente (OTAN, CEE), cooperación con Iberoamérica, seguridad en el área mediterránea, amplias relaciones con el mundo árabe, integración territorial completa (Gibraltar) y buenas relaciones con la Santa Sede.

Ahora bien, fue una política exterior revolucionaria si tenemos en cuenta las consecuencias ciudadanas y humanas. Los derechos humanos y las libertades fundamentales deberían ser garantizados a nivel internacional, *ad extra* y *ad intra*. Esto cambiaría radicalmente el nivel de nuestra conciencia colectiva y pondría a España en una atalaya privilegiada para cumplir y hacer cumplir las obligaciones de respeto de los derechos humanos, tanto respecto a sus ciudadanos como a todos los ciudadanos del mundo.

El 28 de septiembre de 1976 España firmó la Carta de Derechos Humanos, es decir, la Declaración Universal de Derechos Humanos de Naciones Unidas, aprobada en 1948, los Pactos Internacionales de Derechos Civiles y Políticos y de Derechos Económicos, Sociales y Culturales, firmados en 1966, como expresión pública de las nuevas intenciones del Gobierno de Suárez. Sin embargo, Oreja y Suárez eran consciente que este gesto, aunque muy simbólico, no era suficiente. Había que comprometerse internacionalmente, en los sistemas de control. Se adhieren formalmente a dichos Pactos el 27 de abril de 1977, es decir, en un tiempo récord e incluso antes de tener aprobada una Constitución democrática.

En noviembre de 1977, aún sin Constitución, se abren las puertas del Consejo de Europa. Suárez sabía que para ingresar en las Comunidades Europeas se requería antes ingresar en el Consejo de Europa, selecto club donde la democracia y el respeto de los derechos humanos conforman su ideario.

Esta ambiciosa tarea no iba a estar exenta de difíciles negociaciones. El resto de los Estados que tenían que permitir el ingreso de España en el Consejo de Europa querían garantías y no les bastaba con las manifestaciones públicas del presidente Suárez o las intenciones diplomáticas de Marcelino Oreja. Querían compromisos mucho más firmes.

Por ello, la Asamblea Parlamentaria del Consejo de Europa exigió un compromiso político por escrito, de todos los grupos con representación parlamentaria, por los que se comprometían a incorporar en la nueva Constitución española el vigente artículo 10-2º y un elenco de derechos humanos y libertades fundamentales, como garantía de su respeto. Por su parte, el Comité de Ministros del Consejo de Europa exigió que España, al mismo tiempo que ingresara en el Consejo, firmara el Convenio Europeo de Derechos Humanos.

Esto nunca había sucedido en la historia del Consejo de Europa y resultaba inaudito, pero el Gobierno de Suárez estaba decidido a incorporar a España en los sistemas de garantías y control de los derechos humanos. Ello ha permitido también que en las siguientes incorporaciones al Consejo de Europa (España fue el Estado nº 12 y hoy hay 48 Estados miembros) se hayan producido las mismas exigencias.

Luego vinieron más tratados y convenios. De hecho, hoy día España es un ejemplo internacional de Estado respetuoso con los derechos humanos y libertades fundamentales. Muchas veces se olvida que fue esa política de Suárez quien permitió el fortalecimiento de las instituciones protectoras de los derechos humanos. Solo por ello, Suárez merece un lugar en la historia.

Implicaciones internacionales de los casos de espionaje revelados por Snowden

Anuario Joly 2013
28 de marzo de 2014

El periódico británico *The Guardian* publicó el 6 de junio de 2013 que un antiguo consultor de la Agencia Nacional de Seguridad norteamericana, Edward Snowden, disponía de documentación sensible donde se demuestra que la Agencia tenía registros telefónicos y telemáticos de millones de usuarios por todo el mundo. Los registros eran recabados directamente a empresas de servicios informáticos como Microsoft, Yahoo, Google, Facebook, PalTalk, AOL, Skype, YouTube y Apple.

El diario *The Washington Post* se hace eco de la noticia y provoca una reacción de alcance mundial, con la publicación de datos de estos registros.

Estados como China y Rusia comienzan su particular implicación política en el caso, a la que luego se unen otros Estados como Ecuador, Bolivia y Venezuela, todos ellos ofreciendo asilo al joven Snowden. Esto hace saltar las alarmas estadounidenses ante el temor de que se filtre más información comprometida a sus rivales políticos.

Snowden se había refugiado en Hong-Kong y desde allí voló hasta Moscú. Estados Unidos solicita su extradición, pero Rusia no dispone de un tratado bilateral de extradición. Por tanto, Rusia no está obligada y, además, Snowden ha solicitado el estatuto jurídico de refugiado en una petición de asilo. Rusia accede a ello y, en estos momentos, Snowden disfruta de este privilegiado estatus en Rusia.

Ahora bien, pongamos orden jurídico y político en este caso. ¿De qué estamos hablando? ¿Cuáles son sus consecuencias?

Por un lado, tenemos una labor de espionaje de los Estados Unidos, cuyo alcance se dirigía no solo a sus contrincantes políticos en la escena internacional, sino que alcanzaba a sus propios ciudadanos y a políticos y ciudadanos de sus aliados, incluyendo Estados europeos.

El espionaje, en sí mismo, no es una actividad prohibida por el Derecho Internacional. Incluso entre las competencias que la Convención de Viena sobre Relaciones Diplomáticas de 1961 (que es la que regula las relaciones interestatales), reconoce en su artículo 3 que entre las funciones de la misión diplomática está la de «enterarse por todos los medios lícitos de las condiciones y de la evolución de los acontecimientos en el Estado receptor e informar sobre ello al gobierno del Estado acreditante». Es decir, el espionaje, en sí mismo, es una de las labores más importantes de las misiones diplomáticas, sea cual sea su categoría o misión.

De hecho, no hay que ser hipócrita, todos los Estados, incluso los poco serios, tienen servicios de inteligencia que no sirven para otra cosa más que para obtener información.

Ahora bien, el límite está en la obtención de la información a través de medios lícitos.

¿Es lícito que un Estado obtenga información, directamente o a través de empresas privadas, vulnerando el derecho de intimidad? ¿Es que podemos decir que un móvil oficial de la Canciller alemana es un teléfono privado, en el que haya que guardar la intimidad? Pero, si es un teléfono público, ¿se puede interceptar la comunicación, aunque las comunicaciones sean de cuestiones privadas?

Realmente hasta en los convenios internacionales más sofisticados de protección de derechos humanos existentes hasta la fecha se establecen límites a la protección de los derechos humanos. Por ejemplo, puede que sea necesario para una sociedad democrática la interceptación de una comunicación si la policía está investigando un delito y considera que puede obtener pruebas o puede evitar la comisión del citado delito.

Ahora bien, esta interceptación ha de hacerse de conformidad con la ley y no vulnerarse el derecho de protección que toda persona tiene, salvo cuando haya una decisión judicial que considere preferente la seguridad frente al derecho vulnerado. Es decir, es posible que se pueda espiar a una persona, institución, etc., pero siempre teniendo en cuenta la licitud de la medida.

Por tanto, Estados Unidos podría haber llevado a cabo escuchas telefónicas para garantizar la seguridad de sus ciudadanos. Sin embargo, debería haberlas llevado a cabo en el marco de la licitud, es decir, con autorización judicial.

Sin embargo, eso es en el marco de nuestro ordenamiento jurídico. ¿Todos los ordenamientos jurídicos tienen el mismo procedimiento? ¿Sus reglas tienen la misma fundamentación? Es evidente que no.

Consecuentemente, tendrá que estar a lo que se determine en su propio ordenamiento jurídico y en el marco del Derecho Internacional, que pudiera no ser lo mismo en un ámbito regional diferente (por ejemplo, Europa, América, África, etc.).

Desde el punto de vista jurídico, por tanto, hay vulneración del derecho a la intimidad siempre y cuando no se realicen las escuchas o la obtención de datos por medios lícitos.

Otro problema es el marco político. ¿Es esperable que los Estados, incluso los aliados y amigos, sometan a sus propios políticos o instituciones a un control para obtener información útil para sus objetivos?

Cualquier palacio de gobierno y cualquier ministerio sensible está equipado de manera que pueda detectar escuchas no deseadas. Incluso para las comunicaciones entre las embajadas y los órganos políticos de su Ministerio de Asuntos Exteriores se permite que la transmisión se realice de forma cifrada. El artículo 27 de la citada Convención de Viena, señala que «para comunicarse con el gobierno y con las demás misiones y consulados del Estado acreditante, dondequiera que se radiquen, la misión podrá emplear todos los medios de comunicación adecuados, entre ellos los correos diplomáticos y los mensajes en clave o en cifra».

De esta forma, desde el punto de vista político podremos protestar por estas cuestiones, pero en el caso Snowden lo realmente preocupante es la utilización de empresas privadas confiables para usos espurios y la violación de la intimidad de los ciudadanos sin justificación en el marco de la una sociedad democrática. Consecuentemente, los Estados tienen el deber «público» de protestar, pero no hay que ser hipócrita porque la protesta se hace siempre con la boca pequeña, porque todos lo hacen. Por tanto, no creo que haya consecuencias o implicaciones políticas, más allá de que los Estados se ocuparan de asegurar más y mejor sus comunicaciones.

La gran marcha migratoria

Diarios Grupo Joly
14 de abril de 2014

No hay un solo día que no haya noticias sobre los intentos de cientos de inmigrantes subsaharianos de cruzar las «vallas» de Ceuta y Melilla. Ese eufemismo de «valla» ya ha sido contestado por la Corte Internacional de Justicia. No se trata de una valla (*fence*), sino de un muro (*wall*) de separación, independientemente del material con el que se construya. Al otro lado, los miserables son hostigados por el ejército marroquí, quien sabe a cambio de qué.

Mientras tanto, nuestros estómagos llenos, muchos de ellos agradecidos, se indignan porque en horas de máxima audiencia muestran los jirones de las pieles negras encaramadas en las cuchillas de las alambradas. Pero la indignación pocas veces se vuelve rabia y nunca contestación.

Ya sé que habrá muchos que insistirán en que aquí no cabemos todos, que primero hay que arreglar la crisis económica y que hasta tanto no se resuelvan los problemas de los nacionales no podremos acoger más inmigrantes. Es más, hay quien justificaría la expulsión colectiva o quien aplaudiría la expulsión masiva y sistemática.

Ahora bien, solo hay un problema, tan complejo, que sus respuestas exigen mentes benévolas con criterios políticos de largo alcance. No hay que perder de vista que uno de los grandes cambios estratégicos que se están produciendo en nuestra sociedad internacional presente son los masivos movimientos migratorios involuntarios. Digo involuntarios porque, hasta ahora, los movimientos migratorios, con las excepciones de las guerras, se producían a iniciativas de los nuevos Estados que requerían la mano de obra inmigrante para su desarrollo, y ello incluye no solo a la España ultramarina, los Estados Unidos, Canadá, Argentina, Australia, etc., sino a los propios países europeos de la postguerra, cuyas economías dislocadas necesitaban mano de obra extranjera.

Pero, insisto, salvo las posturas individuales de los aventureros o los emprendedores, se hacía con ciertas garantías de éxito y controles, más o menos efectivos.

Ahora el problema es que los movimientos migratorios son masivos, provocados por la hambruna, por la escasez, por las catástrofes industriales, por las calamidades de las guerras miserables, etc., etc., y es tal la magnitud de estos problemas, que por muchos controles que deseen establecerse no hay disponibilidad material o humana que pueda mínimamente dar respuesta a estos flujos.

Ya no se trata tan solo de la llegada de inmigrantes a Europa, lo más visible del problema en nuestras sociedades ricas y cómodas, sino de los millones de desplazados que generan cambios estructurales y desestructuración de los Estados. Miremos a África y nos daremos cuenta de la dimensión del problema, sin soluciones particulares.

España está mucho más cerca de Mali de lo que creemos, por tanto, la solución de estos inmensos problemas no está en solicitar más dinero e implicación a la Unión Europea para reforzar los controles de las fronteras exteriores. Eso solo sirve para ganar algunos votos a corto plazo. Ni siquiera el gran flujo de inmigrantes irregulares llega a España por Ceuta y Melilla. Entran más potenciales inmigrantes irregulares por el aeropuerto de Barajas que los que se atreven, con mínima esperanza, a esperar años de sufrimiento al otro lado de Melilla o de Ceuta, a la caza de una oportunidad de entrar en «el paraíso».

Ya sabemos que esto no es el paraíso, pero para ellos es mucho más de lo que pudieron soñar nunca. Solo por tener la oportunidad de ser un simple gato o perro de nuestras ciudades justificarían su marcha.

En 1990, el británico David Wheatley mal estrenó su película «La Marcha» (*The March*), en la que narra la huida masiva de más de 250 000 sudaneses que decidieron marchar hacia Europa a través de España solo para que, al menos, los vieran morirse de hambre por las calles y playas abarrotadas de opulentos. Este filme no tuvo éxito comercial como todos los filmes de denuncias sociales, pero queramos o no, empieza a ser una realidad.

Por eso, antes de que sea demasiado tarde, por puro interés, Europa, incluyendo a España, tiene que convencerse que no se trataría de generosidad, sino de egoísmo. Hay que contribuir más y mejor a desarrollar esas sociedades sin oportunidades porque en ello va nuestro futuro. Hay que coordinarse, como hizo Lula en Brasil, para sacar de la extrema pobreza a los millones de desheredados de África y contribuir a construir paz para que el desarrollo sea una realidad que nos permita, como sociedades viejas y necesitadas de estímulos, seguir disfrutando de calidades de vida como las de hoy, pero de forma sostenible y sin herir a nuestros congéneres.

El patético papel de Europa en Ucrania

Diarios Grupo Joly
13 de mayo de 2014

Parece que el inicio de la reciente crisis de Ucrania estuvo en el pretendido Acuerdo de Asociación entre dicho Estado y la Unión Europea. Con ello, Europa quería escenificar la salida de Ucrania de la influencia rusa, sin pensar en sus posibles consecuencias, sin poner un solo euro, es decir a coste cero, y sin tener en cuenta los sentimientos de grandes grupos de población y el sentimiento de dignidad nacional de la madre Rusia y sus intereses estratégicos.

Frente a un Gobierno ucraniano favorable a la tesis de mantener a Ucrania en el marco de la influencia rusa, otra parte de los políticos se oponían a la misma, defendiendo las ideas de una integración con la UE. Por ello al primer ministro Yanukóvich, prorruso y que decidió dar carpetazo a las negociaciones con la UE para el Acuerdo de Asociación, le sustituyó, no sin problemas constitucionales, Arseniy Yatseniuk, de orientación europeísta.

Esta situación generó importantes revueltas y protestas de sectores prorrusos, sobre todo en Crimea y en el este de Ucrania, donde la población rusa es mayoritaria. A estas revueltas y protestas le siguieron otras de signo contrario, apoyando la opción más europeísta.

La Unión Europea, como casi siempre, se limitó a apoyar las revueltas populares europeístas, tal como hizo en la primavera árabe o en otros escenarios revolucionarios, sin tener en cuenta las consecuencias y las derivas de la situación. La diplomacia europea, ausente completamente del asunto, se limitaba a elaborar informes interesados a las grandes cancillerías europeas.

Casi nadie creía en una reacción rusa y, en caso de que la hubiera, la respuesta sería suficiente con aderezar algunas sanciones menores. Incluso el tema energético, a pesar de que Alemania importa el 40% del gas desde Rusia, no era lo suficientemente importante como para apoyar acciones firmes frente a una diplomacia europea acomodada y autocomplaciente.

Las instituciones son, sobre todo, las personas que las encarnan. Solana cuando era el Alto Representante de la Política Exterior Europea no disponía de competencias, pero tenía ideas y ejercía un liderazgo sutil y de acción global. Catherine Ashton, actual Alta Representante, con muchas más competencias, está carente de ideas y es alérgica a los viajes internacionales (parece que también a los teléfonos rojos). Es verdad que se ha reunido alguna vez con los representantes políticos de Kiev y con la oposición, pero solo para servirse de ello con el objetivo de informar al Consejo de la UE y justificar su empleo y sueldo. Es decir, sin trascendencia alguna. Es más, me atrevería a decir que sin convicción alguna.

Los políticos europeos, mientras hablan y hablan, se limitan a prestar mínimas ayudas financieras para que los ucranianos resuelvan problemas que el dinero solo no puede resolver, sobre todo si se trata de migajas. Eso sí, hacen declaraciones grandilocuentes sobre las víctimas en Odessa o sobre el secuestro de los observadores de la OSCE y conversan en interminables reuniones con el Secretario de Estado norteamericano u otros ministros de asuntos exteriores, con mucho menor peso en la escena global.

Cuando han decidido establecer las llamadas sanciones lo hacen a casi cincuenta personas, con nombres y apellidos, del llamado entorno del Gobierno ruso, pero todo ellos irrelevantes políticamente, incluso económicamente. Ningún daño esencial para los altos responsables de toda acción y/u omisión que amenaza la paz y seguridad internacionales en la zona. Más allá de nombres como el del general Valery Gerasimov, o de Dmitry Kozak, vicepresidente del Gobierno ruso, no hay más que responsables de las repúblicas secesionistas de Crimea y otras zonas de Ucrania.

Una vez más, la Unión Europea muestra su falta de músculo para acciones globales como debería ser esta de la crisis ucraniana. En ella nos puede ir la estabilidad de esa convulsa región que siempre ha sido la espita de alguna gran tragedia que podíamos haber evitado. La atareada acción de los estados, entretenidos en sus particulares intereses a corto plazo o en sus próximas elecciones, no nos está permitiendo ver el bosque de un mundo que nos emplaza a la irrelevancia, como ya hizo con imperios tan potentes como el español, el francés o el británico.

Es verdad que seguimos siendo una gran potencia comercial, incluso una gran potencia cultural, pero desengañémonos, si no somos capaces de intervenir en la realidad global de nuestra sociedad, alguien ocupará nuestro espacio, como Hitler, Mussolini o Hideki Tōjō lo ocuparon. Todos conocemos las consecuencias, por tanto, habría que hacer un esfuerzo para entender que nuestros intereses vitales están en la periferia de Europa. Lo que ocurra en esta periferia determinará nuestro futuro.

Pero la Unión Europea sigue impertérrita, sin inmutarse ni siquiera para mover la masa *dinosáurica* de tanta institución incompetente, que no sin competencias. Seguramente, una vez más, tendremos que ser los ciudadanos los que nos conmovamos cuando las balas y los muertos nos llamen durante los telediarios.

La dimensión internacional del Rey

Diarios Grupo Joly
4 de junio de 2014

Desde el punto de vista jurídico-internacional, la figura del Rey es irrelevante, como lo es la del Príncipe de Asturias. Este, por ejemplo, cada vez que representa al Estado fuera de España, como en las tomas de posesión de los presidentes iberoamericanos, recibe un nombramiento específico como Embajador Especial, que se publica sistemáticamente en el BOE.

Ahora bien, el Rey, en España, es también el Jefe del Estado y como tal, esto resulta determinante en el marco jurídico internacional. Es él, como Jefe del Estado, quien ostenta la máxima representación y quien puede comprometer la voluntad máxima del Estado, no solo en materia de tratados o en materia de compromisos económicos, sino en el marco general de las relaciones internacionales.

Distinto es el procedimiento constitucional para que todo ello tenga valor interno, que está diseñado en la Constitución y que la práctica ha desarrollado enormemente. El Rey jamás participa en los órganos decisorios internacionales. Por ejemplo, nunca hemos visto al Rey en un Consejo Europeo. Sin embargo, le hemos visto muchas veces en reuniones informales de Jefes de Estado y de Gobierno, en el ámbito iberoamericano (¡por qué no te callas!) o viajando a lugares remotos o de interés para las relaciones económicas o culturales.

Esto quiere decir que, para el Derecho Internacional, la forma de gobierno es irrelevante, pero las autoridades de un Estado, que están especialmente destinadas a representarlos en la escena internacional, deben estar revestidas de una *potestas* que les permita proyectar la voluntad del Estado en compromisos concretos que pueden comprometer la responsabilidad del mismo. Ahora bien, esto podría diferir de la cualidad constitucional del Rey.

Cuando España, el 25 de octubre de 2000, depositó el instrumento de ratificación del Estatuto de la Corte Penal Internacional, uno de los temas previos más debatidos fue, precisamente, si el Rey podría perder su inviolabilidad constitucional a favor de la pérdida de inmunidad que prevé el Estatuto de Roma en relación con los Jefes de Estado (y otros agentes del Estado).

El modelo constitucional de Monarquía parlamentaria, como he dicho, es irrelevante para el Derecho Internacional (de la misma manera que lo sería un régimen comunista, autárquico, dictatorial o democrático). Ahora bien, para España, el Rey, en el marco de ese modelo constitucional, es inviolable, es decir, no puede ser imputado por actos jurídicos de la autoridad o del órgano que refrenda. Sin embargo, en el marco internacional (lo deja claro el Consejo de Estado en su informe previo a la ratificación por España del Estatuto de Roma), el Rey, como Jefe del Estado, podría incurrir en una eventual responsabilidad penal individual, si refrendara o cometiera actos contrarios al Estatuto de la Corte Penal Internacional. Es decir, no tendría inmunidad penal a los efectos de los delitos contemplados en el Estatuto. Esto es desde el punto de vista formal y jurídico.

También habría que plantearse si la cualidad de Rey tiene alguna consecuencia o implicación internacional, desde el punto de vista político o desde el punto de vista diplomático.

Qué duda cabe que el prestigio personal influye en la autoridad con la que se relaciona una persona en el contexto internacional. No basta, por poner un ejemplo, con ser Papa, que ya de por sí goza de influencias derivadas de la cualidad de Pontífice en la Santa Sede (obviamente no por ser Jefe del Estado vaticano). Si a esta cualidad se le añade la personalidad intensa de Juan Pablo II o Francisco, hay más posibilidades de influir en el cosmos diplomático.

Igual ocurre con los reyes. Son jefes de Estado como los demás, pero tienen un diferencial cualitativo que les hace idóneos en la esfera internacional: su carácter más permanente. El hecho de que no se sometan a elecciones periódicas permite tener a una misma persona representando al Estado con carácter permanente, que en el marco de las relaciones internacionales constituye un plus.

Si a esto se le une una acusada personalidad, un carácter abierto y un espíritu constructivo, además de una formación específica (no olvidemos que desde niños están educados en los idiomas, en los asuntos internacionales, en contacto permanente con los dirigentes internacionales, etc.), la figura de un Rey puede constituir un activo, como creo que ha constituido Juan Carlos I.

Ahora bien, esto es una cuestión estrictamente funcional (estos días se oye que hay quien es monárquico funcional). Nada tiene que ver con la ideología. Habrá a quien le guste más unas elecciones presidenciales, habrá a quien le guste más un sistema de extracción parlamentaria, un monarca de tradición histórica e, incluso, por qué no, un dictador de cuarta fila. Lo importante es que, en la dimensión internacional sume y no reste. De la misma manera que un dictador restaría, un monarca moderno, activo, preparado, entregado, suma. ¡Ojalá los españoles consensuemos la forma de Estado, como lo hacen los demócratas, mediante las urnas si es preciso, pero no nos sumemos en una diatriba de banderas Está en juego el futuro por el que tanto se ha luchado.

La OTAN sin complejos

Diarios Grupo Joly
6 de septiembre de 2014

Tras el fin de la llamada Guerra Fría, la OTAN perdió sus papeles. En un primer momento se le subió la soberbia a la cabeza, creyendo que había ganado una guerra, sin disparar un solo tiro. Luego tuvo que reinventarse. Sin un enemigo comunista a quien dirigir sus funciones y sin necesidad de frenar la expansión de la vieja Unión Soviética en el continente europeo, la OTAN fue perdiendo relevancia política.

Sin embargo, la escenografía mundial se hacía mucho más compleja que la vieja tensión este-oeste. Ahora, los nuevos escenarios representan a un mundo amenazado y en riesgo. Han emergido nuevos actores que resultan poco tangibles, como Al Qaeda, el llamado Estado Islámico o los Señores de la Guerra. Los espacios físicos de los nuevos escenarios estratégicos alcanzan dimensiones antes inalcanzables, como los Polos, el espacio ultraterrestre e incluso espacios continentales, casi inexplorados por el ser humano. Las migraciones masivas desestabilizan gobiernos y amplias zonas del continente africano e, incluso, ahora, en el mediterráneo. Los desafíos contra el cambio climático. El nuevo terrorismo, sin rostro y cruel como nunca, antes lo había sido. La nueva mal llamada piratería. Los amenazantes riesgos de internet. Los peligros tecnológicos. Y a todo esto se le unen la crisis económica, la falta de compromiso de los ciudadanos con la paz y seguridad internacionales, las dificultades del empleo operativo de las fuerzas armadas, etcétera.

Para adaptarse a estos nuevos tiempos, los estrategas occidentales, políticos, militares y diplomáticos, hicieron sus deberes en torno a tres ejes fundamentales. Por ello, se llenó de contenido a la OTAN para asignarle nuevas tareas, inventándose una nueva estrategia de seguridad.

La primera tarea fue darles contenido a los ejércitos occidentales, ahora expandidos hasta las mismísimas fronteras rusas, con funciones nuevas para los nuevos retos de la seguridad. Se extendió el área estratégica de seguridad y *¡voilà!*, la OTAN se encuentra inmersa en los grandes problemas de seguridad del mundo, incluyendo Afganistán, Libia, África Subsahariana...

La segunda tarea debería ser la participación de la OTAN en Operaciones de Mantenimiento de la Paz, allá donde se requiera. Ahora ya los militares adscritos a la OTAN no serían solo los aguerridos contingentes militares, armados hasta los dientes, dispuestos a la lucha feroz, sino militares de claveles blancos, ayudando a ancianas y niños a cruzar calles peligrosas por la presencia de vehículos a motor. Los contingentes de la OTAN ahora se adaptan como los cascos azules, integrándose en operaciones de gestión de crisis o de construcción de paz.

La tercera tarea sería una asociación estratégica con Rusia, olvidando los viejos temores y las viejas heridas. Rusia sería invitada de honor en las grandes reuniones de la OTAN. Ya no es un enemigo, sino un aliado y había que compartir información, temores y soluciones.

Ahora bien, Rusia ha demostrado que no es un aliado fiable, que su concepto de Occidente difiere sustancialmente del euroatlántico y que sus socios pueden seguir siendo o los parias de Occidente o China o cualquiera que sirva de contrapeso a la Alianza Atlántica.

El ejemplo más claro ha sido la incursión en Ucrania, con la anexión completa de Crimea y su posición en el este ucraniano.

La OTAN ha necesitado seis meses para reaccionar, probablemente acomplejada y con poca capacidad de reacción política por el miedo de los gobernantes europeos antes sus opiniones públicas, poco instruidos en temas de seguridad o preocupados por la incidencia de las consecuencias en sus economías.

La reunión del 4 y 5 de septiembre de 2014 de la OTAN en Gales (Reino Unido) ha servido para que los 28 Estados partes de la Alianza Atlántica hayan decidido dar un vuelco a su concepto geoestratégico, regresando al histórico concepto de defensa territorial. El flanco oriental de Europa se ha reforzado con un Plan de Acción Rápida, para recordarle a Rusia las consecuencias de una expansión de influencia rusa en los estados limítrofes. Todos los estados han aceptado el compromiso de participar en las fuerzas conjuntas que se encargarán de disuadir los posibles excesos rusos.

Sin embargo, para países como España, Portugal, Italia, Francia y Turquía, lo más fundamental ha sido la inclusión del área mediterránea en el espacio geoestratégico de prevención y reacción de la OTAN. La proclama del llamado Estado Islámico sobre los territorios del norte de África e incluso del sur de Europa, mencionándose expresamente España, ha sido decisivo para que haya habido una unidad total en estos aspectos. Era necesario, lo mismo que ha sido necesaria una alianza entre India y Japón para contener a China. Algún día, incluso, se hará necesaria una alianza entre la mayor democracia del mundo y el Imperio del Sol Naciente con Occidente. La OTAN debe estar alerta y atenta a todos los desafíos, nuevos y viejos, y la Unión Europea debería hacer mejor sus propios deberes. En ello nos va el futuro.

Los nuevos comisarios europeos

Diarios Grupo Joly
8 de octubre de 2014

Quizás la Comisión Europea sea la institución más conocida de la UE porque tiene el poder de iniciativa legislativa, las competencias de control del Derecho de la Unión y la ejecución del presupuesto, entre otras facultades, lo que no es poco. La mayoría de los ciudadanos europeos pueden conocer al presidente de la Comisión, aunque no conozcan al presidente del Consejo Europeo.

Sin embargo, el poder del presidente de la Comisión se ve muy mermado desde el punto y hora en que no es elegido por los ciudadanos, sino por el Consejo (es decir por los Estados), que usan sus prerrogativas de forma impúdica para alcanzan mayores cuotas de poder, para manejar a un estómago agradecido o para incorporar a algún dinosaurio incómodo de sus filas nacionales, para que hagan las funciones de comisario. A muchos se les pagan los servicios prestados.

El Parlamento salido de las urnas del pasado mes de mayo es el que elige al presidente de la Comisión, a propuesta del Consejo. La realidad es que son los grandes partidos europeos (que coinciden con los nacionales Partido Popular y Partido Socialista), los que normalmente se reparten el poder. En esta última ocasión, mientras que el designado presidente de la Comisión (Sr. Juncker) es del Partido Popular, el presidente del Parlamento (Sr. Schulz) es del Partido Socialista. Todos contentos.

Ahora viene el segundo nivel. Deben ser designados los nuevos comisarios, uno por Estado miembro, lo que convierte a la Comisión en un amplio círculo *quasi* asambleario. Además, el que los propone es el presidente de la Comisión, pero deben aprobar el examen del Parlamento y deben ser nombrados por el Consejo.

Este extraño sistema sirve para que las vergüenzas de los gobernantes afloren o se escondan. Casi siempre, para lo segundo.

En las propuestas de la Comisión que se está formando en estos momentos, los gobiernos no han tenido pudor en incorporar a personalidades que tienen muchos méritos profesionales, pero muy pocos méritos morales para ser nominados. Además, han exigido unas carteras acordes con intereses bastante espurios, no solo de sus respectivos Estados, sino, incluso, de carácter personal.

Vayan por delante algunos ejemplos. Jonatham Hill, a propuesta del primer ministro británico, Cameron, ha sido designado como candidato a comisario de Estabilidad Financiera, Servicios Financieros y Mercado de Capitales. Su historial es corto, pero contundente. Conservador extremo, antieuropeo (o, quizás, euroexcéptico) y partidario de la devolución de competencias de Bruselas al Reino Unido. Procede del sector privado y de la City londinense, el mayor imperio financiero del mundo (más del 40 % del mercado financiero es realizado en la City) y a la que tiene que vigilar. Es como poner a un lobo a guardar corderos. El Parlamento Europeo le ha llamado para una segunda ronda de debates para su posible confirmación porque no le ha convencido su primera exposición.

El caso más conocido en España es el de Miguel Arias Cañete, español, que pretende dirigir la Comisaría de Energía y Cambio Climático. Es uno de los que más dudas suscitan en el arco parlamentario europeo. No solo no le creen capaz de liderar los asuntos del cambio climático, en el que no cree, sino que se considera que tiene conflictos de intereses en el sector energético. Es verdad que hace unos días ha vendido sus acciones en dos compañías de distribución de petróleo. Él se defiende indicando que se trata tan solo de dos pequeñas compañías de *bunkering* y no de exploración o extracción de petróleo. Además, ha argumentado que el hecho de que su cuñado, ahora, dirija una de estas compañías, no significa que se sienta ligado porque un cuñado no es «familia directa». Ha pasado el control de la Comisión de Asuntos Jurídicos y le queda, aún, el control de la Comisión de Medio Ambiente y Energía, de la que se esperan mayores rigores.

Tibor Navracsics, húngaro, propuesto para Educación, Cultura, Juventud y Ciudadanía, es decir, promoción de la Europa de los ciudadanos, él, que ha sido el responsable de tantas reformas de la justicia de su país, realizado con profundo desagrado de la Unión Europea, incluyendo la ley húngara que debilita tanto la libertad de prensa o que ha defendido el régimen autoritario del Gobierno húngaro, en su posición de ministro de Asuntos Exteriores. A él no le han perdonado en el Parlamento Europeo y lo aceptarían siempre y cuando el presidente Juncker lo despoje de la cartera de «Ciudadanía», lo que seguramente hará encantado por la falta de apoyo del Gobierno húngaro a su candidatura.

Y así, podríamos seguir con Cecilia Malmström, sueca y anterior comisaria de Asuntos Internos, es decir, inmigración, y bajo cuyo mandato se produjeron las catástrofes humanitarias más lamentables que se conocen en el mundo de la inmigración, como han sido las de Lampedusa en Italia. Ahora va a Comercio. O la checa Vera Jourova, no solo euroescéptica, sino que ha estado en prisión preventiva por haber recibido comisiones ilegales y se va a dedicar a la Justicia, Consumo e Igualdad. Procede de un Estado euroescéptico al que es muy difícil centrar en los asuntos europeos. También está siendo muy cuestionada y ha sido llamada de nuevo al Parlamento Europeo.

En definitiva, los populares europeos están que trinan porque los más cuestionados son los de sus filas. Por ello, han llamado al orden a los socialistas europeos. Si no salen sus candidatos, tampoco saldrán los candidatos socialistas, como el comisario francés, Pierre Moscovici.

Por tanto, esta semana, seguramente, veremos una nueva merienda de cuellos blancos. Como puede comprobarse, no es solo el ADN español, sino el ADN de los mediocres y de los últimos de la clase que siempre pueblan la vida política, autonómica, nacional y europea (además de otros sectores de la sociedad).

¿Un nuevo tiempo para Palestina?

Diarios Grupo Joly
29 de noviembre de 2014

Por primera vez un Estado de la UE, Suecia, ha reconocido el Estado de Palestina el pasado día 30 de octubre. Ha sido una posición valiente. Hay que recordar que hay algunos otros Estados de la UE que reconocen a Palestina como Estado, pero lo hicieron antes de ser Estados miembros de la UE (Malta, Chipre o los antiguos Países del Este: Bulgaria, Hungría, Polonia, República Checa y Rumanía, todos ellos desde 1988). Pero la situación, ahora, es diferente. Es el primer Estado que, siendo formalmente miembro de la UE, no ha esperado un reconocimiento colectivo, con lo que provoca que su iniciativa sea seguida por otros. Por tanto, ha servido para impulsar el debate.

Ya la Asamblea General de la ONU, en 2013, aprobó el reconocimiento de Palestina como Estado No Miembro Observador e incluso la UNESCO y otras agencias de Naciones Unidas lo han aceptado como Estado parte.

Sin embargo, ahora son algunos parlamentos nacionales europeos (el británico, el irlandés, el francés), y entre ellos también el español, los que han propuesto a sus gobiernos el reconocimiento del nuevo Estado.

Si esto es así, y hay docenas de Estados que reconocen a Palestina como Estado, ¿por qué no tiene aún la aprobación de los Estados más importantes del mundo (EEUU, los más poderosos de la UE, incluyendo a España, etc.)?

La posible respuesta es diferente si hablamos de Estados Unidos que si hablamos de Europa. La que pudiera imputarse a Europa, puede sorprender, pero siempre se ha hecho así, para proteger los intereses de los propios palestinos. El Estado palestino no será nunca un Estado si no es viable, y en esta viabilidad está la clave del todo.

Gaza y Cisjordania están separadas por Israel, lo que hace muy difícil las comunicaciones, aunque no tiene por qué ser imposible. Hay experiencias históricas que así lo avalan, como por ejemplo en el enclave ruso de Kaliningrado.

Es mucho más difícil las interferencias que producen los asentamientos judíos en Cisjordania (no olvidemos, más de 120 asentamientos, con casi 400 000 judíos). Sus lugares de asentamiento, estratégicamente colocados, impiden una comunicación fluida, constante y regular entre los territorios y, hasta tanto no se resuelvan estos temas, hay que ser muy escéptico en relación con la viabilidad del Estado palestino.

Para proteger estos asentamientos, Israel ha construido un Muro de Vergüenza que impide que ciudadanos palestinos puedan cultivar sus propias tierras o puedan sencillamente trasladarse a sus propias universidades, escuelas, lugares de trabajo, porque los kilométricos desvíos que necesitan para llegar hacen imposible su movilidad.

Recuerdo reuniones con alcaldes de los pueblos palestinos que visitamos en la Misión de Juristas a Palestina, en 2005, que nos imploraban ayudas de la UE para construir túneles que permitieran contactar las ciudades palestinas, por debajo de los asentamientos judíos. Simultáneamente, también recuerdo los ministros y autoridades palestinas rogándonos que no recomendáramos al Parlamento Europeo liberar fondos para la construcción de estos túneles porque sería el fin del Estado palestino, antes, incluso, de su propio nacimiento.

Ahora parece que algo está cambiando. Da la sensación de que estamos viviendo un tiempo para la esperanza, pero no hay que confundirse, en el marco de la UE todo se mueve lentamente, como si de un dinosaurio se tratara. Todavía Alemania, Países Bajos y Dinamarca se muestran condescendientes con las tesis israelíes, mientras que otros, como España, se muestran más partidarios de Palestina. La unanimidad en estos asuntos, pues, es difícil.

Más esperanzas debemos tener en las medidas que puedan dañar los intereses económicos de Israel y que si son más dependientes del Parlamento Europeo que del Consejo Europeo. Y todos sabemos que las sensibilidades de ambas instituciones son diferentes. La UE ha prohibido hace muy poco que los fondos de la Unión puedan destinarse a instituciones, asociaciones o entes que desarrollen sus actividades en los asentamientos ilegales de judíos en Cisjordania. Incluso, hay propuestas para impedir que lleguen al mercado europeo aquellos productos israelíes que procedan de zonas ocupadas. Esta es la vía. La diplomacia está muy bien, pero llega un momento en que no es suficiente. Por tanto, el Parlamento Europeo puede exigir comportamientos que hagan daño a la economía israelí, que les haga reaccionar para que se acepte la existencia del Estado palestino, de forma viable, con la retirada de los asentamientos judíos en Cisjordania, dejando que los palestinos sean dueños de su propio destino. Eso sí, dejando también que el Estado de Israel sea igualmente dueño de su destino, viviendo ambos en paz y en buena vecindad. Tanto sufrimiento histórico común merece un futuro compartido.

Gibraltar y el referéndum británico

Diarios Grupo Joly
31 de mayo de 2015

La reina Isabel II del Reino Unido anunció el pasado día 27 de mayo, en el Parlamento, la presentación de un proyecto de ley del Gobierno para la celebración de un referéndum sobre la permanencia o salida del Reino Unido de la Unión Europea. Independientemente de las consecuencias propias que tendría, tanto para la UE como para el Reino Unido, quisiera centrarme en los efectos que tendría para Gibraltar la hipotética salida del Reino Unido de la UE.

Cuando se negoció el Tratado de Adhesión del Reino Unido a las Comunidades Europeas en 1972, los Tratados Constitutivos de estas Comunidades preveían la posibilidad de aplicar las normas comunitarias, entre otros, a aquellos territorios europeos cuyas relaciones exteriores dependían de los Estados miembros.

El Reino Unido hizo una declaración expresa para incorporar a Gibraltar como territorio comunitario. Había previsto ese *status* de Gibraltar en el Acta de Adhesión a las CCEE, cuando ingresó en 1973, *status* aceptado por el resto de los Estados miembros. Por tanto, en principio, el régimen general comunitario sería aplicable a Gibraltar, dado que no cuenta con un régimen especial.

Sin embargo, como ya he mencionado alguna vez en otras tribunas, el artículo 28 de la propia Acta de Adhesión del Reino Unido contempla la exclusión de la legislación comunitaria aduanera de determinados productos, como las frutas y legumbres, el vino, el cerdo, los derivados lácteos, el bovino, la pesca... También excluye los productos sometidos en el momento de su importación en la Comunidad a una regulación específica a consecuencia de la aplicación de la política agraria común, así como los actos en materia de armonización de las legislaciones de los Estados miembros relativas a los impuestos sobre el volumen de negocios.

Véase, por tanto, un régimen general con ciertas especificaciones aduaneras impuestas por el Reino Unido y que España no puede objetar tras su ingreso en 1986 en virtud de la regla de aceptación de todo el *acquis communitaire* (acervo comunitario).

La consecuencia más inmediata de este sistema aduanero es que los productos mencionados procedentes de Gibraltar o con destino a Gibraltar se someten al trámite de los productos de terceros países, siempre y cuando no hayan sufrido control comunitario en su producción, si esta se ha realizado en Gibraltar, o en su llegada, si proceden de fuera, salvo que vengan de Estados de la UE y solo están de tránsito.

De esta manera, nada impide, incluso después de la aplicación del mercado interior puesto en marcha desde 1992, un control aduanero, veterinario, fitosanitario, etc. rígidos, e incluso, un cierre de la aduana a estos efectos.

No obstante, el derecho comunitario no implica únicamente la *libre circulación de mercancías*, aun con regímenes específicos o excluyentes como el de Gibraltar, sino que implica también la *libre circulación de personas*, incluyendo la residencia, el establecimiento, el trabajo, el ejercicio de la profesión...; la *libre circulación de capitales*, incluyendo las transacciones bancarias, el ahorro, la participación en los contratos públicos...; y, finalmente, la *libre circulación de servicios*, incluyendo los servicios financieros, el transporte, las nuevas tecnologías, la energía...

Bien, esta es, pues, la actual situación de Gibraltar en la Unión Europea. En caso de que el Reino Unido se salga, Gibraltar necesariamente tiene que salir también. No es posible que un territorio autónomo de cuyas relaciones exteriores se encarga un Estado, pueda permanecer si dicho Estado sale del sistema.

Por tanto, la consecuencia inmediata es que Gibraltar deja de ser territorio de la UE y sus habitantes dejan de ser ciudadanos europeos, con todas sus consecuencias. El cruce de fronteras habría que hacerlo de conformidad con las normas europeas desarrolladas para nacionales de terceros Estados. El control aduanero habría que hacerlo de conformidad con las normas europeas para todo tipo de productos, bienes, servicios y capitales procedentes de terceros Estados.

Hoy día, la economía gibraltareña, pese a lo que los gibraltareños pretenden hacer creer, es muy dependiente de la economía de su entorno español. Está centrada fundamentalmente en los servicios. No hay sector primario (no hay censados pescadores, ni agricultores, ni ganaderos...), tampoco sector secundario (creo que cuenta con una pequeña fábrica que se nutre de materiales en el campo de Gibraltar) y, si acaso, los astilleros, muy reducidos y de ámbito prácticamente militar. Por tanto, solo sector terciario que sería muy difícil que se pudiera mantener en condiciones razonables fuera del sistema de la UE.

En relación con sus habitantes, al dejar de ser ciudadanos de la UE (salvo que se negociara un status similar a los noruegos o suizos, que no creo que acepte España, a no ser que sea genérico para todos los ciudadanos británicos), dejarían de tener derecho a circular libremente, a ser residentes o a beneficiarse de los servicios españoles. Y, además, estarían ahora expuestos a la política española, no pudiendo contar con la defensa británica en las instituciones.

Todo esto implicaría un monumental descalabro económico y personal para todos los gibraltareños (y, dicho sea de paso, quizás, mejoras sustanciales para el campo de Gibraltar, que se podría (debería) constituir en una zona de la UE que arrastrara todos los servicios financieros de los que ahora goza Gibraltar).

Verdades y mentiras del Brexit

Diarios Grupo Joly
28 de noviembre de 2018

El pasado domingo 25 de noviembre de 2018, el Consejo Europeo, en una Reunión Extraordinaria, refrendó el acuerdo relativo a la retirada del Reino Unido de Gran Bretaña e Irlanda del Norte de la Unión Europea y la Comunidad Europea de la Energía Atómica. Este era el acto final de las orientaciones que debía adoptar, por consenso, sobre la retirada ordenada del Reino Unido. En su votación no puede participar el Reino Unido.

Se ha consensuado, pues, la propuesta de un tratado internacional entre la UE, la CEEA y el Reino Unido. A partir de ahora, la Comisión Europea, el Parlamento Europeo y el Consejo (de Ministros, no de Jefes de Estado o de Gobierno) tienen la responsabilidad de adoptar las disposiciones que se requieren para que dicho acuerdo puedan entrar en vigor el 30 de marzo de 2019. Obviamente, de acuerdo con las normas constitucionales o internas de cada Estado, el Reino Unido, procederá a su ratificación por el Parlamento británico.

Es verdad que España, tras una extraña maniobra diplomática que provocó una intensa bronca entre los Representantes Permanentes de los Estados ante la UE, no vio satisfecho su interés de que quedara claramente recogido en el texto normativo del acuerdo, en ese famoso artículo 184, la idea previamente incorporada en las orientaciones del propio Consejo Europeo, de que el futuro de las negociaciones entre el Reino Unido y la UE en relación con el territorio de Gibraltar, requeriría la aceptación previa de España.

Como no era posible abrir de nuevo el proceso negociador, a estas alturas de la negociación se ha optado por una vía, perfectamente legal, en mi opinión, que incorpora una Declaración Interpretativa de todos los firmantes del acuerdo, incluido el Reino Unido. El contenido de dicha Declaración, tanto el Consejo Europeo (firmada por Donald Tusk) como la Comisión (firmada por Jean-Claude Juncker) reconocen que el artículo 184 no impone obligaciones en cuanto al alcance territorial, en el sentido de que dichos acuerdos tengan el mismo alcance territorial que el previsto en el artículo 3 del Acuerdo de Retirada. El texto, procedente de una simple traducción del inglés dice exactamente: «Una vez que el Reino Unido abandone la Unión, Gibraltar no se incluirá en el ámbito territorial de los acuerdos que se celebrarán entre la Unión y el Reino Unido. Sin embargo, esto no excluye la posibilidad de tener acuerdos separados entre la Unión y el Reino Unido con respecto a Gibraltar. Sin perjuicio de las competencias de la Unión y en el pleno respeto de la integridad territorial de sus Estados miembros, según garantiza el artículo 4, apartado 2, del Tratado de la Unión Europea, dichos acuerdos independientes requerirán un acuerdo previo del Reino de España».

Esta Declaración Interpretativa coincide con la manifestación escrita del Representante Permanente del Reino Unido ante la UE, Sir Tim Barrow, que es la persona designada formalmente por Londres para comprometer la voluntad jurídica del Estado en estas cuestiones. Por tanto, se trata de una Declaración Interpretativa común entre todas las partes, sobre un artículo del acuerdo, que se encontrará en el texto normativo una vez esté formalmente en vigor. Esto queda recogido en la propia Declaración del Consejo Europeo y de la Comisión donde señalan que «el Consejo Europeo y la Comisión Europea toman nota de la declaración del Reino Unido de que el Reino Unido comparte esta interpretación».

Para que entre en vigor aún falta la ratificación del Parlamento británico, la aprobación del Parlamento Europeo, incluidos los parlamentarios británicos y la aprobación por mayoría cualificada del Consejo, sin la presencia del Reino Unido. Es decir, España seguirá manteniendo el control en el proceso de decisión y además, en el futuro, lo seguirá teniendo aún más.

Todo lo demás que se oye son medias verdades o mentiras directas. Claro que la señora May o el señor Picardo tienen razón cuando hablan de que España no ha conseguido lo que quería porque ellos aducen que España lo que quería era la soberanía o cosoberanía del Peñón. Eso no se debate en este marco, eso es un debate en el marco de las Naciones Unidas donde Gibraltar sigue inscrito en el listado de territorios no autónomos (por tanto, Reino Unido no es el soberano territorial de Gibraltar, sino la Potencia Administradora de un Territorio No Autónomo).

Igualmente habría que decir que el Consejo Europeo ha aprobado, además de esta Declaración Interpretativa, otra Declaración Política sobre el marco de las futuras relaciones de la UE con el Reino Unido, pero la interpretación del artículo 184 se ha hecho en el marco jurídico de una Declaración Interpretativa, de conformidad con el Derecho de Tratados actualmente vigente.

Por tanto, verdades, medias verdades y mentiras en un revoltoso asunto que ha puesto sobre la mesa que los diplomáticos españoles deben estar más atentos a todos y cada uno de los aspectos jurídicos que afectan al Estado, al mismo tiempo que hay que reconocerles los esfuerzos realizados para enmendar las malas artes de un negociador que ha preferido defender los intereses de un Estado que se va, en vez de defender los intereses del Estado que se queda.

Gibraltar en el marco del Brexit

Anuario Grupo Joly
20 de mayo de 2019

El Reino Unido cuando ingresa en las entonces Comunidades Europeas, en 1973, consigue también que Gibraltar se constituya en un territorio comunitario, aunque con un régimen jurídico específico para Gibraltar en cuanto al control aduanero de ciertas mercancías.

Respecto al resto de libertades, la de personas (libre circulación), de capitales (transacciones bancarias, ahorro, participación en contratos públicos), de servicios (financieros, transporte, nuevas tecnologías, energía), se somete al régimen general comunitario.

Cuando España accede a las Comunidades Europeas, en 1986, ni puede ni tiene capacidad para modificar este régimen jurídico. Forma parte del *acquis communitaire*.

Con posterioridad se han ido cambiando algunos de los elementos que constituyen la base del régimen jurídico de Gibraltar. Entre las cuestiones más importantes, la aceptación de la naturaleza de ciudadanos europeos para los gibraltareños, aunque con controles de acceso de las personas en los puestos fronterizos por el régimen general del Reino Unido en el marco de Schengen.

Esto quiere decir que los controles fronterizos, tanto desde el punto de vista aduanero como de control del paso de personas, va a pervivir de la misma forma, aunque probablemente reforzado, una vez se produzca la salida formal del Reino Unido de la Unión Europea (Brexit, 29 de marzo de 2019).

Precisamente para evitar los efectos adversos –tanto a los gibraltareños como a los ciudadanos que viviendo en España (sean o no españoles) atraviesan diariamente la verja para trabajar, y para cuestiones como aquellas relacionadas con la cooperación medioambiental, el contrabando, cooperación policial, etc.– es por lo que hay que contemplar un régimen jurídico que de respuestas a los problemas específicos que se derivarán del Brexit.

En estos momentos en los que escribo este trabajo, el Parlamento británico aún no ha autorizado la ratificación del acuerdo relativo a la retirada del Reino Unido de Gran Bretaña e Irlanda del Norte de la Unión Europea y la Comunidad Europea de la Energía Atómica, que aprobó el Consejo Europeo el pasado 25 de noviembre de 2018.

Si llega la fecha fatal del 29 de marzo de 2019 sin depositar el instrumento de ratificación, habrá un Brexit duro, infumable para todos, especialmente para los británicos. Si el Reino Unido renuncia a salir de la UE, todo seguiría como está en estos momentos.

A instancia de España, el Consejo Europeo, desde el inicio de las negociaciones con el Reino Unido, aceptó que la UE no aceptaría ninguna medida en relación con Gibraltar que no fuera aceptada previamente por España. Independientemente del debate jurídico que generó la Declaración Interpretativa Final a este respecto, la realidad jurídica indica este camino.

Para ello, las dos delegaciones (España y Reino Unido), de forma bilateral, han firmado cuatro *Memorándums de Entendimiento* (MOUs) para regular las futuras relaciones entre el Reino Unido y la UE, en cuanto al cruce de fronteras de Gibraltar y en cuanto a la cooperación transfronteriza en materia de cruce de fronteras de las personas, cooperación policial, medio ambiente y contrabando de tabaco.

Esos cuatro MOUs son acuerdos que crean, incluso, órganos internacionales como Comisiones Técnicas de Coordinación que hagan un seguimiento del cumplimiento de las disposiciones relativas a los derechos de los ciudadanos y los trabajadores, garantizando todas las prestaciones sociales; la cooperación policial y aduanera y el intercambio de información; una cooperación reforzada en materia medioambiental, especialmente la calidad del aire y del agua y protección del hábitat, el intercambio de datos científicos residuos sólidos y escombros procedentes de Gibraltar para su tratamiento en España; y, por último, reducción del precio del diferencial del tabaco entre Gibraltar y España para minimizar el tráfico ilegal o contrabando de tabaco procesado.

Como puede observarse, los acuerdos llevados a cabo por el Reino Unido y España evidencia, por un lado, cuáles son los grandes problemas fronterizos entre Gibraltar y el campo de Gibraltar y, por otro lado, la voluntad de resolver, por la vía bilateral, aunque inevitablemente teniendo en cuenta el Derecho de la UE, cuantos problemas se suscitan en la zona, más allá de los problemas políticos de soberanía o jurisdicción.

Por supuesto, estos temas serán objeto de debate en los próximos años, de forma inevitable porque Gibraltar o será europea o no será. Es muy difícil que mantenga el nivel de vida de sus ciudadanos fuera del entorno europeo y si quiere mantenerse en este entorno, necesitará la cooperación de España y generar frontera exterior con su propia metrópolis. Entenderse, darse satisfacción mutua será la exigencia venidera. ¿Hasta dónde estaremos dispuestos todos a negociar?

Estrasburgo y el *Procés*

Diarios Grupo Joly
30 de mayo 2019

Desde que se inició el «process» independentista catalán hemos venido oyendo hasta la saciedad que Europa, que Estrasburgo, consideraría que España viola los derechos humanos y las libertades fundamentales de los independentistas por no permitirles un proceso político y jurídico de una autodeterminación que tanto el Derecho Internacional como el Derecho Constitucional les niega.

El Tribunal Europeo de Derechos Humanos (TEDH en adelante) era el órgano totémico que les iba a dar la razón absoluta y el que permitiría poner en ridículo al Estado. Tanto lo hicieron público que hace unos meses invité al presidente del TEDH a un seminario con mis alumnos en la Universidad de Sevilla. Algunos le preguntaron sobre la cuestión catalana y él mismo declinó pronunciarse sobre esta cuestión porque estaba seguro de que le podrían llegar casos relacionados con la misma.

Lo que los independentistas no tenían previsto es que los jueces del TEDH son independientes, incluso en relación con los casos que se produzcan contra su propio Estado. No pocas veces he visto votar a jueces de este órgano internacional contra los propios intereses del Estado a cuyo título se sientan en la Corte de Estrasburgo, incluyendo los jueces españoles.

Pues bien, en esa política de llevar la cuestión catalana a las instituciones de Europa, 76 diputados del Parlamento de Cataluña de *Junts pel Sí* y de la *Candidatura d'Unitat popular Crida Constituent*, representados todos ellos por el abogado Andreu Van den Eynde, demandaron a España ante el TEDH.

Los hechos son bien conocidos en España. Sin embargo, recordaré algunos datos útiles para comprender el fondo de lo decidido por el TEDH. El 5 de octubre de 2017, el Tribunal Constitucional español acuerda suspender provisionalmente una sesión del Parlamento de Cataluña programada para el día 9 de octubre de 2017, con objeto de proclamar la independencia, ante un recurso de amparo del Partido Socialista de Cataluña.

A pesar de esta medida adoptada de forma provisional por el Tribunal Constitucional, el 10 de octubre de 2017, el presidente Carles Puigdemont comparece ante el Parlamento de Cataluña reunido en sesión plenaria y declara la independencia de Cataluña, en forma de república. El día siguiente, 11 de octubre de 2017, se presenta la demanda contra España en el TEDH.

Al poco tiempo, el 26 de abril de 2018, el Tribunal Constitucional se pronuncia sobre el fondo de la cuestión planteada por los diputados socialistas, dándoles la razón.

El abogado de los 76 demandantes consideró que la suspensión realizada por el Tribunal Constitucional español en relación con la convocatoria de la sesión plenaria del Parlamento de Cataluña para la adopción de la independencia es una violación del derecho de libertad de expresión (artículo 10 del Convenio) y de reunión (artículo 11 del Convenio), junto al artículo 3 del Protocolo I (derecho a elecciones libres y secretas), considerando que no hay ninguna base jurídica para que el Tribunal Constitucional pueda prohibir al Parlamento de Cataluña reunirse.

De acuerdo con el procedimiento establecido, cuando llegó la demanda a Estrasburgo, una Sala de 7 jueces que componen la Sección Tercera del TEDH tiene que pronunciarse sobre la admisibilidad o no de la misma. Lo primero que se discutió es si los 76 demandantes tenían *locus standi*, es decir, si tenían legitimación activa para ser demandantes, lo que resultó afirmativo porque no fue el Gobierno de Cataluña o el Parlamento de Cataluña, sino 76 diputados considerados individualmente.

La segunda cuestión que se dilucida es si la demanda debe centrarse en el derecho de libertad de expresión o en el derecho de reunión, llegando a la conclusión que solo sería relevante este último.

La tercera cuestión sería la consideración de si la prohibición expresada por el Tribunal Constitucional español podría encuadrarse en la prescripción de la ley a la que se refiere el propio artículo 11 del Convenio Europeo. La Ley Orgánica del Tribunal Constitucional prevé la posibilidad de adoptar medidas provisionales de suspensión que, además, se hizo por la previa violación de dos leyes catalanas declaradas inconstitucionales. El fin de las medidas adoptadas por el Tribunal Constitucional era un fin legítimo, según el TEDH: mantenimiento de la seguridad pública, la defensa del orden y la protección de los derechos y libertades.

El TEDH, para apoyar su opinión a este respecto, menciona expresamente la opinión de la Comisión de Venecia del Consejo de Europa sobre Democracia y Derecho, en cuanto a la obligación de cumplir con las sentencias dictadas por los Tribunales Constitucionales.

El TEDH deja claro que, en el marco del artículo 3 del Protocolo I, que la reclamación de los demandantes de un derecho a un referéndum es incompatible con el Convenio porque debe hacerse en el marco legal correspondiente, lo que no ha sido en el caso de Cataluña.

De forma unánime, es decir, de los siete jueces, el TEDH consideró inadmisible la demanda.

Con todo lo importante que es esta inadmisibilidad, lo más importante es el contenido de la sentencia del TEDH, del 28 de mayo de 2019. Los argumentos de las limitaciones a los derechos individuales en una sociedad democrática serán muy importantes en las previsibles futuras demandas que asaltarán de nuevo Estrasburgo.

La cumbre del clima en Madrid

Diarios Grupo Joly
30 de noviembre 2019

En 1996, cuando llegué de catedrático a la Universidad de Huelva, yo me creí lo que señalaba la ley de creación de la citada universidad, en el sentido de dedicar la investigación a las cuestiones medioambientales. Por ello, la primera tesis doctoral que dirigí en aquella universidad fue la de la Dra. Giles Carnero, hoy una acreditada investigadora sobre cuestiones de cambio climático. El tema, en aquellos tiempos, era novedoso en la ciencia jurídica española: «La protección internacional de la atmósfera».

Acababa prácticamente de entrar en vigor la Convención Marco de las Naciones Unidas sobre el Cambio Climático, firmada en Nueva el 9 de mayo de 1992 y en vigor desde el 21 de marzo de 1994. Desde Huelva estudiaríamos el impacto de uno de los gases de efecto invernadero como era la temible disminución de la Capa de Ozono.

Pues bien, desde entonces, el galopante aumento de emisiones de efecto invernadero ha permitido conocer datos científicos muy preocupantes sobre las consecuencias del aumento de la temperatura, como consecuencia de las altas concentraciones atmosféricas de gases de efecto invernadero. Para ello, Naciones Unidas ha incentivado la adopción de protocolos adicionales a dicha Convención Marco para marcar límites que permitan encontrar un equilibrio entre el desarrollo económico y el bienestar medioambiental.

De todos es conocido los llamados Protocolo de Kyoto o Acuerdo de París.

La forma jurídica que tiene el Derecho Internacional es la creación de protocolos adicionales o enmiendas o modificación de los tratados existentes. Para ello, la Convención Marco prevé lo que se conoce como las COP, es decir, la Conferencia de las Partes. Esta próxima en Madrid que ahora comienza será la número 25 (COP25). En ella se dan cita todos los representantes de los Estados parte y de las organizaciones internacionales parte, como la Unión Europea.

La adopción de normas en este marco jurídico es la forma en la que los Estados y organizaciones internacionales se obligan a mitigar, adaptarse, financiar y transferir tecnología para luchar contra las consecuencias del cambio climático. De ahí que el Protocolo de Kyoto comprometiera a los 37 Estados más industrializados del mundo a reducir sus emisiones de CO_2, una media del 5% respecto a los niveles de 1990, antes de 2012.

Obviamente estos objetivos eran muy cicateros para la dimensión galopante que estaba adquiriendo el cambio climático. Por ello, hubo sucesivos intentos de lograr mayores compromisos que, finalmente, se obtuvieron en el Acuerdo de París (COP21) del 12 de diciembre de 2015, que logró la participación activa de Estados Unidos. Entró en vigor el 4 de noviembre de 2016. Lo más importante debería ser, ahora, el apoyo financiero que recoge este Acuerdo de París y la corresponsabilidad de otros actores, como las ciudades, las provincias, las empresas o los inversores.

Aun así, no ha sido suficiente y, además, Estados Unidos ha presentado ya formalmente su retirada del citado Acuerdo de París. Mientras tanto, el cambio climático sigue amenazando la vida en la tierra y los políticos, atareados en sus cortas visiones de las próximas elecciones, no disponen de tiempo ni de energía para resolver este problema estratégico.

Dado que la COP25 no ha podido desarrollarse en Chile como estaba previsto, con la aquiescencia de Naciones Unidas, se desarrolla en Madrid entre los días 2 y 13 de diciembre de 2019. Esta COP será la última antes de que se active en 2020 el Acuerdo de París.

Sin embargo, a estas alturas, los retos van mucho más allá de los de una mera Conferencia de los Estados parte en el marco de una Convención Marco sobre el Cambio Climático. Hay que cambiar el modelo de consumo, el modelo de producción, en definitiva, el modelo de vida sin alterar excesivamente el bienestar humano y eso solo pueden hacerlo los Estados, imponiendo a las instituciones, a las empresas, a los ciudadanos hábitos compatibles con el medio ambiente.

No tengo ninguna esperanza de que los representantes de los Estados miembro de la Convención Marco sobre el Cambio Climático lleguen a acuerdos vinculantes que estén a la altura de las consecuencias actuales del cambio climático, pero sí creo que servirá para llamar la atención de la conciencia pública a la sociedad civil para que se organice y exija a sus respectivos Estados mayores compromisos con la vida y con el bienestar medioambiental. La enorme influencia que tienen hoy día las ONGs y los grupos humanos organizados parece ser el único camino para exigir y hacer cumplir las medidas que el panel de expertos independientes de la ONU, señala para luchar contra el cambio climático. Por tanto, bienvenida esta COP25, aunque sea solo para demostrar su ineficacia y para servir –supongo– como un revulsivo ciudadano que, como en otras revoluciones, consigan los objetivos que sus gobernantes les niegan.

Devoluciones en caliente

Diarios Grupo Joly
19 de febrero de 2020

El 13 de febrero pasado, la Gran Sala del Tribunal Europeo de Derechos Humanos (TEDH) dictó una sentencia favorable a España, en el sentido de darle la razón al Gobierno, en relación con las denominadas «devoluciones en caliente».

En realidad, no era ese el asunto trascendente porque el tema de las «devoluciones en caliente», en el marco del Convenio Europeo de Protección de Derechos Humanos (CEDH) se dilucidan en el marco del artículo 3 del citado convenio. En este sentido, las quejas de las víctimas sobre torturas, actos crueles inhumanos o degradantes habían sido inadmitidas por la Sala del TEDH que juzgó el caso. Sobre el temor de las víctimas a los malos tratos en Marruecos, la Sala del TEDH declaró la demanda manifiestamente infundada.

Sin embargo, el artículo en juego era el 4 del Protocolo número 4. Es la primera vez que se le solicita al TEDH que aborde la cuestión de la aplicabilidad de ese artículo al retorno inmediato y forzado de extranjeros de una frontera terrestre, luego de un intento de un gran número de migrantes para cruzar esa frontera de manera no autorizada y en masa. Es decir, si había habido una expulsión colectiva, aunque fuera de solo dos personas.

La Sala del TEDH que había visto el asunto en una primera instancia declaró que, en efecto, España había violado dicho artículo como expulsión colectiva. Condenó, pues, a España por una violación del artículo 4 del Protocolo 4º. La Gran Sala del TEDH, como órgano supremo, llega a conclusiones diferentes.

En esta sentencia de la Gran Sala hay dos cuestiones que son muy importantes y quisiera señalarlas porque podrían tener efectos en otras causas.

La primera de ellas es la conclusión de que España ejerce jurisdicción plena, exclusiva e inviolable desde el momento en el que las víctimas descendieron de las cercas y quedaron, de facto, bajo la autoridad del Gobierno de España, máxime cuando se encaramaron en la tercera de las vallas más próximas al cordón policial español. Esto, desde luego, es independiente del terreno en el que se instalaron las vallas, que el TEDH no entra a valorar.

No hay, pues, exclusión de la jurisdicción de España en zonas neutrales de aeropuertos, entre vallas en fronteras terrestres o en cualquier otro lugar relacionado con el espacio aéreo, marítimo, etc. La clave estará, pues, en la situación de control por parte de la autoridad pública. Todo ello será relevante cuando los tribunales juzguen el caso de la visita de la vicepresidenta de Venezuela a España, si es que se llega a ello o, incluso, el Tribunal de Justicia de la UE.

La segunda está relacionada con las expulsiones colectivas. Según España se había producido una denegación de admisión en territorio español, lo que es sustancialmente diferente a una expulsión. En el sentido del Derecho Internacional una expulsión es un acto jurídico formal, mientras que la no admisión o devolución es la denegación de admisión, siempre y cuando, obviamente, se cumplan con las normas del derecho de asilo y refugio.

Esta es, pues, la clave que analiza el TEDH. El tribunal subraya que los problemas que los Estados pueden encontrar en la gestión de los flujos migratorios o en la recepción de los solicitantes de asilo no pueden justificar el recurso a prácticas que no son compatibles con el Convenio o sus protocolos. Por ello, señala la sentencia, «el hecho de que varios extranjeros estén sujetos a decisiones similares no lleva a la conclusión de que exista una expulsión colectiva, si cada persona interesada ha tenido la oportunidad de presentar argumentos en contra de su expulsión».

¿Tuvieron las víctimas la oportunidad de presentar argumentos en contra de su expulsión? El TEDH «toma nota de la comunicación del Gobierno en el sentido de que, además de tener acceso genuino y efectivo al territorio español en el paso fronterizo de Beni Enzar, los solicitantes también tenían acceso a embajadas y consulados españoles donde, según la ley española, cualquiera podía presentar una solicitud de protección internacional».

Es poco probable que las víctimas hubieran podido acercarse al paso fronterizo de Beni Enzar porque deberían haber pasado el control fronterizo de Marruecos. Sin embargo, el Consulado español más próximo está tan solo a 13,5 km. de Melilla. Los solicitantes, que declararon que habían permanecido en el campamento del Monte Gurugú durante dos años (en el caso de ND) y durante un año y nueve meses (en el caso de NT) [se trata de las iniciales con que el Tribunal Eurpeo se refiere a las víctimas], fácilmente podrían haber viajado allí si hubieran deseado solicitar protección internacional. No dieron ninguna explicación al tribunal sobre por qué no lo hicieron.

Además, el TEDH considera que los Estados «pueden denegar la entrada a su territorio a extranjeros, incluidos los posibles solicitantes de asilo, que no han logrado, sin razones convincentes (...), cumplir con estos acuerdos al intentar cruzar la frontera en un lugar diferente, especialmente, como sucedió en este caso, aprovechando sus grandes números y usando la fuerza».

Por tanto, su convicción es que no estamos ante una expulsión y mucho menos colectiva. España, pues, no está obligada en estos casos a disponer de recursos legales como consecuencia de la conducta ilegal de quienes pretenden entrar por la fuerza, grupalmente y por lugares no autorizados.

Esta decisión del TEDH ha levantado ampollas en el mundo jurídico, pero también ha habido apoyos a una reacción jurídica equilibrada entre los derechos de las potenciales víctimas y el derecho del Estado.

Estado de alarma y suspensión de derechos

Diarios Grupo Joly
17 de marzo de 2020

El 11 de marzo de 2020, la OMS declaró pandemia internacional a la situación provocada por el COVID-19. España, de conformidad con la Ley Orgánica 4/1981, de 1 de junio, ha declarado el estado de alarma, el más leve de los tres posible, junto al estado de excepción y el estado de sitio.

Esta declaración del estado de alarma (Real Decreto 463/2020, de 14 de marzo por el que se declara el estado de alarma para la gestión de la situación de crisis sanitaria ocasionadas por el COVID-19) establece el ejercicio de las facultades que la propia Constitución española, en su artículo 116.2, atribuye al Gobierno de España.

El ámbito territorial es todo el territorio nacional, por tanto, incluye el espacio terrestre, aéreo y marítimo, sin exclusión alguna. El ámbito temporal es, de momento, 15 días, ampliables si así lo aprueban las Cortes Generales.

Por tanto, el Gobierno ha cumplido estrictamente con las normas nacionales al efecto. Sin embargo, antes incluso de que existiera Constitución, España ya se había obligado internacionalmente a seguir un procedimiento que aquí se está ignorando. Y, en el marco europeo, también hay que cumplir con las garantías establecidas, aunque esas las deje para otra tribuna.

Ningún ordenamiento internacional, europeo, nacional o infraestatal determina derechos absolutos para los ciudadanos, más allá de aquellos derechos que integran el núcleo duro del derecho imperativo: el derecho a no ser privado de la vida de forma arbitraria, el derecho a no ser torturado o sometido a tratos inhumanos, crueles o degradantes, incluyendo la esclavitud o la servidumbre y el derecho a un juicio justo y equitativo.

Por tanto, en un estado de alarma, decretado formalmente, es posible la limitación de la circulación de personas, la limitación de los derechos de propiedad privada, la limitación del consumo de alimentos, etc., tal como se ha hecho en España.

De hecho, tanto en el Pacto Internacional de Derechos Políticos y Civiles de las Naciones Unidas, como en el Convenio Europeo de Derechos Humanos del Consejo de Europa, la mayoría de los derechos establecen cláusulas democráticas en las que se permiten excepciones por seguridad pública, protección del orden, de la salud o de la moral públicas, o la protección de los derechos o las libertades de los demás.

Podría parecer suficiente en el marco de un estado de alarma dado que, en apariencia no se están suspendiendo derechos, lo que se reserva en los estados de excepción o sitio. La realidad es diferente. No solo se restringe el derecho deambulatorio, sino el derecho de manifestación o de reunión. No solo se restringe el derecho de propiedad, sino que se impone incluso la incautación de bienes, el posible racionamiento y otros muchos derechos.

El Pacto Internacional de Derechos Civiles y Políticos de Naciones Unidas (art. 4) y el Convenio Europeo de Derechos Humanos del Consejo de Europa (art. 15) prevén la posibilidad de suspender derechos por un tiempo concreto, tal como se ha hecho con la declaración del estado de alarma. Cuando un peligro público amenaza la vida de la nación se pueden tomar medidas que suspendan (en los textos internacionales se utiliza la expresión «deroguen») las obligaciones que emanan de dichos textos, sin que sea posible la suspensión de los derechos inderogables que ya he mencionado.

Por tanto, es un derecho del Estado que queda autorizado por el Derecho Internacional. Es verdad que el Pacto habla de «situaciones excepcionales» y el Convenio Europeo señala en caso de «estado de excepción». Sin embargo, esto no es más que una expresión genérica que de ninguna manera puede reflejar diferencias de lo que en cada ordenamiento jurídico nacional se llame, estado de urgencia, estado de emergencia, de alarma, de excepción, etc. etc. Cada ley nacional le puede llamar de una manera determinada, pero si se toman medidas restrictivas de derechos, hay que comunicarlo y hay que seguir un procedimiento.

De esta forma, el Gobierno español tiene que mantener plenamente informado al Secretario General de la ONU y al Secretario General del Consejo de Europa, de las medidas tomadas, de los motivos que las inspiran y de las fechas concretas durante las que quedarían suspendidos los derechos.

Esto le ha faltado al Gobierno español para que todas las personas dependientes de su jurisdicción tengan la garantía de que hay una fiscalización internacional y europea.

España jamás ha suspendido derechos desde que firmó estos tratados internacionales, pero Estados del Consejo de Europa lo han hecho, incluso muy recientemente, como Francia. No hay que acomplejarse. La suspensión de derechos es precisamente una garantía, siempre que se haga de conformidad con el procedimiento y los límites establecidos. El Gobierno ha ignorado por completo sus obligaciones respecto al Derecho Internacional. Espero que la aplicación del Real Decreto que declara el estado de alarma no requiera la intervención de los órganos y tribunales internacionales.

Seguridad sanitaria y Unión Europea

Diarios del Grupo Joly
16 de abril 2020

Cuando se analiza la respuesta de la UE a la pandemia del coronavirus SARS-CoV-2, cuya enfermedad se denomina COVID-19, parece inevitable limitarse a los asuntos económicos que no escabulliré, pero que no deben suponer el monopolio del análisis.

Seguramente la primera percepción que tenemos es lo poco que está haciendo la UE en el marco de esta pandemia, la insolidaridad de los Estados miembro, la inacción de los mecanismos de alerta, de información, de apoyo o de cooperación.

Por ello, hay que partir de las debilidades de la UE en esta materia por voluntad de los Estados. La política sanitaria no es exclusiva de la UE, sino que se comparte ínfimamente con los Estados miembro. No debemos nunca olvidar que las competencias que se transfieren a la UE son aquellas en las que los Estados miembro consienten. Por tanto, si no se dispone de más mecanismos para luchar contra una pandemia es porque los Estados no han querido.

Al igual que en el interior de algunos Estados, como España, donde la política sanitaria se ha transferido a las comunidades autónomas, en la UE se ha retenido casi toda ella para los Estados. Ello justifica que, en estos momentos, estemos viviendo 28 sistemas diferentes de enfrentarse a la pandemia, como si los coronavirus necesitaran pasaportes.

La UE dispone únicamente de dos agencias para apoyar la seguridad sanitaria de los Estados miembro: la Agencia Europea de Medicamentos, hasta ahora más conocida, que evalúa la calidad, la seguridad y la eficacia de los medicamentos. Ello es así, no solo por razones sanitarias, sino por razones comerciales. Los productos sanitarios son mercancías de libre circulación, pero, para su comercialización en toda la Unión Europea, debe garantizarse unos estándares europeos. También, es verdad, esta agencia facilita la colaboración global para desarrollar vacunas contra el coronavirus, establece guías, recomienda tratamientos, aconseja el uso de medicinas, informa de las medicinas falsas, etc.

La segunda agencia empieza a ser ahora mucho más conocida: el Centro Europeo para la Prevención y el Control de las Enfermedades. Se ocupa de analizar y evaluar las amenazas de nuevas enfermedades para coordinar y proponer respuestas unitarias.

En estos momentos, todos los Estados reportan al Centro Europeo los contagios, los muertos y las altas hospitalarias de la COVID-19 y no solo los Estados europeos, sino otros muchos Estados del mundo, cuyos datos se facilitan diariamente en su web oficial, por lo que tenemos información absoluta del comportamiento global del coronavirus y de sus consecuencias.

Esto es todo lo que hay en esta materia. En definitiva, en seguridad sanitara, la Unión Europea es irrelevante, como en tantas otras cosas y la miramos como si fuera la culpable del abastecimiento, de la descoordinación o de la falta de medidas solidarias.

Hemos recurrido a partenariados ajenos a la propia Unión Europea, aunque con participación de la Comisión para enterarnos de asuntos públicos de sanidad en cada uno de los Estados miembro. Por eso, el Observatorio Europeo sobre Sistemas y Políticas de Salud, creado hace más de veinte años por un partenariado compuesto por la OMS, la Comisión Europea y Estados miembro, señaló en su informe sobre el perfil sanitario de España a finales de 2019, que la esperanza de vida de los españoles era la más elevada de la UE. El informe también destacó que la mortalidad por causas evitables y tratables era la más baja de la UE, que teníamos un alto índice de obesidad, que tras la crisis económica, el gasto sanitario descendió, pero que desde 2015 estaba aumentando, estando aún más bajo que la media europea (8,9% frente al 9,8% del PIB). Además, que hay baja hospitalización por enfermedades crónicas, que el número de personal sanitario que disponen de contratos temporales y de una alta tasa de rotación es muy alto, que es positivo que desde 2018 los enfermeros españoles puedan recetar algunos medicamentos y vacunas, y que la atención primaria es el elemento central del sistema.

¡Uh! Nuestros políticos se sintieron satisfechos, sin darse cuenta de los efectos perversos de los riesgos y amenazas de carácter sanitario que se nos podía venir encima. Esto me lleva a la investigación científica, esta sí, competencia compartida entre la UE y los Estados miembro, que Italia o España se benefician con cuentagotas.

La UE dispone de cifras multimillonarias para repartir en el marco de la investigación científica (la mayoría de sus multimillones, ¿por qué será?, llegan a los Estados del norte). Hay pocas líneas estratégicas y dentro de ellas se deja mucha libertad a los proyectos individuales. Esto, incluso, ha provocado estos días la dimisión de Mauro Ferrari, presidente del Consejo Europeo de Investigación por cuestiones relacionadas con su arrogante comportamiento y la burocracia paralizante, en relación con la investigación sobre la COVID-19. Como evaluador científico del citado Consejo, siento el desprestigio de la única entidad europea dedicada a los proyectos de investigación.

Desde mi modesto papel, el Grupo de Investigación que dirijo viene denunciando desde hace muchos años, los irreversibles daños a la naturaleza que provocan riesgos y amenazas a la paz y seguridad (Capa de Ozono, utilización del medio ambiente como medios y métodos de combate, acidificación de los océanos, desplazados ambientales) y que están creando inseguridad sanitaria, alimentaria, digital. Cada año que pasa se reducen los fondos para la investigación hasta hacerlos en muchas ocasiones inexistentes (aquí hay vergüenza para repartir entre la Unión Europea, el ministerio de turno y la Comunidad Autónoma).

Ahora nos damos cuenta de la importancia de la coordinación sanitaria, de la investigación científica y tecnológica, de la deslocalización productiva.

Ya sé que la demanda a la UE es de solidaridad, de coronavirus y de medidas socioeconómicas.   Algo ha hecho la Comisión Europea, aunque poco conocido. Ha puesto a disposición de los Estados ciertas medidas para mitigar el impacto socioeconómico, como la contratación pública de equipos de protección, la revisión de las normas para permitir el aumento de las capacidades de producción, almacenamiento y distribución de suministros y equipos, autorizaciones de exportación, defensa de los derechos de los pasajeros, flexibilización de las normas presupuestarias, la propuesta de activación de la cláusula de salvaguarda del Pacto de Estabilidad y otras medidas realizadas al amparo de sus limitadas competencias.

En estas circunstancias, no son suficientes. La ceguera de los actuales líderes europeos solo es comparable con la de los años 30 que no quisieron ver venir los acontecimientos que nos llevarían a una Segunda Guerra Mundial.

La crisis de la OTAN

Anuario Grupo Joly
27 de mayo de 2020

En 2019, la OTAN cumplió 70 años y, por lo tanto, ha envejecido y sus circunstancias han cambiado sustancialmente.

La OTAN surge para hacer frente a la doctrina soviética del «espacio vital» que invocaba como fundamento para limitar la soberanía e incluso ocupar a sus Estados vecinos de la Europa del Este.

Para Estados Unidos era importante, pero para la Europa Occidental de la época era vital. Tras una Segunda Guerra Mundial que había diezmado sus recursos humanos, económicos y comerciales, Europa necesitaba el paraguas de los Estados Unidos para no verse invadida por su poderoso vecino del este. La Europa Occidental carecía de liderazgo y, sobre todo, de capacidades (económicas y militares) para afrontar un ataque desde el Este.

Sin embargo, el mundo ha cambiado mucho y el traje de la OTAN sigue siendo de 1949. Ha habido tímidos intentos para ajustar las telas a las nuevas realidades. Sin embargo, ni ha sido suficiente ni es posible afrontar los nuevos problemas de la seguridad con los mismos tejidos, ya usados.

Hoy día, no existe la Unión Soviética, los Estados Unidos ya han sido atacados directamente en su propio territorio (11S), la Unión Europea ha crecido y se ha convertido en un actor global, aunque sin competencias apenas en materia de defensa y seguridad, más allá de las operaciones de gestión de crisis internacionales y, sobre todo, han aparecido nuevos medios y métodos de guerra y nuevos riesgos y amenazas.

Ahora, como sabemos, hablamos de guerras híbridas, de ciberguerra, de *fake news*, de *lawfare*, de drones, de robots, de armas autónomas, de guerras interestelares... Tenemos sobre la mesa nuevos riesgos y amenazas (cambio climático, migraciones masivas, terrorismo, crimen organizado, pandemias...). Para dar respuesta a estos nuevos problemas de la seguridad internacional, necesitamos organizaciones internacionales de defensa y seguridad, con estructuras apropiadas y con objetivos precisos, adecuados a los tiempos.

La OTAN ha intentado cambiar, pero sin modificar su tratado regulador, lo que ha resultado traumático y, en parte, incomprensible para el propio derecho internacional. El ámbito territorial donde se desarrollan ahora sus actividades militares va ya mucho más allá de los territorios de los Estados miembro, alcanzando todo el globo terráqueo, incluidos los espacios marítimos.

En el marco del Tratado de Washington resulta difícil encajar la presencia de tropas militares de la OTAN en Afganistán, en Libia o en el Mar Egeo. También resulta difícil encajar dicha presencia militar en el marco de operaciones de mantenimiento de la paz, que tan diferente fundamento tienen a las operaciones estrictamente defensivas a las que se refiere el propio tratado fundacional. Igualmente, resulta incomprensible insertar el establecimiento de diálogos con los países del Mediterráneo Sur, con Rusia, con Oriente Medio, como nuevos aliados.

Por supuesto, todo esto se hace en el estricto marco jurídico de decisiones unánimes, emanadas de los órganos habilitados por el sistema integrado de la OTAN. Este mismo año 2019, en mayo, el Comité Militar de la OTAN decidió una nueva estrategia militar para adaptarse a la complejidad de los nuevos desafíos de la seguridad internacional.

Ahora bien, el viejo traje del tratado ya no da más de sí. Los 29 Estados miembro, tan alejados de los 12 Estados miembro iniciales, responden a intereses y particularidades diferentes. Esas discrepancias (que si está en estado de «muerte cerebral», que si amenazo con bloquear el consenso necesario sobre Rusia, que si Turquía adquiere material militar ruso) impide el necesario consenso para revitalizar la organización.

Además, la cuestión presupuestaria no es de orden menor. Hoy día, solo 9 Estados parte destinan el 2% de su presupuesto nacional a gastos de defensa. España ni siquiera llega al 1% (se queda en un testimonial 0,92%). Esto quiere decir que no nos creemos los nuevos riesgos y amenazas. Pero existen.

Tanto Estados Unidos como Europa se necesitan mutuamente y necesitan, hoy por hoy, a la OTAN para canalizar los recursos que se necesitarán para afrontar los peligros que se avecinan. La OTAN es la única organización militar que dispone de los recursos imprescindibles para disuadir cualquier incidencia que afecte a la seguridad internacional, procedente de Oriente Medio, de Rusia, de China o de los múltiples escenarios que se vislumbran ante los nuevos riesgos y amenazas que nos acechan.

Lo que la Unión Europea piensa del estado de derecho en España

Diarios Grupo Joly
2 de octubre de 2020

Cuando el 24 de noviembre de 1977 España se convirtió en el vigésimo Estado miembro del Consejo de Europa (no confundir con el Consejo Europeo de la Unión Europea), todavía no había ni siquiera Constitución en España. Por ello, hubo dos exigencias muy singulares: una, que a la vez que España se unía al Consejo de Europa, firmara también el Convenio Europeo de Derechos Humanos y otra, que todos los grupos parlamentarios del momento se comprometieran, por escrito, a incorporar los valores de la democracia y del respeto de derechos humanos en la que sería la Constitución española de 1978.

Desde entonces, podemos señalar que España ha sido un socio, me atrevería a decir que muy leal, del Consejo de Europa, propiciando normas, estableciendo instituciones, respetando el estado de derecho y protegiendo los derechos humanos y las libertades fundamentales.

Es verdad que España ha sido condenada en muchas ocasiones por el Tribunal Europeo de Derechos Humanos, pero en menor medida que

Estados de nuestro entorno, como el Reino Unido, Francia, Alemania o Italia. Siempre ha cumplido con un escrupuloso (y a veces, excesivo) cumplimiento de las sentencias del Tribunal Europeo de Derechos Humanos, aunque ello supusiera un coste desmesurado como el desdoblamiento de la planta judicial o la libertad para terroristas confesos.

Los estándares la sitúan, por tanto, en un terreno muy propicio para la democracia y los derechos humanos.

Hay evaluaciones constantes, de carácter periódico, del propio Consejo de Europa, con recomendaciones, sobre la prevención de la tortura, la lucha contra el racismo, la protección de los derechos sociales, la protección de las minorías, la lucha contra la corrupción, la lucha contra el blanqueo de capitales, la lucha contra el tráfico de personas, el sistema judicial, etc.

Sin embargo, la Unión Europea ha ido asumiendo, cada vez más, competencias en materia de derechos humanos, teniendo en cuenta que sus valores constitucionales son «el respeto a la dignidad humana, la libertad, la democracia, la igualdad y los derechos humanos y establece que la Unión tiene como finalidad promover la paz y el bienestar de sus pueblos» y que dispone de la Carta de Derechos Fundamentales, con rango constitucional desde el Tratado de Lisboa.

Tras las derivas de Polonia y Hungría, en relación con el estado de derecho y la protección de los derechos humanos, la Comisión Europea se planteó una evaluación de todos los Estados miembro de la UE.

En este marco, el 30 de septiembre de 2020, la Comisión Europea comunicó al Parlamento Europeo, al Consejo, al Comité Económico y Social Europeo y al Comité de las Regiones, el informe sobre el estado de derecho de 2020.

Para su elaboración, los funcionarios de la Comisión Europea, en el caso de España, se han entrevistado con expertos académicos, abogados del Estado, fiscales, registradores, periodistas, notarios, jueces, ministerios, Tribunal Supremo, incluyendo ONGs, asociaciones profesionales y un largo etc.

El informe recoge preocupaciones sobre el estado de derecho en España que las autoridades competentes deben tomarse muy en serio. Por ejemplo, la ineficiencia de la justicia, con procesos extremadamente dilatados en el tiempo, la falta de interoperatividad entre los distintos sistemas regionales, la falta de renovación del Consejo General del Poder Judicial desde hace años, la relación de dependencia del Fiscal General del Estado del ejecutivo.

En el marco de la corrupción, la Comisión Europea ha constatado que España aún no cuenta con una estrategia global contra la corrupción, a pesar de los mecanismos existentes para conocer los activos, los conflictos de intereses y las incompatibilidades de los altos dirigentes del Gobierno y recientemente de los miembros de las Cortes Generales. Sigue sin adoptarse una ley general contra la corrupción.

La Comisión Europea también ha analizado el ejercicio del derecho a la libertad de expresión y la libertad de los medios de comunicación. Se ha sorprendido por la existencia de requisitos de transparencia de propiedad de las TV y las cadenas de radio, pero no de los medios escritos. Igualmente, muestra preocupación por las restricciones establecidas en la nueva legislación sobre seguridad pública.

En definitiva, es la primera vez que la Comisión Europea evalúa la aplicación del estado de derecho de los Estados miembros. Y en ese sentido podemos comprobar que se reiteran los mismos argumentos que ya hizo suyo el Consejo de Europa y la Comisión de Venecia, señalando la «anomalía institucional» de la falta de renovación del CGPJ, la inconveniente designación del Fiscal General del Estado por parte del ejecutivo y la dudosa libertad de prensa existente. Y ello, siendo fallos del estado de derecho, está en los estándares más cualificados de Europa. Sin embargo, hay que hacer los deberes y resolver las cuestiones que hacen dudar del estado de derecho en España.

El gobierno y la desinformación

Diarios Grupo Joly
9 de noviembre de 2020

El pasado 5 de noviembre, el BOE publicaba la *Orden PCM/1030/ 2020, de 30 de octubre, por la que se publica el Procedimiento de actuación contra la desinformación aprobado por el Consejo de Seguridad Nacional* que ha alarmado tanto y a tantos.

Se trata del Procedimiento de actuación contra la desinformación que ha aprobado el Consejo de Seguridad Nacional, con la cobertura jurídica de una Orden del Ministerio de la Presidencia, Relaciones con Las Cortes y Memoria Democrática. En el contexto de las fuentes del derecho es lo mínimo que se despacha, lo cual da idea de su rango jerárquico y de su sometimiento al resto del ordenamiento jurídico.

Lo primero que sorprende de esta Orden es su fundamento, basado en información obtenida del Eurobarómetro, que ni siquiera se molesta en traducir al español (así como otras expresiones en inglés, que aparecen en el texto de forma innecesaria), como debe ser preceptivo en una norma jurídica española, e incluso en el contexto europeo, donde el español es lengua oficial y existe traducción oficial. Debe ser un signo de los tiempos para que luego seamos tan remilgados con el catalán, el gallego o el euskera.

Y cómo no iba a aparecer la expresión de moda: resiliencia.

El objetivo de esta Orden ministerial es que se identifiquen los órganos, organismos y autoridades del sistema de evaluación del fenómeno de la desinformación y establecer el procedimiento de actuación. La idea final sería crear una Estrategia Nacional de Lucha contra la Desinformación.

Nada que decir a esta loable intención gubernamental. De hecho, las noticias falsas son una realidad que hay que combatir. La propia Unión Europea dispone de Planes de Acción para ese combate porque pone en jaque el derecho fundamental de información veraz, sin que ello suponga una violación del derecho de libre expresión.

En realidad, de los cuatro niveles que establece la Orden ministerial, el único al que se autoriza una respuesta política es en el nivel IV, en el caso de que se atribuya una desinformación a un tercer Estado, lo que parece bastante razonable. En el resto de los niveles no aparecen respuestas ni políticas ni jurídicas, más allá del análisis, información, seguimiento, evaluación o realización de una campaña de comunicación pública.

No he percibido, pues, el control del Gobierno sobre la información que se transmite a través de la prensa y de los medios sociales de comunicación, como acusan algunos. Google, Facebook o Instagram disponen de sistemas menos objetivos para el control de la información que se desarrolla en las redes sociales que cualquiera de los desarrollos por niveles establecidos en la Orden ministerial de referencia y, además, toman decisiones sin control alguno.

Hay que ser muy consciente que las noticias falsas dañan al sistema democrático de valores, por lo que hay una legitimidad para luchar contra el fenómeno. Lo que no sería lícito es que el Gobierno decidiera qué es una noticia falsa y qué no es y ello tuviera consecuencias jurídicas, lo que no aparece en la Orden ministerial y, en todo caso, estaría sujeto al control de los tribunales.

Estamos viviendo una pandemia donde cada toma de decisión, en el marco de las restricciones de derechos, son autorizadas por los jueces y tribunales, por lo tanto, *a fortiori* sería mucho más exigible si se tratara de una limitación del derecho de libertad de expresión y el derecho a recibir información veraz de los medios de comunicación habilitados para esta función democrática. Otra cuestión diferente sería la información veraz que pueda recibirse desde las redes sociales, con dificultades para su detección, que es a lo que podría contribuir esta Orden ministerial, sin que por ella pueda ordenar acción alguna.

En las democracias avanzadas (y nadie debe dudar que España lo es, incluso muy avanzada) hay recursos, instrumentos que equilibran el abuso de cualquier institución, gobierno, órgano del Estado, etc. Un ejemplo impagable ha sido el apagón informativo de las tres más importantes cadenas de TV norteamericanas al discurso de Trump, quien, sin ninguna prueba o indicio razonable, acusaba de fraude en las elecciones porque el resultado no le era favorable. Ha sido una lección democrática, sin intervención de los poderes públicos, porque el equilibrio social, institucional y jurídico es el lujo de una democracia asentada.

Por tanto, no hay que temer que los Estados traten de hacer frente a los nuevos riesgos y amenazas para proteger la seguridad humana en toda su extensión, con los límites que le impone el Derecho, que parten del respeto a los derechos humanos y libertades fundamentales, tal como son entendidos e interpretados por nuestros tribunales y los tribunales internacionales que tienen competencia para ello.

De esta forma no he percibido en esta Orden ministerial ningún intento de controlar la información, de decidir acciones que limiten o suspendan derechos como el de libertad de expresión o el derecho a una información veraz. Por el contrario, lo que he visto ha sido el establecimiento de un procedimiento para que las instituciones del Estado estén atentas a este fenómeno que tanto puede dañar a una sociedad democrática.

Los tuits de Trump y el derecho internacional

Diarios Grupo Joly
15 de diciembre de 2020

Nos estamos acostumbrando con mucha rapidez al uso de las redes sociales para comunicar aspectos personales de nuestras vidas y aspectos públicos de los gobiernos. Esto es un evidente cambio sustancial de las reglas del juego existentes, porque se pone en tela de juicio la seguridad de las comunicaciones, la veracidad de las noticias y el sentido auténtico de lo comunicado.

Además, podemos estar comprometiendo la voluntad de terceros. Hay *tweets* que tienen una dimensión que va más allá de la responsabilidad individual. Si quien emite al mundo una noticia o una posición es el jefe del Estado, el jefe del Gobierno o el ministro de Asuntos Exteriores, sus consecuencias serán, además, jurídicas.

El Derecho Internacional llama a este tipo de declaraciones públicas «Actos Jurídicos Unilaterales» porque no requiere de la conducta de un tercero y ha sido manifestada por una persona facultada para representar al Estado.

La primera vez que un tribunal de justicia (la Corte Permanente de Justicia Internacional) se pronuncia sobre el valor jurídico de un comunicado de un ministro de Asuntos Exteriores, sin que mediara solicitud, planteamiento, condición, etc., fue en 1931.

Luego, la Corte Internacional de Justicia, en 1974, consideró que un discurso del ministro de Asuntos Exteriores de Francia ante la Asamblea General de la ONU comprometió la voluntad jurídica de Francia en el tema de los ensayos nucleares atmosféricos.

Lo único que ha cambiado ha sido el instrumento. Ahora, en vez de un discurso público, independientemente del medio que se utilice, es un *tweet*.

El Sr. Trump, presidente saliente de Estados Unidos, cuando hace una manifestación unilateral, con el eco actual del mundo virtual, sobre el reconocimiento de un territorio como el Sáhara como parte integrante de Marruecos, está diciéndole a Marruecos y al mundo que ese territorio, a todos los efectos, lo considera parte de la soberanía marroquí. Por tanto, los efectos jurídicos que se despliegan en relación con el establecimiento de oficinas consulares, como ya se ha anunciado, o con los posibles contratos comerciales o de explotación de recursos, en los espacios terrestres y marítimos, quedan amparados por los efectos jurídicos que despliega la declaración, aunque sea a través de un *tweet*.

Lo que debemos preguntarnos es si el Derecho Internacional está comprometido. La respuesta es positiva a todas luces, pero no por las razones que se han esgrimido.

El mundo periodístico ha señalado que la naturaleza de la ilegalidad es que la declaración del Jefe del Estado norteamericano es contraria a normas internacionales establecidas por la ONU.

Han señalado que sí el Comité de los 24, la Asamblea General, e incluso otros órganos subsidiarios de la ONU. Alguno ha señalado a la Unión Europea. Sin embargo, ninguno de ellos puede establecer normas de derecho internacional.

La realidad jurídica es que lo que se está violando es algo mucho más grave, es una norma de *ius cogens*, es decir, de derecho imperativo: la autodeterminación de los pueblos sometidos a dominio colonial. Hasta el artículo 53 de la Convención de Viena sobre el Derecho de los Tratados señala expresamente que «es nulo todo tratado que, en el momento de su celebración, esté en oposición con una norma imperativa de derecho internacional general».

Por tanto, se podrá anular todo acuerdo, incluso los celebrados con formato de tratados internacionales que estén en oposición a esta norma imperativa, por lo que se podrá exigir la responsabilidad internacional del Estado.

Como puede comprobarse, hacer declaraciones en *tweets* no solo puede tener consecuencias, incluso penales, de la persona que los emite, sino consecuencias internacionales si quien hace las declaraciones pueden comprometer la voluntad de sus respectivos Estados.

Yo recomendaría a los políticos que se informaran y se dejaran asesorar por los responsables, por quienes tienen la competencia para conocer las consecuencias de estas acciones, por lo menos, en el plano internacional.

Gibraltar a examen

Diarios del Grupo Joly
3 de enero de 2021

El último día del año 2020 la noticia más aplaudida ha sido el acuerdo al que han llegado España y Reino Unido en relación con Gibraltar. Ha llenado de regocijo tanto a la comunidad española, sobre todo campogibraltareña, como a los propios «llanitos», lo que, en sí mismo, es una novedad.

Ahora bien, cuando haga la *reentrée* en la Facultad de Derecho, en mi asignatura de Derecho de los Tratados, del Máster de Derecho Público, mis alumnos querrán saber un poco más, en perspectiva jurídica, sobre tal acuerdo. Ello requiere una visión desapasionada y serena de la situación.

Gibraltar, como el resto del territorio metropolitano del Reino Unido, incluyendo Irlanda del Norte, formaba parte de la Unión Europea desde 1973. A Gibraltar se le aplicaba el Acuerdo de Adhesión del Reino Unido con ciertas singularidades, que España no pudo objetar en su Tratado de Adhesión de 1985.

A partir del 1 de enero de 2021, tras la finalización del periodo transitorio del Acuerdo de Retirada del Reino Unido y el Acuerdo, de última hora, sobre las Relaciones Futuras entre el Reino Unido y la UE, Gibraltar sale definitivamente del territorio de la UE.

España, en el Acuerdo de Retirada queda como la garante de cualquier acuerdo futuro en relación con Gibraltar. Por ello se hace imprescindible un acuerdo entre España y el Reino Unido sobre Gibraltar, que fuera ya de la UE quedaría en una situación dramática.

Este es el principio de acuerdo al que hacen referencia, tanto la ministra González Alaya como el ministro principal de Gibraltar Picardo. Desde el punto de vista jurídico, desde luego, no es más que una declaración de intenciones que, además, no dispone de un texto escrito formal que se haya dado a conocer públicamente. Picardo lo llamó en su comparecencia «potential agreement», lo que es muy generoso por su parte. Ni siquiera llega a Memorándum de Entendimiento, que es lo mínimo.

Para llegar a un acuerdo vinculante jurídicamente se necesita a la UE. Ello es así porque el control de las fronteras exteriores es una competencia compartida entre los Estados y la UE Ello precisa un proceso de negociación, elaboración, autenticación, firma y ratificación por parte de la UE y por parte de todos los Estados, según sus procesos constitucionales o legales.

Curiosamente, a pesar de la informalidad del acuerdo, sí se ha procedido a una aplicación provisional desde las 00:00 h. del día 1 de enero de 2021, lo que, de haber sido un tratado internacional, el Derecho Internacional prevé. En realidad, lo que se ha producido en la práctica es una extensión del periodo transitorio, con los mismos procedimientos, con la excepción del control de pasaporte para los ciudadanos extracomunitarios, que ya se regulaba, pero que no alcanzaba a los ciudadanos británicos. Todo ello, con el concurso de la UE.

Tenemos por delante cuatro meses para la negociación definitiva entre Reino Unido y la UE, pero lo cualitativo es que hay acuerdo entre

España y Reino Unido en lo más difícil: el control migratorio de los dos únicos puntos de entrada y salida que quedarían en Gibraltar, el aeropuerto y el puerto. Reino Unido ha logrado su satisfacción de que ese control migratorio no lo realice la policía española y, España, que no lo realice la policía gibraltareña. Han convenido en que sea FRONTEX, a través de la Guardia Europea de Fronteras y Costas, cuerpo recientemente creado por la UE, como el agente físico del control migratorio. Ahora bien, España debe ser la autoridad estatal, aunque sea en remoto, a través de los sistemas informáticos, que autorice o no el cruce de fronteras, de acuerdo con las normas europeas.

Como afecta a la movilidad de las personas, este principio de acuerdo ha sido muy celebrado, sin embargo, ahora queda también la movilidad de las mercancías, sobre lo que habrá que llegar a otros consensos.

Si todo esto llega a buen puerto, en 2021 podríamos ver el desmantelamiento definitivo del control fronterizo de La Verja. Esto nos acercará más a esa prosperidad compartida que tanto González Alaya como Picardo han defendido, que es el único camino para el desarrollo armónico entre los gibraltareños del norte y los gibraltareños del sur. Es la primera esperanza de 2021, un año que tanto se desea que, por fin, sea juicioso y bondadoso.

Vacunas y Unión Europea

Diarios Grupo Joly
31 de enero de 2021

A estas alturas de la pandemia todavía seguimos creyendo que la UE debe ser la responsable de dar respuestas eficaces a la pandemia.

Sin embargo, el pasado mes de abril de 2020, en plena primera ola de la COVID-19 recordé en los diarios de la cadena Joly que la UE dispone tan solo de dos menguadas competencias, las relativas a la Agencia Europea de Medicamentos y el Centro Europeo para la Prevención y el Control de las Enfermedades. Nada más. Por eso, es muy importante la autorización de la Agencia Europea de Medicamentos para la comercialización de una vacuna o de cualquier medicamento. Ello es porque todos los productos sanitarios son tratados por el Derecho de la UE como mercancías de libre circulación en todo el territorio de la UE.

He aquí la circunstancia que nos permite comprender por qué la UE interviene en la comercialización de las vacunas una vez aprobadas por el regulador europeo. Hasta la fecha se han aprobado tres tipos de vacunas, la de Pfizer, la de Moderna y la de AstraZeneca, la más reciente.

Las dos primeras vacunas son de empresas biotecnológicas norteamericanas. La tercera es una empresa anglo-sueca que, a los efectos de la UE, tiene su sede principal en Suecia, de tal manera que puede comercializar sus productos directamente en toda la UE, pero varias de sus plantas productoras están en Reino Unido, hoy día, fuera ya de la UE. He aquí el problema creado recientemente.

Con estas tres empresas farmacéuticas, la Comisión Europea, en nombre de los 27 Estados miembro (de conformidad con el Reglamento 2016/369 de 15 de marzo y de la Decisión 4192 de 18 de junio de 2020), ha firmado contratos privados de producción, compra y suministro de vacunas sometidos al derecho interno belga.

No se trata, pues, de ningún tratado internacional, ni de un acto de obligado cumplimiento de la UE. Se trata tan solo de un contrato privado de compraventa.

El problema reciente que está en todos los medios es el supuesto incumplimiento del contrato con AstraZeneca.

Hay que recordar que el contrato es de fecha 27 de agosto de 2020, es decir, muchos meses antes de que la Agencia Europea del Medicamento haya autorizado la comercialización de su vacuna (29 de enero de 2021). Es lo que se llama un contrato a futuro.

Ahora bien, la Comisión Europea considera que la empresa anglo-sueca está incumpliendo el contrato por no suministrar a tiempo las vacunas. Por el contrario, AstraZeneca considera que tiene dificultades con sus plantas de producción en Reino Unido, ahora sometidas a otro ordenamiento jurídico fuera de la UE.

El contrato que se ha hecho público deja claro que el alcance de las obligaciones que adquiere AstraZeneca es de comportamiento, pero no de resultado, lo cual es lo habitual en este tipo de contratos industriales. Ello quiere decir que la empresa se comprometía en función de las posibilidades reales de producción y suministro. No es una obligación absoluta.

La UE tiene la sospecha de que se trata más bien de un incumplimiento de AstraZeneca porque ha encontrado un mercado más favorable a sus intereses económicos.

Esto ha llevado a la UE a establecer controles de exportación perfectamente legales en el ordenamiento de la UE para impedir que la parte producida en fábricas de la UE puedan exportarse sin haber cumplido el contrato previo realizado. En dicho contrato es verdad que se recoge que la producción de las dos fábricas existentes en Reino Unido entraría también en el cómputo general. Ahora bien, ¿podría la UE obligar al Reino Unido a semejante control?

Yo creo que las amenazas de la UE serán suficientes para que la farmacéutica incremente su producción en territorio de la UE o proceda a buscar socios productores, pero ello va a significar, sin ninguna duda, una ralentización del proceso de vacunación en toda la UE como ya estamos viviendo.

Una vez más, nos damos cuenta de la imperiosa necesidad de invertir en I+D+I y de invertir en industria productiva. Si no, nos limitaremos a ser un continente museo, como ya se quedó Grecia o como ya se está quedando España, donde una crisis económica, sanitaria, o de cualquier otra índole, haga descender su PIB un 11% anual.

La frontera sur de España no es Marruecos

Diarios Grupo Joly
26 de abril de 2021

Cualquiera que vea un mapa de España podrá comprobar cómo al sur nos encontramos a Marruecos, pero cualquiera que vea ese mismo mapa, con ojos del siglo XXI, podrá comprobar cómo nuestros intereses geoestratégicos comienzan tras el Sáhara, prioritariamente en Mali, Burkina Faso, Níger, Chad o Sudán. Si ponemos un mapa político delante, observaremos que todos estos Estados tienen en común su carácter de países enormes, sin acceso al mar, cubiertos por extensas zonas áridas, sin infraestructuras básicas y con enormes riquezas mineras.

El caso del asesinato de los dos periodistas españoles en Burkina Faso nos lo ha vuelto a recordar. No quisiera confundir al evocar este luctuoso suceso. El asesinato de los dos reporteros ha podido ser como consecuencia de una actividad social de investigación sobre la caza ilegal o el tráfico ilícito de especies. Sin embargo, también podría haberse debido, como ha dejado caer la propia ministra de Asuntos Exteriores, a un acto terrorista. Será muy difícil investigar los hechos y, en todo caso, lo que es notorio es que el Gobierno de Burkina Faso no dispone de los medios necesarios, ni humanos ni materiales, para llevar a cabo dicha investigación.

Esa es la realidad, por tanto, Burkina Faso, como otros de su entorno, al no disponer de los medios necesarios para ejercer sus funciones de Estados, requerirían de la cooperación de otros Estados para que puedan defenderse los intereses de todos. Esto lo vamos a ver muy pronto en relación con la pandemia del coronavirus, en la que ya estamos viviendo experiencias que nos dicen que no todos los Estados pueden luchar contra ella porque no disponen de capacidades ni económicas, ni profesionales ni tecnológicas para hacer llegar vacunas y que, de no inmunizar a su propia población, pondrán en peligro a toda la población mundial.

En España sigue sin comprenderse esta interrelación y nos cuesta entender la prestación de ayuda en este terreno. La miopía española es característica de la cortedad de mira que nos distingue. Lo hemos visto por las críticas recibidas al anuncio de España de donar vacunas a los países más pobres de América Latina (y eso que ha sido solo un anuncio de cara a la galería).

En el siglo XXI, una frontera física en sí misma no determina un marco de tensión, ni siquiera, aunque se produzcan desencuentros cuando dos sociedades son percibidas como antagónicas, aunque no lo sean. Sin embargo, la rémora histórica nos aboca a esa percepción sin que nuestros políticos contribuyan a cambiarlas. Hemos tardado mucho tiempo en comprenderlo respecto a Portugal, con quien manteníamos una relación más propia del siglo XVI.

En el siglo XXI ni siquiera las fronteras físicas terrestres son las que más importan. Nuestras fronteras marítimas y aéreas son las que ahora importan más, porque esos espacios son los que generan mayores intereses y mayores responsabilidades.

Marruecos y España tienen tantos intereses comunes que están condenados a entenderse. Solo hace falta un gran angular para verlo. Nuestra proximidad deriva mucho más del arraigo cultural y de intereses comunes que de la geografía. Claro que hay divergencias, como en cualquier familia o grupo de amigos, pero los intereses son comunes y el futuro de nuestro bienestar colectivo está en un marco de convivencia.

Sin embargo, nuestros intereses geoestratégicos están más allá de Marruecos, como he dicho, incluso van mucho más allá de los flujos migratorios, el iceberg de los problemas, cuya parte sumergida es infinitamente más peligrosa. En el área subsahariana, hay extensiones vastísimas de territorio de imposible control con los actuales medios de los Estados que administran esas grandes extensiones de tierra. Por ello, cuando no hay presencia del Estado, sus funciones las ejercen los terroristas, las mafias, los señores de la guerra, el crimen organizado...

Particularmente preocupante son los espacios ocupados por los estertores del Daesh y del yihadismo que, por poco dinero, compran muchas voluntades en esos espacios sin control y que pueden hacernos temblar más pronto que tarde.

Hay quien cree que lo que se desarrolla en esa zona es un foco de desestabilización de África. Sin embargo, yo soy de los que cree que se desarrolla un foco de desestabilización de Europa y si no actuamos podríamos dejar de ser hasta una región de museos, a merced de aquellos que no tienen escrúpulos para hacer dominar el mal.

El epicentro del terrorismo más cruel se está desarrollando ante nuestras narices en estas proximidades sin que asumamos su realidad. Francia, el aliado natural por historia colonial y por idioma en esa zona, por sí sola, no puede responder a los desafíos de esta realidad. España, junto a Marruecos, deben responder porque la inacción de hoy puede suponer el lamento de mañana.

El mercadeo político de la inmigración

Diarios Grupo Joly
21 de mayo de 2021

El derecho al respeto de las fronteras está en el ADN del Derecho Internacional, que ya se contemplaba como principio fundamental en los albores de este ordenamiento, en el conocido régimen jurídico de Westfalia. Este principio se ha mantenido en el régimen que le sustituyó y que está aún vigente, el sistema naciente tras la Segunda Guerra Mundial.

Por ello, cualquier tratado de fronteras, aun pudiendo ser bilateral, tiene efectos *erga omnes*. De esta forma, Ceuta, ciudad española desde 1640, tiene delimitadas sus fronteras, internacionalmente reconocidas, desde el Tratado de Paz de Tetuán de 26 de abril de 1860, firmado por el Sultanato de Marruecos (el entonces soberano territorial) y España. Cuando el actual Reino de Marruecos sucedió, en 1956, al sistema de protectorado (incompatible con el nuevo régimen nacido en la Carta de las Naciones Unidas), se obligó al respeto de las fronteras ya delimitadas.

El derecho de fronteras es especialmente delicado por la vulnerabilidad política a la que se somete a los límites territoriales y por las gravísimas consecuencias que pueden suponer su violación. Hay toda una regulación jurídica muy controlada que no viene ahora al caso exponer.

Esto quiere decir que los Estados vecinos, que se han reconocido y que disponen de tratados de amistad y buena vecindad, como lo son España y Marruecos, están obligados a cooperar para que las fronteras sean respetadas.

Además, los Estados tienen la obligación de velar, dentro de su territorio, por los intereses de los otros Estados. Esa es, entre otras, la causa por la que la policía española está custodiando estos días la Embajada de Marruecos en la C/ Serrano de Madrid.

Es evidente que, en la actual crisis migratoria, Marruecos no ha cumplido con sus obligaciones internacionales, dejando de lado el control no solo de sus puestos fronterizos, en la actualidad celosamente custodiados por la situación de la COVID, sino de todo el recinto fronterizo. Ha sido particularmente visible la inacción de la fuerza pública marroquí para contener, no a los subsaharianos, sino a sus propios compatriotas que, desesperados, se han lanzado al mar para salvar los 200 metros que les separan de Ceuta. Incluso, tengo información directa de que la propia policía marroquí ha alentado a los menores estudiantes en institutos de secundaria para que cruzaran la frontera.

Tras el colapso de la frontera de Ceuta, por doble decisión del Gobierno marroquí (desviar las relaciones comerciales a otros puntos y establecer un cierre perimetral por la COVID), las poblaciones aledañas de Ceuta, sobre todo la ciudad de Castillejos, han visto incrementadas sus penurias socioeconómicas ante la pasividad del Estado.

Si a esta situación se le une que en las relaciones internacionales hay siempre tensiones, más aún, entre vecinos, siempre hay momentos oportunos para crear tensión. La propia embajadora de Marruecos en España, que ha sido llamada a consultas a Rabat, ha insinuado que la causa es la presencia del saharaui Ghali en un hospital de Logroño, que se ha tomado como un acto inamistoso y estos actos tienen consecuencias.

Puedo entender la dimensión política del asunto. Incluso, en España mismo se debería debatir este asunto en su Parlamento, no porque pudiera molestar o no a Marruecos, sino por los hechos vinculados a esta situación (pasaporte falso, nombre figurado, ausencia de la documentación administrativa requerida para el cruce de fronteras y falta de puesta a disposición de esta persona, investigada por la Audiencia Nacional).

Ahora bien, que Marruecos mercadee políticamente con sus propios nacionales, incluyendo menores, no hace más que alimentar el recelo de todos.

En Derecho Internacional se pueden adoptar contramedidas cuando se ha cometido un acto antijurídico previo, que no es lo acontecido en este caso. Las contramedidas de carácter político deben ser de otra naturaleza, no jugando con la vida de miles de personas, que incluyen niños, e incluso bebés. ¿Podríamos imaginarnos que la policía española dejara conscientemente que una turba de exaltados entrara en la Embajada de Marruecos en Madrid? ¿Cuáles serías las contramedidas de Marruecos?

Frente a estos hechos hace falta, a partes iguales, firmeza y templanza. La firmeza viene dada no solo por la presencia del presidente del Gobierno en Ceuta (que también), sino por la exigencia a la Unión Europea para que cumpla con sus obligaciones y defienda, desde la política y la diplomacia, la frontera exterior de Ceuta y exigir a nuestros embajadores en todo el mundo, incluyendo a los Estados Unidos, que expliquen el caso en todas las cancillerías y obtengan su solidaridad, porque este mal precedente pudiera augurar la extensión de técnicas desestabilizadoras para la paz y seguridad internacionales.

La templanza viene por consensuar una política de Estado con todos los grupos políticos para no incendiar con discursos bárbaros y populistas, que solo alimentan el odio, y por restablecer todos los canales diplomáticos que permitan desescalar las tensiones y explicar las situaciones, por muy contrarias que estas sean.

Ambos Estados tenemos intereses fundamentales en juego. Marruecos también, aunque haya en el Reino quien crea que sostienen la sartén por el mango. El terrorismo yihadista también los mira con codicia. El descontento social es una fuente inagotable de inestabilidad.

Biden y la gobernanza mundial

Anuario Joly Andalucía
8 de junio de 2021

Como es tradicional, el 20 de enero de 2021, el nuevo presidente de Estados Unidos, Joe Biden, juró su cargo en las escalinatas del Capitolio. Con ello comienza su mandato presidencial.

Lo normal es que la política exterior de un Estado no sufra en demasía por los cambios de gobierno, salvo algunas cuestiones más o menos ideologizadas. Sin embargo, a veces, hay decisiones de algunos gobiernos que deben ser templadas o modificadas por el siguiente gobierno, sobre todo si es de diferente signo político. Sucedió en España, por ejemplo, cuando a Aznar le sucedió Rodríguez Zapatero.

En esta nueva etapa de Joe Biden al frente de los EE.UU., el nuevo presidente prometió revisar en profundidad la política exterior de Trump en materias muy sensibles para la gobernanza mundial. Por ello, entre sus primeras medidas, Joe Biden ha firmado varias órdenes ejecutivas para revertir la retirada de EE.UU. del Acuerdo de París sobre cambio climático, que tanto esfuerzo diplomático supuso para un marco regulatorio tan sensible.

Igualmente, ha ordenado revertir la retirada de EE.UU. de la OMS y también ha ordenado una adecuación del control migratorio en consonancia con el ordenamiento jurídico internacional, impidiendo la separación de los menores de sus padres, la discriminación en razón de la religión mayoritaria que se profesa en los Estados de procedencia, deteniendo la construcción del muro fronterizo con México o asegurando un trato justo a los solicitantes de asilo.

Hay otros temas que tienen más difícil reversión, aunque se tendrá que gestionar su aplicación de forma que no afecte al equilibrio de fuerzas en zonas tan delicadas del mundo. Me refiero, por ejemplo, al reconocimiento de Jerusalén como capital del Estado judío o al reconocimiento de los asentamientos israelíes en Cisjordania. También me refiero al reconocimiento norteamericano del Sáhara Occidental como parte de Marruecos o al apoyo de Estados Unidos a la guerra contra Yemen.

Siendo estas cuestiones de vital importancia, no son las únicas medidas que necesita la gobernanza del mundo. Joe Biden está comprometido con el multilateralismo y está obligado por su propio programa electoral a establecer grandes acuerdos, revitalizando las estratégicas relaciones con sus aliados naturales, la UE, la Commonwealth, Japón, Corea del Sur y América Latina para incorporar a China, Rusia y otros actores mundiales, en el marco de un comercio internacional justo y equitativo, del cambio climático, de la gobernanza digital, de la no proliferación nuclear, de la lucha contra el crimen organizado.

En su programa habla de convocar dos importantísimas Cumbres, una sobre la Democracia y otra sobre las Emisiones de Carbono. Ambas son propuestas muy valientes.

Todo esto, junto a la preocupación que mantendrá su Administración en el marco de la disrupción tecnológica y del control de las enfermedades infecciosas, hará que Estados Unidos tenga que volver a ejercer un papel protagonista en el liderazgo por las cuestiones internacionales.

El trabajo que debe coordinar, en sus múltiples perspectivas, volviendo a recomponer la diplomacia americana con profesionales, restableciendo la confianza de sus militares, incorporando instrumentos políticos y económicos de alta capacidad para doblegar procesos enquistados, todo ello, será enorme porque los niveles con los que se encuentra son desconocidos en los últimos setenta años.

Tendrá que revisar la política de Estados Unidos en los pequeños conflictos olvidados o, mejor dicho, arrinconados, de la era Trump, en los Balcanes, en Irak, en Libia o en Afganistán. También deberá recomponer las relaciones que él mismo auspició en tiempos de Barak Obama, en relación con Cuba, Venezuela, incluso con Irán, y revertir las connivencias con Corea del Norte.

En definitiva, debe abordar nuevas estrategias globales para nuevos escenarios y construir un marco de confianza internacional que será la única que genere prosperidad al ciudadano norteamericano medio que, al fin y al cabo, es quien mantiene o expulsa gobiernos.

Indultos y derecho internacional

Diarios Grupo Joly
22 de junio de 2021

En estos días muchos me preguntan sobre la compatibilidad de los indultos proyectados por el Gobierno de España y el Derecho Internacional, quizás, en la firme convicción de que la respuesta no debe ser ajena al ordenamiento jurídico español.

La respuesta inicial es pavorosamente sencilla. El Derecho Internacional no contempla en ningún instrumento jurídico vinculante nada que se asemeje a los indultos, ni siquiera a las amnistías (en este último caso, si exceptuamos los crímenes de guerra). Ahora bien, eso no quiere decir que el Derecho Internacional no haya tratado profusamente el uso de ambas instituciones para la aplicación concreta relacionada con los derechos humanos.

Es necesario distinguir entre una y otra. Mientras que la amnistía supone el olvido, el indulto supone tan solo el perdón (que incluso puede ser parcial). La diferencia es obvia. Con la primera se impide la efectividad de la responsabilidad jurídica. Con la segunda se exonera del cumplimiento de la pena, sin borrar la condena.

Independientemente de lo que diga el ordenamiento jurídico español, el Derecho Internacional puede imponer criterios en la aplicación de ambas instituciones, pero no las prohíbe de forma general. Por ejemplo, la Ley de Amnistía española de 1977 fue promulgada el 15 de octubre, es decir, unos meses después de la adhesión de España al Pacto Internacional de Derechos Civiles y Políticos. Sobre la compatibilidad de esta ley con el Derecho Internacional se han escrito ríos de tinta. En todo caso, la incompatibilidad se puede referir a la impunidad, a los crímenes graves de derecho internacional (agresión, genocidio, crímenes contra la humanidad, crímenes de guerra...), etc. Y, aun en estos casos, Amnistía Internacional ha documentado numerosos casos, aun recientemente, en los que el Tribunal Supremo, la Audiencia Nacional o la Fiscalía General del

Estado se basan en la citada Ley de 1977 para evitar incluso las investigaciones judiciales.

La Constitución española no menciona las amnistías, aunque sí la prohibición de los indultos generalizados, lo que *a fortiori* podría suponer una interpretación sistemática que debería abordar, en su caso, el Tribunal Constitucional.

Ahora bien, tanto las amnistías como los indultos han sido tratados por los tribunales internacionales en relación con los efectos sobre los derechos humanos y en su relación con los mismos.

El Tribunal Europeo de Derechos Humanos (TEDH) ha considerado que una Ley de Amnistía que vulnere el Convenio Europeo de Derechos Humanos debe ser ignorada por los tribunales. Si aun así no es ignorada, la decisión judicial no tiene efecto de cosa juzgada. El TEDH ha tenido oportunidad de conocer la aplicación concreta de estas cuestiones en España, en un caso relacionado con la guerra civil española, que inadmitió por cuestiones de orden procesal, sin pronunciarse sobre la validez o no de la Ley española de Amnistía.

La actualidad política lo que dicta es más hablar de indultos que de amnistía porque es lo que tiene previsto el Gobierno para los condenados por los delitos de sedición y/o desobediencia. No entro en si todos los condenados deberían tener o no el mismo grado de responsabilidad penal. Ni siquiera en la regulación punitiva del Código Penal español. Sin embargo, no estamos ante delitos de Derecho Internacional que requieran un tratamiento diferente para el análisis de la política de indultos. Es un dominio reservado del Estado, siempre que no se vulneren derechos humanos.

El Derecho Internacional, cuando no se han producido violaciones de sus normas relacionadas con los derechos humanos, no ha asumido competencias para limitar el poder del Estado en su proceso sancionador. Otra cuestión sería entrar en la proporcionalidad de las penas, en la compatibilidad con otros derechos protegibles como la libertad de expresión, de reunión o el principio de legalidad, etc. Ya uno de los condenados, Jordi Cuixart, ha demandado a España ante el TEDH, precisamente, para que se pronuncie sobre estas cuestiones tan importantes.

El perdón, la clemencia, la indulgencia, pues, son valores ante los que el Derecho Internacional solo establece como límite el respeto con los derechos humanos. El propio Gobierno actual, desde mayo de 2018, ha indultado a 111 condenados por delitos y penas muy diversas, sin algarabías.

Aquí podemos estar en la búsqueda de la paz social y de la convivencia (quiero recordar que no solo entre las personas, sino también entre las instituciones), como han mencionado hasta la saciedad la mayoría de los miembros del Gobierno, aunque, no habría que olvidar, como dijo Kofi Annan que «justicia y paz no son fuerzas contrapuestas, cuando se trata de establecerlas bien, se promueven y sostienen una a la otra».

La mejor de las suertes a nuestras instituciones para que encuentren esa templanza tan necesaria en una sociedad democrática.

¿Elucubraciones doctrinales?

Diarios Grupo Joly
19 de julio de 2021

El 15 de marzo de 2020, al día siguiente de decretarse el estado de alarma por la pandemia de la Covid-19, en el marco de mis atribuciones de elucubración doctrinal, escribí un artículo que se publicó en este diario el 17 de marzo, en el que señalaba la enorme diferencia entre la limitación de derechos y la suspensión de derechos.

Más allá del instrumento jurídico decretado por el Gobierno (estado de alarma), existía una situación de hecho, que suponía una suspensión de derechos, lo que obligaba a España a comunicar a Naciones Unidas (en el marco de sus obligaciones con el art. 4 del Pacto Internacional de Derechos Civiles y Políticos) y al Consejo de Europa (en el marco de sus obligaciones con el art. 15 del Convenio Europeo de Derechos Humanos).

España no lo hizo. España no nos lee. De haberlo hecho, se hubiera ahorrado ese encontronazo con el Tribunal Supremo porque el Gobierno hubiera estado amparado por el Derecho Internacional que, en este caso concreto, además, al tratarse de derechos humanos, de acuerdo con el art. 10 de la Constitución española, las normas aceptadas son superiores e informadoras de todo el ordenamiento jurídico, incluyendo la propia Constitución.

Yo decía claramente que los matices existentes entre las situaciones excepcionales, el estado de excepción, de alarma, de sitio, de emergencia, etc., eran irrelevantes porque eso sí que serían elucubraciones doctrinales. Si se han tomado medidas restrictivas de derecho, hay que seguir el procedimiento establecido para que sean las autoridades internacionales, a la luz de los hechos, las que fiscalicen la situación.

Nos hubiéramos ahorrado, como he dicho, este embrollo institucional. Además, hubiera sido lo verdaderamente protector de derechos frente al derecho, incluso la obligación, del Estado de salvaguardar la salud colectiva.

Conozco bien a Margarita Robles y no creo que haya querido desmerecer el trabajo de los que nos dedicamos a ofrecer soluciones. De hecho, ella es una elucubradora doctrinal porque los Magistrados del Tribunal Supremo se ocupan, precisamente, de crear la doctrina judicial. Y los del Tribunal Constitucional crean la doctrina constitucional.

Yo creo que ella lo que ha querido decir es que las consecuencias pueden ser tan extraordinarias, que también deben ser tenidas en cuenta por los aplicadores del Derecho y se podría haber señalado la necesidad de un futuro estado de excepción cuando se requiera para una situación que suponga la suspensión de derechos. Las normas no pueden ser interpretadas aisladas de sus contextos históricos, económicos, diplomáticos, etc. A eso se le llama método sociológico-jurídico, porque las normas no están enclaustradas en una probeta de laboratorio, sin sometimiento a las inclemencias del tiempo, la suspensión de polvo o las acciones de la gravedad.

Otro caso diferente es el del Caso Couso, en el que el Tribunal Supremo ha considerado que el Estado tiene la obligación de ejercer la protección diplomática de sus nacionales frente a incumplimientos del Derecho Internacional. Como puede verse, en este caso no ha habido suficiente elucubración doctrinal porque la relevancia de la protección diplomática, como su propio nombre indica tiene una proyección que va mucho más allá del ejercicio de la protección debida a la defensa de los intereses de los nacionales.

En Derecho Internacional, también aplicable por el Tribunal Supremo, la protección diplomática es un derecho del Estado, no una obligación, y cuando se ejerce no se hace en nombre del nacional perjudicado sino del Estado, cuyo nacional se ha sentido perjudicado. La trascendencia de esta importante diferencia puede generar numerosos contenciosos.

La protección diplomática puede ser ejercida en el marco de negociaciones políticas o en el marco de demandas judiciales internacionales, o de cualquier otro medio lícito de arreglo pacífico de controversias. Eso lo saben muy bien los españoles perjudicados por la incautación de sus bienes en la Cuba de la Revolución castrista, que no tuvieron opción a las reclamaciones económicas que solicitaban sino a las que aceptó el Gobierno español y que este podría incorporar al Tesoro o a distribuir según su leal entender.

Como se puede comprender, lo que necesitamos es más elucubración doctrinal para evitar consecuencias que van, incluso, mucho más allá de un caso concreto. Claro que el Estado está obligado a defender los intereses de sus nacionales en el exterior cuando se conculcan derechos fundamentales, pero hay otros instrumentos sobre lo que podría haberse elucubrado más doctrinalmente.

Negociaciones de la Unión Europea sobre Gibraltar

Diarios Grupo Joly
22 de julio de 2021

La Recomendación de la Comisión Europea del 20 de julio de 2021, para que el Consejo de la UE decida la apertura de negociaciones con el Reino Unido respecto a la situación futura de Gibraltar en su relación con la propia Unión Europea ha provocado algunas protestas, tanto del lado británico como de las autoridades de Gibraltar. Esto es algo normal en todos los procesos de negociaciones, donde las partes lo inician con posiciones de máximos. Por tanto, tranquilidad y expectativa.

De momento, de lo que se trata es del inicio de un procedimiento jurídico-formal por el que la UE, de conformidad con su Tratado de Funcionamiento, otorga a la Comisión la capacidad de proponer al Consejo cualquier Tratado Internacional con terceros que considere conveniente. Cualquier acuerdo sobre asuntos relacionados con circulación de personas o circulación de mercancías no puede ser realizado por un Estado miembro en particular, sino que debe hacerse en el marco de la UE.

Gibraltar quedó fuera del marco territorial del futuro acuerdo general entre la UE y el Reino Unido y se decidió en el llamado Protocolo de Gibraltar que cualquier asunto relacionado con la colonia británica sería tratado de forma bilateral separada, por el Reino Unido y la UE, en el que España tendría un derecho de veto o, si se prefiere, un derecho de conformidad.

Lo que sí se había producido era un acuerdo entre España y el Reino Unido, en el que se establecieron las bases del futuro acuerdo euro-británico. Es el llamado acuerdo de nochevieja, del 31 de diciembre de 2020 (fin del periodo transitorio) que debería aplicarse provisionalmente a partir del 1 de enero de 2021 para que todo pudiera seguir igual provisionalmente. Así lo aceptaron las partes.

España envió dicho acuerdo a Bruselas para que la Comisión lo tuviera en cuenta en el establecimiento de las directrices para la conformación del tratado final entre el Reino Unido y la UE.

Si leemos la Recomendación de la Comisión, todos sus puntos tienen su base en el acuerdo de nochevieja, ya aceptado por el Reino Unido y España. Es verdad que hay puntos que requerirán matices, precisiones, etc., pero eso es normal en un proceso negociador. La esencia está ya acordada. La Comisión lo único que hace es recomendar al Consejo de la UE que establezca la decisión (con carácter jurídico-formal) para que la Comisión lleve a cabo esta negociación, en el marco de sus propias directrices.

España ha hecho los deberes y ha participado muy activamente en este inicio del procedimiento, para que se tengan en cuenta sus derechos e intereses, pero los derechos e intereses que deberá defender la Comisión son los correspondientes a la propia UE. Por eso, el acuerdo tiene que establecerse en el marco de la UE y no en el bilateral de España con el Reino

Unido. Los demás Estados miembro tienen también intereses legítimos que deben ser protegidos.

Lo que quizás ha molestado más a Gibraltar y por extensión al Reino Unido, seguramente ha sido lo relacionado con las exigencias de la Comisión de que sea España el Estado responsable del control de personas en el puerto y aeropuerto de Gibraltar, pero si se quiere hacer desaparecer los puestos fronterizos, con todas sus infraestructuras, España es la legitimada para hacer dichos controles. España acepta que pueda haber funcionarios de FRONTEX si tanto repelús les da a las autoridades gibraltareñas la Policía Nacional, pero, desde luego, el acceso a las bases de los ordenadores de Sistema de Información de Schengen, la tramitación de las solicitudes de asilo, la denegación de entrada, la devolución, etc., debe hacerse de conformidad con las reglas europeas y el Estado obligado a ello, en este caso, debe ser España.

Quizás también ha podido molestar las exigencias fiscales para la consecución de una «prosperidad compartida», es decir, una cierta afinidad impositiva que no genere tantas diferencias en la compra, por ejemplo, del tabaco, el alcohol o la gasolina. Ello es razonable en la búsqueda de un entorno más igualitario, que impida que el dumping fiscal perjudique a una zona, con el deterioro social que ello conlleva.

Puede que también haya molestado el control que pudiera ejercer España en las aguas marítimas adyacentes a Gibraltar a los efectos fiscales, migratorios, medioambientales, etc. Sin embargo, hay que recordar que, para establecer unas bases de integración, aunque no se trate de una incorporación de Gibraltar a las estructuras de la UE, debe haber una homogeneidad en el establecimiento de normas que sean similares a las europeas.

Las obligaciones medioambientales, por ejemplo, en relación con el Lugar de Interés Comunitario de las aguas adyacentes, ya no afectan a Gibraltar y podría deteriorarse el medio ambiente de la Bahía al no haber reglas jurídicas, más allá de las propias del Derecho Internacional. Debe haber una autoridad que vele por el cumplimiento del derecho de la UE al respecto y esa autoridad no puede ser otra más que España.

Se pueden comprender las razones del Reino Unido y, sobre todo, de Gibraltar para que el inicio de las negociaciones no sea solo el establecimiento de las bases negociadoras de la UE, sobre todo, habiendo tantos flecos aun en la negociación de otros frentes como el de la frontera anglo-norirlandesa, la libre circulación de mercancías o el estatuto de los ciudadanos de ambas partes. Sin embargo, en esta Recomendación de la Comisión no aparecen más que aquellos asuntos que ya fueron acordados por España y el Reino Unido el 31 de diciembre de 2021. El revuelo, pues, es razonable desde el punto de vista político-diplomático, pero incomprensible desde el punto de vista jurídico. Dejemos que empiece la función y veamos hasta donde está dispuesta cada parte a ceder, como en toda negociación. Ojalá se haga de forma transparente y pública.

La gestión medioambiental de la Bahía, tras el Brexit

Europa Sur
11 de agosto de 2021

La Bahía de Algeciras, tras el Brexit, se ha visto despojada de las obligaciones normativas que suponía la participación de los dos actores implicados en un mismo espacio jurídico. Tras el Brexit es evidente que el Reino Unido no está obligado a mantener la legislación europea que le forzaba a una cooperación estrecha para la resolución de problemas comunes como la seguridad, la pesca, el medioambiente, el salvamento marítimo, la seguridad sanitaria, la lucha contra el contrabando y el fraude fiscal, la lucha contra el tráfico de drogas, la inmigración irregular u otros muchos problemas de diferente índole que afectan a la gestión de las aguas de la Bahía de Algeciras.

No voy a entrar en la titularidad jurídica que les otorga el Derecho Internacional a los espacios marítimos adyacentes a Gibraltar, sino que me centraré, tan solo, en una de las realidades de la gestión y de la administración de espacios con usos comunes, como es la realidad de la protección medioambiental.

Durante el tiempo que el Reino Unido perteneció a la Unión Europea, a pesar del régimen particular que se adoptó para Gibraltar, toda la normativa aplicable a las aguas de la Bahía, por parte de Gibraltar le era de obligado cumplimiento, al igual que España.

Sin embargo, el hecho es que, ahora, el Reino Unido y, por tanto, Gibraltar, no pertenece a la Unión Europea, por lo que las normas de protección medioambiental de la UE solo vinculan a España, pero no al Reino Unido.

Por supuesto, se siguen manteniendo las normas aplicables en el marco del Derecho Internacional, como la obligación general de cooperar porque si se produce una acción u omisión de la que se derive un perjuicio se generará una responsabilidad jurídica.

Además, hay normas del Derecho del Mar o del Derecho Internacional del Medio Ambiente para los espacios marinos o de la Organización Marítima Internacional, en relación con el tráfico marítimo, etc., que obligan a los dos Estados.

Obviamente, una de las máximas preocupaciones es el daño medioambiental, como consecuencia de vertidos procedentes de tierra o producidos por la contaminación por hidrocarburos de los buques con destino, con presencia o con salida del puerto de Gibraltar o de Algeciras, que hasta ahora estaban especialmente reguladas en el marco de la UE. Incluso, desde la perspectiva del cambio climático, ahora los buques que entren o salgan del puerto de Gibraltar no están sometidos al comercio de emisiones de CO_2, salvo que procedan o se dirijan a algún puerto de la UE.

En la zona de la Bahía se ha avanzado mucho en la depuración de las aguas residuales de muchos de sus municipios, incluido Gibraltar, en la lucha contra los vertidos de hidrocarburos, en el castigo de las limpiezas ilegales de los depósitos de los buques, en los trasvases de combustible a través del *bunkering* que han provocado accidentes con consecuencias medioambientales muy graves. A pesar de ello, todavía no es suficiente.

Desde el accidente en 2007 del New Flame se ha avanzado bastante, también porque las reglas jurídicas se han aclarado. Se han combinado normas internacionales (de MARPOL) y normas europeas. Independientemente de quién sea el órgano encargado de esa gestión, el Derecho Internacional atribuyó la responsabilidad al Reino Unido, que es la potencia administradora de un territorio no autónomo sometido a dominio colonial, por cualquier daño producido a otro Estado ribereño, independientemente de si ha habido o no diligencia.

Son de aplicación tres principios jurídicos recogidos expresamente en la Convención de las Naciones Unidas sobre el Derecho del Mar y en otros convenios y tratados internacionales de los que son parte tanto el Reino Unido como España. Se trata de la obligación de proteger y preservar el medio ambiente marino (arts. 193 y 194 de la Convención), el Principio de Cooperación, recogido en el art. 123 de la Convención, según el cual: «Los Estados ribereños de un mar cerrado o semicerrado (el caso del Mediterráneo) deberían cooperar entre sí en el ejercicio de sus derechos con arreglo a esta Convención», y finalmente el principio de que quien contamina, paga, mediante el cual los costes de las medidas de prevención, control y reducción de la contaminación correrán a cargo del contaminador. Y todo esto, aunque haya habido toda la diligencia debida.

Sin embargo, el caso del New Flame requirió la intervención del Parlamento Europeo y de la Comisión Europea, incluso de un buque anticontaminación de la Agencia Europea de Seguridad Marítima. Ahora, desde que se produjo una explosión de los tanques de Nature Port Facilities, en Gibraltar, y desde que el Puerto de Algeciras ofrece *bunkering* competitivo y otros servicios asociados, se está produciendo un desplazamiento de los servicios de recogida de lavazas que mejoran la calidad de las aguas.

Ahora, el Reino Unido tampoco se sentirá obligado por la Directiva de la Unión Europea sobre Hábitats, que le permitió crear un espacio de importancia comunitaria (LIC) en las aguas adyacentes a Gibraltar, incluyendo parte de la Bahía. España había hecho lo mismo, superponiendo un LIC de especial protección, sobre las mismas aguas marinas, lo que fue denunciado por el Reino Unido ante el Tribunal General de Justicia de la UE (Sala Séptima), que desestimó la demanda. Recurrió en casación ante el Tribunal de Justicia de la UE (Sala Tercera) que desestimó el recurso, confirmando la superposición de las dos zonas de especial conservación. Ahora las obligaciones son solo las de España.

Tras el Brexit ha dejado de existir una normativa específica para la coordinación entre ambas autoridades y, por ello, se debe desarrollar un Tratado bilateral España-Reino Unido y un Tratado Mixto entre la UE y el Reino Unido, donde se establezcan claramente los sistemas de seguimiento y control permanente del tráfico marítimo, la coordinación y los planes territoriales de emergencia medioambiental, para lo que España y el Reino Unido firmaron un memorándum sobre medioambiente para la cooperación reforzada en estas materias. Es urgente concluir un tratado para evitar graves daños medioambientales en un espacio tan sensible como la Bahía de Algeciras.

Algeciras en la conferencia sobre el futuro de Europa

Europa Sur
19 de septiembre de 2021

El 19 de junio de 2021, en Estrasburgo, tuvo lugar la inauguración de la Conferencia sobre el Futuro de Europa (CoFoE, en sus siglas en inglés). Esta Conferencia, copresidida por Ursula Von der Leyen (presidenta de la Comisión Europea), Charles Michel (presidente del Consejo Europeo) y David Sassoli (presidente del Parlamento Europeo), tiene como función que la sociedad, especialmente los jóvenes, reflexionen, intercambien ideas y hagan propuestas sobre la Europa que queremos.

En la citada Conferencia, las instituciones europeas, los gobiernos y los representantes de los ciudadanos van a tener la oportunidad de señalar si el actual Tratado de Lisboa debe ser modificado y en qué sentido. Asimismo, servirá de catalizador para que los Estados decidan reformar a fondo la Unión Europa, sobre todo, en estos momentos cruciales en el que se ha producido el Brexit, en que Estados Unidos ha tenido que abandonar su papel preponderante de superpotencia, limitando las expectativas de defensa de la UE. La Conferencia se produce en un contexto en el que los nuevos riesgos y amenazas vienen asomando con mucha crueldad, como las pandemias, el cambio climático, la inseguridad cibernética, los flujos masivos de desplazados humanos, etc., a lo que la UE debe dar respuestas.

El Movimiento Europeo, una organización internacional fundada en el Congreso de La Haya, presidido por Winston Churchill en 1948, fue pionera en la búsqueda de soluciones para facilitar la integración europea en aquellos durísimos años de la postguerra. Sus propuestas sobre la creación de un Consejo de Europa o de un Tribunal Europeo de Derechos Humanos son, hoy día, parte del gran acervo europeo.

Lo han presidido después, entre otros, Robert Schumann o Valery Giscard d'Estaigne y han participado intensamente Konrad Adenauer o François Miterrand. El IV Congreso se celebró en Alemania, conocido como Contubernio de Múnich, donde participaron ya numerosos españoles. Hoy día, forman parte de su Consejo, Josep Borrell, Massimo D'Alema, Jacques Delors o José Manuel Durão Barroso, por citar solo a algunos.

Pues bien, el presidente del Consejo Federal Español del Movimiento Europeo, Francisco Aldecoa Luzarra, ha sido designado como portavoz de la sociedad civil española en la CoFoE y, para ello, se han organizado algunos actos que contribuyan a llevar esa voz a la Conferencia.

Los próximos días 7, 8 y 9 de octubre el Movimiento Europeo (tanto el Consejo Federal Español como el Consejo Andaluz, presidido este último por Maricruz Arcos Vargas) y el Centro Asociado de la UNED en el Campo de Gibraltar van a desarrollar una actividad donde se darán cita expertos, profesionales, académicos, activistas y, sobre todo, jóvenes, muchos jóvenes, para debatir y hacer propuestas en torno a un tema central, que es objeto prioritario para Europa: la inmigración y el asilo.

El formato académico será el de un curso del Centro Asociado de la UNED, pero el objetivo es la realización de la «Declaración de Algeciras sobre los retos de la UE en la gestión de la inmigración y el asilo» para que esté presente en la mesa de la CoFoE. El último día, se le hará entrega de las conclusiones al presidente del Consejo Federal Español del Movimiento Europeo, miembro de la CoFoE, que estará presente en Algeciras.

Todo se va a desarrollar en el Auditorio Millán Picazo, salvo el acto solemne de la entrega de la Declaración de Algeciras que se va a realizar en el Teatro Municipal Florida.

La financiación de esta actividad estará a cargo del Ministerio de Asuntos Exteriores y de la Unión Europea, aunque hay entidades colaboradoras que contribuyen con aportaciones de espacios, de organización o de difusión.

Debo decir que todas las autoridades de todos los niveles administrativos han sido plenamente conscientes de la importancia de esta actividad y de que el nombre de Algeciras esté presente en la CoFoE, que no tenemos más que agradecimiento hacia todos. Como coordinador científico y relator general del evento, me he reunido con todos y de todos he recibido la mayor disponibilidad.

Las sesiones se llevarán a cabo de forma presencial (hasta donde el foro lo permita, una vez que se apliquen las medidas de la COVID-19), en streaming y en diferido. Cualquiera que tenga interés puede participar, inscribiéndose en la página web que ha desarrollado la UNED, como curso académico, que podrá hacerse de forma gratuita, salvo que se desee el reconocimiento de créditos universitarios, para lo que habría que abonar las tasas oficiales correspondientes.

Estoy seguro de que desarrollaremos los debates con el interés que provocan temas tan importantes como el control migratorio, los derechos humanos, el asilo y refugio, la solidaridad intracomunitaria, la fijación de volúmenes de admisión, la cooperación internacional en materia migratoria, los fondos disponibles, los menores no acompañados, etc., etc.

Animo a todos aquellos interesados a que contribuyan aportando ideas, sumando análisis, haciendo propuestas. El futuro de Europa lo merece.

La interminable prórroga con Gibraltar

Diarios Grupo Joly
2 de enero de 2022

En relación con los permisos de circulación de vehículos, se ha prorrogado la validez de los citados permisos para que sus titulares puedan seguir circulando por España en las mismas condiciones que cuando el Reino Unido estaba integrado en la Unión Europea. Ello incluye a los ciudadanos gibraltareños. De esta forma, más allá de la circulación temporal de aquellos que visitan España como turistas o desplazados temporales, los residentes británicos en nuestro territorio, incluyendo a los ciudadanos gibraltareños, pueden seguir utilizando el documento acreditativo nacional británico de circulación que esté en vigor y expedido por las autoridades británicas.

En estos momentos, en el proceso de negociación entre España y Reino Unido, hay un proyecto de acuerdo sobre tráfico que debe dirigirse a permitir el canje de documentos e intercambio de información administrativa. Sobre todo, pensando en los residentes gibraltareños en España.

Por otro lado, para las cuestiones relacionadas con la seguridad social, hay que señalar que existe un Protocolo Relativo a la Coordinación en Materia de Seguridad Social, firmado por la Comunidad Europea de la Energía Atómica (una de las Comunidades Europeas que aún perviven en el seno de la Unión Europea) y el Reino Unido, de fecha 31 de diciembre de 2020, que regula todo el tema de la asistencia sanitaria, pero que no es aplicable a Gibraltar. Por tanto, el artículo 11 del Real Decreto-Ley 38/2020 es la única normativa que regula las relaciones jurídicas de asistencia sanitaria de los ciudadanos gibraltareños en España.

Hasta tanto no entre en vigor el previsto acuerdo de la Unión Europea con el Reino Unido sobre Gibraltar, la coordinación en materia de seguridad social y el acceso a la asistencia sanitaria se sigue regulando por el artículo 11 del Acuerdo de Retirada, que ahora se prorroga hasta el próximo 30 de junio de 2022.

Esto significa que los gibraltareños con derecho a la asistencia sanitaria, a condición siempre de reciprocidad, tendrán garantías del Sistema Nacional de Salud español para la prestación de la asistencia sanitaria. Los gastos, obviamente, por ambas partes, serán convalidados o reembolsados, con cargo a las entidades prestatarias correspondientes.

Como puede verse, aunque parezca una galimatías técnico-jurídico, de lo que se trata únicamente es de prorrogar dos de las consecuencias sobrevenidas por el *Brexit* y el *Gibrexit*, como son la validez de los permisos de conducción y la prestación de la asistencia sanitaria.

Como todos sabemos, las negociaciones entre el Reino Unido y la Unión Europea sobre la futura relación con Gibraltar está en estos momentos empantanada y, por lo tanto, hay que prorrogar todos los plazos que se cumplían el 31 de diciembre de 2021. De esta forma, comienza el año 2022 con la puesta a cero de aquellas cuestiones que deberían estar ya resueltas, pero que no lo están.

Desde que comenzaron las rondas de contacto entre la UE y el Reino Unido el pasado mes de octubre de 2021, no ha habido avances sustanciales. Los principales escollos se sustancian en la regulación de los flujos de personas y mercancías en los controles fronterizos que, si se quiere hacer desaparecer la Verja, deben garantizarse en el puerto y el aeropuerto.

Se han dado algunos pequeños avances, pero la tarea no es fácil porque afecta a temas de soberanía, por un lado y de integridad del sistema europeo de libre circulación, por el otro. Sin embargo, como puede comprobarse con las nuevas prórrogas, afectan a muchos más sectores que requieren regulación y aún quedan por resolver temas ambientales, de seguridad, de transparencia fiscal, etc.

Es verdad que las tensiones importantes no están en Gibraltar, sino en Irlanda del Norte y, ahora, en las licencias de pesca en el Canal de la Mancha. Esto quiere decir que el Reino Unido empieza a comprender la dimensión que alcanza el *Brexit* y que se proyecta sobre el *Gibrexit*.

Ojalá se puedan tener criterios claros para encarar los intereses de ambas comunidades en beneficio siempre de los ciudadanos, tanto del Reino Unido como de la UE, y de los ciudadanos de Gibraltar y del Campo de Gibraltar.

El mapa estratégico global sin Europa

Diarios Grupo Joly
19 de enero de 2022

Da miedo ver la situación estratégica mundial y observar cómo el posible campo de batalla se sitúa, una vez más, en Europa. Sin embargo, esta vez las miradas tácticas apenas se ubican en nuestro continente.

El presidente Putin cada día aspira a «sovietizar» más a Rusia, con lo que ello implica en el tablero estratégico mundial, pero, sobre todo, europeo. Estados Unidos carece en estos momentos de interés político sobre las dos cuestiones que ocupan al soberano de todas las Rusias: Ucrania y Kazajistán. Ello es porque ha perdido sus objetivos de supervisión de todos los elementos de la estrategia política global por centrarse únicamente en su competidor directo: China.

Es verdad que la OTAN se está empleando en Ucrania, pero se está empleando dialécticamente. No va a tener ni voluntad política ni capacidad operativa para intervenir si las circunstancias lo requirieran.

Mientras tanto, la Unión Europea espera, sometida a la presión del pulso energético de Rusia hacia los Estados consumidores de su gas y su petróleo. Es patético cómo la UE se abandona en ridículas discusiones y en la defensa de posiciones individuales, sin réditos ni credibilidad. Mientras Boris Johnson (ya sé que no es de la UE, pero sí lo es de Europa) continua con sus ridículos planteamientos; Alemania y Francia se entretienen con sus juegos de malabares; Italia y España se muestran como si la cosa no fuera con ellos; y el resto de los Estados europeos tratan de que no se note su lugar en el mapa para no molestar. Sin embargo, el mundo se está reordenando. Ya no sirven los planteamientos de Yalta ni siquiera los de la Carta de las Naciones Unidas de 1945.

Estados Unidos mira únicamente hacia China. América Latina está completamente olvidada a su suerte. África ni existe, más que para la conquista neocolonial de los nuevos poderes emergentes de China, quizás de nuevo Rusia y algo en lo que pueda intervenir los Estados Unidos.

Por primera vez en la historia occidental, Europa va a quedar relegada del tablero mundial, limitándose a observar cómo la saquean y cómo se queda sola, desvalida o, con mucha suerte, como lugar museo y de espectáculo para el ocio de los ciudadanos de las grandes potencias.

Como he dicho al principio, me da miedo este escenario, por ello, le pido a nuestros dirigentes que se apresuren a mostrar interés inmediato, a ser un actor global, a aportar aquello de bueno con lo que podemos contribuir a los asuntos globales, porque el mundo, sin Europa, será menos apetecible. Nosotros aún tenemos los valores de los derechos humanos, del estado de derecho, de la defensa de la naturaleza. Y, sin ellos, este mundo será un mundo mucho menos apetecible.

Por supuesto que los ciudadanos tenemos una corresponsabilidad en estas cuestiones. Nuestros gobernantes, bastante miopes, por cierto, solo están atentos a los acontecimientos que pueden enturbiar sus próximas elecciones, pero los asuntos globales son para hipermétropes que vean mucho más allá de dichas elecciones porque está en juego el modelo de vida, salvo que nos quieran sacrificar como carne de cañón de perdedores. Nuestros viejos imperios saben de todo eso y, por ello, debemos reaccionar. Exijamos a nuestros gobernantes que se apunten a que la UE sea un actor global para evitar una tragedia, cuyo primer acto está a punto de comenzar.

Ni siquiera en lo económico hemos sabido rentabilizar nuestros recursos. Los efectos de la globalización han beneficiado a otras economías más competitivas o abiertas. Cualquiera puede ser consciente de la dependencia farmacéutica durante la pandemia, incluso de investigación o de fabricación de útiles médicos necesarios. Y, mientras el precio de la luz en España obliga a la Central Térmica de Los Barrios a reabrir (sí, la de carbón), China ya ha experimentado con la fusión nuclear como energía limpia, de verdad, no como la fisión nuclear a la que la Comisión Europea quiere llamar verde.

En los últimos dos años hemos demostrado que, en poco tiempo, éramos capaces de invertir nuestras debilidades y convertirlas en oportunidades. Hemos reconvertido industrias, hemos instalado nuevas fábricas, hemos producido vacunas y estamos a punto de ensayar nuevos modelos de inmunización. Si somos capaces de todo ello, por qué esperamos al colapso. ¿No hay nadie que pueda prever estas cuestiones? Para qué sirven los miles y miles de asesores, *think tanks*, cargos políticos, etc., etc., que reciben dinero de los ciudadanos para que estén atentos a estas cuestiones y puedan prede-cir las circunstancias que se aproximan.

Es urgente, extremadamente urgente, una mirada estratégica a todo lo que sucede en el mundo y un marco de decisión para una actuación con-forme a nuestro recorrido histórico que sitúe a Europa en el lugar central que le corresponde, porque si abandona ese lugar será ocupado por otros que, quizás, no tengan los mismos valores e intereses.

Ucrania y el derecho internacional

Diarios Grupo Joly
4 de marzo de 2022

Sin remontarme a una historia infinita, a los efectos de mi análisis, debo decir, ante todo, que Ucrania es sujeto primario pleno de Derecho In-ternacional, como Estado, desde 1945 cuando Nikita Jrushchov negoció la entrada en la ONU de Bielorrusia y Ucrania como Estados independientes, siendo, por tanto, Estados originarios de Naciones Unidas.

Es verdad que formaba parte de la URSS, de la que, finalmente, se des-enganchó en 1990, tras la disgregación de las repúblicas soviéticas. Desde 1990 es parte del Convenio Europeo de Derechos Humanos. Por tanto, podemos decir que, de acuerdo con la Carta de las Naciones Unidas, es un «Estado amante de la paz». El Tribunal Europeo de Derechos Humanos ha emitido 197 sentencias contra Ucrania, es decir, hay procedimientos ju-rídicos para la fiscalización del respeto de los derechos humanos.

Pues bien, Rusia, como es de todos sabido, ha amenazado en un primer lugar y ha invadido, haciendo «uso de la fuerza armada por un Estado contra la soberanía, la integridad territorial o la independencia política de otro Es-tado, o en cualquier otra forma incompatible con la Carta de las Naciones». Esta invasión es, pues, un acto de agresión claramente contrario al Derecho

Internacional. Es verdad que el Consejo de Seguridad no ha podido declararlo como tal, en virtud de sus prerrogativas en el marco del artículo 39 de la Carta de la ONU porque uno de sus miembros permanentes, Rusia, lo ha impedido. Puede que no nos guste, pero así es el Derecho Internacional.

En este mismo momento en que escribo, la Asamblea General, de forma subsidiaria y en virtud de la Resolución 377, conocida como Unión Pro-Paz, ha declarado la existencia de la agresión rusa. Han votado a favor 141 Estados, en contra Rusia, Bielorrusia, Corea del Norte, Eritrea y Siria, y se han abstenido, entre otros, China, India y Sudáfrica (34 en total).

Aparte de estas violaciones iniciales del Estado ruso, existe el crimen de agresión, que es de responsabilidad penal individual (Putin y otros responsables que hayan dado las órdenes), que puede activarse, como pretende hacer el actual Fiscal de la Corte Penal Internacional. De acuerdo con el art. 8 bis del Estatuto de la CPI, «una persona comete un "crimen de agresión" cuando, estando en condiciones de controlar o dirigir efectivamente la acción política o militar de un Estado, dicha persona planifica, prepara, inicia o realiza un acto de agresión que por sus características, gravedad y escala constituya una violación manifiesta de la Carta de las Naciones Unidas».

Igualmente se pueden estar cometiendo crímenes de guerra. Ello tendrá consecuencias penales individuales, en términos parecidos al crimen de agresión que, además, no solo puede ser perseguido por la Corte Penal Internacional si se dan las condiciones jurídicas establecidas, sino por cualquier Estado del mundo en función de la llamada jurisdicción universal, por lo que podrían ejercer acciones penales. Putin y los otros responsables deberán tener cuidado con sus salidas al exterior de Rusia cuando se restablezca la normalidad.

Las amenazas o el uso de armas nucleares en el marco de operaciones militares no están expresamente prohibidas por el Derecho Internacional, pero sí sus consecuencias. Por tanto, habrá que estar atento a ese uso, si se produce, porque si fueran armas nucleares tácticas o quirúrgicas que solo afectaran a los objetivos militares o a los combatientes no tendrían por qué estar prohibidos, aunque ni siquiera el propio uso de la energía nuclear en los teatros de operaciones militares (por ejemplo, la propulsión de los buques por energía nuclear) está exento de riesgos que podrían conllevar a la violación de normas protectoras de los civiles, a la proporcionalidad en el uso de las armas o métodos de combate o, incluso, a la protección debida al medio ambiente.

La provocación de refugiados, en sí mismo, también podría suponer un ilícito internacional y los demás Estados deben responder, igualmente, para la protección de todos los desplazados. Por ello, en la UE se habla de activar la Directiva de Protección Temporal, que nunca se ha activado ni siquiera en la crisis de los desplazados sirios.

La UE ha estado muy presente en esta crisis, bien en el marco diplomático inicial, en el marco de las sanciones y, ahora, en la ayuda, primero humanitaria, ahora militar y política en el futuro inmediato. Es verdad que Ucrania representa un lugar de búsqueda de libertad, en un espacio geográfico contiguo de la UE. Ahora bien, necesitaría más espacio para poder desarrollar un pequeño análisis de estas cuestiones, pero, en todo caso, creo que bastaría comentar que el futuro de la UE se juega en Ucrania. De su resolución va a depender el empoderamiento de la UE en la escena global, por lo que me gustaría augurar, por egoísmo eurocéntrico, una participación activa donde estén presentes sus principios y valores porque son principios y valores universales. Dejar a Ucrania a su suerte es dejar desnuda a la UE y el mundo será menos bueno si Europa queda fuera de la nueva arquitectura de seguridad. Por tanto, por egoísmo, debemos estar del lado del derecho y no de la política, ni siquiera de la más noble. Es momento de decisiones y de estar en el lado correcto de la historia, sin miedos y sin complejos.

Extranjeros en el conflicto de Ucrania

Diarios Grupo Joly
26 de marzo de 2022

Era cuestión de días que apareciera una noticia de un detenido español en el marco del conflicto ucraniano. En efecto, el primer detenido español, Mariano García, en la ciudad ucraniana de Jersón. Otro español, Pablo González, ha sido acusado en Polonia de espía ruso. La decisión ejecutiva de la UE que puso en marcha la protección temporal se ocupó, sobre todo, de regular a los extranjeros no ucranianos que llegan a las fronteras de la UE.

¿Hay alguna regulación específica en el marco de los conflictos armados sobre los extranjeros? Pues sí, la hay y es, incluso, exhaustiva. Recoge una variedad de situaciones que ahora vemos que se producen con asiduidad en casi todas las guerras.

Voy a distinguir aquellos extranjeros que se ven envueltos en el conflicto, por su presencia física en el espacio donde se desarrolla. Es el caso de los estudiantes extranjeros, de los apátridas, de los residentes permanentes no ucranianos, personal diplomático y consular, trabajadores aéreos, etc.

El Derecho Internacional Humanitario (DIH) recoge la necesidad de protegerles, como a cualquier otro civil, y de entregarlos a las autoridades de su país de origen, si así ellos lo desean. Por tanto, hay que otorgarles los correspondientes documentos y posibilidades de abandono del territorio en conflicto. Eso es lo que ha ocurrido con cientos de estudiantes que, incluso, cuando han traspasado las fronteras de la UE, de acuerdo con la normativa emitida para la protección temporal, no se les ha exigido visado, aunque tampoco se le ha ofrecido la citada protección temporal, facilitando su regreso a sus respectivos países.

Los apátridas y extranjeros residentes permanentes en Ucrania que llegaron a los Estados limítrofes de la UE, sí entran dentro del marco de protección temporal y pueden permanecer en la UE hasta los próximos tres años, en las mismas condiciones que los ucranianos.

Los ucranianos varones entre 18 y 65 años que llegan a las fronteras deben ser recibidos como civiles (hay que desarmarlos si llegaran armados), pero no se les podría devolver a Ucrania porque allí serían perseguidos por ser desertores o traidores.

El caso de los espías encontrados en territorio de la UE (no, por tanto, en territorio de Ucrania que tendrían condenas más graves) no podrán ser enviados a ninguno de los dos Estados en conflicto, pero sí deben ser juzgados según las normas penales del Estado donde se encuentra, en este caso en Polonia.

El otro grupo de extranjeros que podemos encontrar en un conflicto es el de los mercenarios, los voluntarios internacionales incardinados o «encamados» en las filas regulares del ejército (sea ucraniano o ruso) y aquellos voluntarios humanitarios que tratan de ayudar a la población civil.

Los mercenarios están regulados en el Protocolo Adicional I a los 4 Convenios de Ginebra del Derecho Internacional Humanitario. De ellos se dicen sus características y la penalización. Deben haber sido reclutados para combatir en un conflicto armado, que no sea nacional de las partes, que participe directamente en las hostilidades, que no sea miembro de las fuerzas armadas y que lo haga por el deseo de obtener un provecho personal, con una retribución material considerablemente superior a la de los miembros de las fuerzas armadas de similar grado.

Lo importante de esta regulación es que «no tendrán derecho al estatuto de combatiente o de prisionero de guerra». Esta es una sanción muy importante porque el estatuto más privilegiado en un conflicto armado es ser prisionero de guerra. Eso sí, siempre debe ser tratado con humanidad y aplicársele las exigencias de un juicio justo y equitativo y respetar sus derechos fundamentales más elementares.

El caso de los voluntarios internacionales (todos podemos tener en mente las Brigadas Internacionales de nuestra Guerra Civil), su regulación no aparece en el Derecho Internacional Humanitario. Su característica principal para que pueda ser protegido como prisionero de guerra es que esté enrolado en el seno de las fuerzas armadas, con un responsable militar y con consentimiento de la parte beligerante que lo acoge. Su intención puede ser ideológica.

El problema puede llegar cuando, como sucedió en Afganistán, son voluntarios fundamentalistas, que algunas partes beligerantes consideran terroristas y no les aplican el estatuto de prisioneros de guerra. El móvil es esencial. En caso de Ucrania, deben ser tratados con las reglas del III Convenio de Ginebra del DIH.

Cuando la lucha es libre, como el caso del español, aunque su lucha no parece que sea armada, más allá de la defensa propia, los rusos que lo han apresado en una manifestación en Jersón, pueden enjuiciarlo como civil envuelto en actividades armadas o desestabilizadoras. España tiene derecho a una protección consular y, aunque esta protección es muy precaria, al menos puede velar porque se le respeten sus derechos, sobre todo, el derecho a un juicio justo y equitativo, en el sentido que tiene establecido el Tribunal Europeo de Derecho Humanos, bajo cuya jurisdicción está aún Rusia. Pero esto será harina de otro costal.

El acuerdo para celebrar la cumbre de la OTAN en Madrid

Diarios Grupo Joly
29 de junio de 2022

A estas alturas quedarán muy pocos españoles que no sepan que los días 28, 29 y 30 de junio se va a celebrar una Cumbre de la OTAN en Madrid. La expresión «Cumbre» se suele reservar a una reunión internacional de alto nivel, generalmente con Jefes de Estado y/o de Gobierno, dependiendo de los regímenes políticos. No es esperable que venga la Reina Isabel II, por decir un ejemplo, incluso el presidente de la República Federal de Alemania, a quien casi nadie conoce, pero sí el presidente de los EEUU o el de Francia.

Estas reuniones internacionales tienen sus dificultades técnicas de organización, independientemente de las políticas, y no me estoy refiriendo a los planes de movilidad de la ciudad de Madrid u otras relacionadas con la seguridad, sino a las dificultades técnicas internacionales. No en vano se requiere de un tratado que acuerde el régimen jurídico de la propia Cumbre. La OTAN sabe muy bien la importancia jurídica de la inexistencia de un marco colaborativo entre el Estado sede y la organización. Hace unos años estuvo a punto de desaparecer por no tener ese acuerdo de sede en un cuartel militar en Países Bajos.

España y la OTAN han llevado a cabo un acuerdo relativo a la cumbre de la OTAN de Madrid, hecho en Bruselas el 20 de junio de 2022. Esta premura ha obligado a las partes a aceptar un acuerdo de aplicación provisional inmediata, dado los pocos días que mediaban desde la firma hasta la celebración de la Cumbre y la necesidad de formalidades posteriores. Ya está publicado en el BOE esta aplicación provisional y, por tanto, se puede celebrar la Cumbre en el marco descrito en el tratado que la permite. La aplicación provisional de un tratado es una práctica admitida por el Derecho

Internacional, aunque requerirá formalidades posteriores, dependiendo del ordenamiento jurídico interno de cada Estado.

Por la entidad del acuerdo, no estamos ante lo que la Ley española de Tratados llama exactamente «Tratados», sino ante lo que llama «Acuerdos Internacionales». Es por ello que es una Disposición General del Ministerio de Asuntos Exteriores, Unión Europea y Cooperación y no de la Jefatura del Estado, como sería el caso de un Tratado Internacional. No requerirá, pues, el proceso de ratificación ante el Parlamento.

La firma se ha realizado entre el Embajador Representante Permanente de España ante la OTAN y el director de Protocolo de la organización internacional. La decisión de la celebración de esta Cumbre en Madrid proviene de la Cumbre de la OTAN de Bruselas, de junio de 2021. El objetivo tendría que ser culminar el programa de adaptación política conocido como «OTAN 2030».

Este año, España conmemora su 40 aniversario en la Organización Atlántica y lleva años queriendo celebrar una Cumbre para visualizar su contribución y la importancia que le da a la OTAN, no solo en cuanto organización defensiva, sino también político-diplomática.

La clave del acuerdo tiene que ser los privilegios e inmunidades de los que van a gozar todos los locales de celebración de los actos, incluidas todas las actividades oficiales, por tanto, IFEMA, el Palacio Real, el Museo del Prado, etc. España pagará toda la logística necesaria, con algunas excepciones, como los servicios hospitalarios necesarios, que se cobrarán «a un precio razonable». El alojamiento del secretario general y su equipo (para un máximo de 11 personas) será por cuenta de España. El resto por cuenta de cada delegación. El transporte será por cuenta de España. Las comunicaciones y correspondencia serán inviolables. La protección policial y las medidas de seguridad será responsabilidad de España, pero el control de entrada a las salas de reuniones, de audición y de almuerzo y cena de trabajo, serán responsabilidad de la OTAN.

España dispone de una Ley Orgánica (la 16/2015, de 27 de octubre, sobre privilegios e inmunidades de los Estados extranjeros, las organizaciones internacionales con sede u oficina en España y las conferencias y reuniones internacionales celebradas en España), y de un Real Decreto 160/2008, de 8 de febrero de 2009, por el que se aprueba el reglamento por el cual se desarrollan las exenciones fiscales relativas a la Organización del Tratado del Atlántico Norte, a los cuarteles generales internacionales de dicha organización y a los Estados parte en dicho tratado, y se establece el procedimiento para su aplicación. Además, será de aplicación subsidiaria el Convenio de Viena sobre Relaciones Diplomáticas de 1961.

Como vemos, casi nada se deja al azar. Todo está medido y acordado.

Ahora bien, lo más importante de esta Cumbre debe ser la actualización del Concepto Estratégico de Seguridad de la OTAN, el documento más importante tras el propio tratado constitutivo, el Tratado de Washington de 1949. Mucho ha cambiado desde entonces la estrategia de seguridad. El último que se aprobó es el de Lisboa de 2010, que ya supuso un cambio gigantesco porque la OTAN estaba perdiendo su propio norte y tendría que justificar su existencia, teniendo en cuenta dos situaciones nuevas, la descentralización estratégica mundial, más orientada, ahora, hacia Asia, y la necesidad de la OTAN de participar en operaciones de mantenimiento de la paz, fuera de su perímetro defensivo, como podría ser, el Mar Egeo, Afganistán o Libia.

Desde 2010 se observan cambios muy diferentes. Incluso, me atrevería a decir, que hay una recentralización en los temas defensivos y en los nuevos perímetros. La guerra de Ucrania no es más que la punta del iceberg, así como el miedo razonable de Finlandia y Suecia, que abandonan su tradicional política de neutralidad.

Y, por el sur, la parte de mayor interés para España, ¿veremos incluido a Ceuta y Melilla en el ámbito de aplicación defensiva de la OTAN? Nuestro ministro de Exteriores también ha pedido a la OTAN que mire a las nuevas fronteras estratégicas en Mali y en todo el Sahel. Si, finalmente, se incluyen estos aspectos en el nuevo Concepto Estratégico de Seguridad, sería el mayor éxito de la Cumbre para España.

El derecho aplicable al naufragio del 2OS-35 en la bahía de Algeciras

Europa Sur
4 de septiembre de 2022

La base de partida no es, como algunos lo quieren presentar, la existencia de una controversia en torno a la titularidad jurídica de los espacios marinos adyacentes o circundantes a Gibraltar. Eso no quiere decir que no pueda tener su relevancia, por lo que me pronunciaré al final de mi reflexión.

Me gustaría aclarar, pues, que la base de partida es la existencia de un naufragio, es decir, el proceso de hundimiento de un buque, como consecuencia de una colisión. Aunque las películas nos presenten siempre un naufragio en torno a seres humanos en peligro en el mar, puede resultar pertinente el peligro para el propio buque o para la carga que porte o para los tripulantes.

Ante estas circunstancias, más allá de los espacios marinos que dependen de la jurisdicción de un Estado, existe una regulación jurídica que se superpone al propio Derecho del Mar. Por tanto, independientemente de la correspondencia objetiva que pueda otorgar el Derecho Internacional a los espacios marítimos adyacentes a Gibraltar, la realidad es que hay dos espacios, uno marítimo y otro terrestre que están en contacto, y los Estados que tienen atribuidos la administración o la soberanía de los mismos tienen la obligación de cooperar en términos generales. Cuando de una acción u omisión se derive un perjuicio, se genera una responsabilidad que puede venir atribuida también por el hecho de violar la obligación general de cooperar.

De forma más particular, en la Bahía de Algeciras se generan problemas de seguridad, de pesca, medioambientales, de salvamento marítimo, de seguridad sanitaria, de lucha contra el contrabando y el fraude fiscal, de lucha contra el tráfico de drogas, inmigración ilegal. También se producen problemas de cualquier otra índole que, o bien deben ser resueltos de forma conjunta, o bien exigen una cooperación leal para su resolución. Por tanto, se hace necesaria la cooperación internacional y la cooperación transfronteriza.

Esto significa que, ante un hecho como el naufragio que ahora preocupa, hay que identificar las normas aplicables, que en muchos casos, como el presente, es un cúmulo de superposición de normas de diferentes marcos de protección: Derecho del Mar, Derecho de Salvamento Marítimo, Derecho Medioambiental Marino, Derecho del Buque, Derecho del Seguro Marítimo y un largo etcétera, sin excluir los ámbitos nacionales de actuación, como el derecho penal, el derecho ambiental, el derecho civil, el derecho mercantil, etc.

Una vez identificado el lugar donde se produjo la colisión, hay que identificar la autoridad encargada de gestionar todos los aspectos relacionados con la misma y esto no tiene nada que ver con la soberanía sobre los espacios donde se gestiona el salvamento marítimo. España ejerce ese control en espacios que llegan a medio océano Atlántico, a la bocana del puerto de Tánger, a espacios marinos sometidos a la jurisdicción exclusiva de Túnez, de Libia, etc. Ello es porque en el marco del Convenio que conocemos como SAR se han generado obligaciones estatales para gestionar, coordinar, contribuir o planificar la búsqueda y el salvamento de personas en peligro en el mar o de buques en peligro. De hecho, hasta hace unos años el salvamento marítimo lo ejercía España en las aguas que circundan Gibraltar.

Bien, pues en este marco hay dos Estados en el Estrecho y en la Bahía de Algeciras, con responsabilidades que han asumido en función de sus capacidades: el Reino Unido y el Reino de España. Ello es así porque existen dos puertos con autoridades diferenciadas.

Ahora conviene explicar un asunto de soberanía. España y Reino Unido aceptan el Tratado de Utrecht como base de legitimación para la presencia británica en Gibraltar y, en uno de sus términos, España aceptó la entrega del puerto. Esto quiere decir que las aguas pertenecientes al mismo son aguas interiores, lo que España no objeta, y que para entrar o salir del citado puerto se puede ejercer el derecho de paso en tránsito por el Estrecho de Gibraltar (aunque se esté cruzando mar territorial español) y el derecho de paso inocente en los espacios de la Bahía.

Ambas autoridades están habituadas a intercambiar información, a recibir comunicados y a establecer protocolos puntuales, es decir, a cooperar.

De hecho, incluso hay un teléfono rojo situado en las dos torres de control, las de la Autoridad del Puerto de la Bahía de Algeciras (APBA) y la de la Autoridad del Puerto de Gibraltar (*Gibraltar Port Authority*). Ello es porque en la Convención de Naciones Unidas sobre el Derecho del Mar, tanto el Reino Unido como España se obligan a proteger y preservar el medio ambiente marino (arts. 193 y 194 de la Convención), al Principio de Cooperación, recogido en el art. 123 de la Convención, según el cual: «Los Estados ribereños de un mar cerrado o semicerrado (el caso del Mediterráneo) deberían cooperar entre sí en el ejercicio de sus derechos con arreglo a esta Convención», y finalmente el principio de que quien contamina, paga, mediante el cual los costes de las medidas de prevención, control y reducción de la contaminación correrán a cargo del contaminador. Y todo ello aunque haya habido toda la diligencia debida.

Por tanto, es la Autoridad del Puerto de Gibraltar la responsable de darle órdenes al capitán del buque siniestrado, primero para salvaguardar la seguridad de la tripulación y luego para garantizar la seguridad del buque, de la carga y la medioambiental.

Yo creo que, por las informaciones que he leído, la autoridad gibraltareña ha ejercido su obligación de forma impecable. Primero ordenando al capitán que no partiera a su puerto de destino, órdenes que desobedeció y después, ya en plena travesía, las condiciones de flotabilidad del barco siniestrado impediría su navegabilidad, con el inminente peligro para las 24 personas de la tripulación. Ello le llevó a ordenar su orientación hacia la cara este del Peñón, a una zona a 700 metros de la costa gibraltareña para evitar que el hundimiento total del buque pudiera conllevar unas consecuencias medioambientales imprevisibles.

He aquí otro círculo concéntrico de normas aplicables, las normas ambientales. Al tratarse de vertidos de hidrocarburos y otros productos tóxicos es pertinente la aplicación del derecho internacional de protección del mar contra la contaminación. Reino Unido y España son parte del paquete de normas que protegen de la contaminación no solo de hidrocarburos sino otros agentes químicos o sustancias perjudiciales para el medio ambiente marino (Convenio MARPOL) que incluye zonas especiales como el mar Mediterráneo u otros tratados que generan obligaciones de prevenir, reducir y combatir la contaminación en el Mediterráneo (Convenio de Barcelona).

Aquí quisiera homenajear a Julio Berzosa que durante tantos años ha ejercido como Capitán Marítimo de la Bahía de Algeciras, azote para los desaprensivos del mar, que ha puesto sanciones ejemplares por contaminación marina hasta convertir esta Bahía en un ejemplo mundial de control medioambiental (es muy fácil la crítica y muy difícil el reconocimiento). *Deus custodiat te.*

Otro circulo concéntrico de normas aplicables podrían ser las normas de la Unión Europea porque la zona del naufragio es un Lugar de Interés Comunitario (LIC). Aquí podría intervenir España. Es verdad que el Reino Unido no está ya obligado a la preservación del medio marino de las aguas adyacentes a Gibraltar, a pesar de haber sido un LIC, porque el ordenamiento jurídico de la UE no le es ya vinculante. A España sí, a pesar de tratarse de espacios en litigio porque, como reconoció el Tribunal de Justicia de la UE, al tratarse de protección medioambiental, se refuerza la misma con la doble protección, la británica y la española. Al quedar tan solo la española, se podrían ejercer acciones contra la armadora del buque, el capitán, incluso las autoridades que han establecido las órdenes.

Se podría argumentar que ese LIC ya no está vigente, pero hasta tanto no sea excluido de la aplicación de las normas de la UE, hay que entender que es el Ministerio de Medio Ambiente español, la autoridad «europea» que debe ejercer el derecho.

Como se puede comprobar, hay demasiados círculos concéntricos normativos que se pueden solapar. Y eso que obvio el derecho nacional de cada uno de los Estados. Nadie dijo que el Derecho Internacional fuera fácil.

Tal como prometí al principio, también me voy a pronunciar sobre la controversia de las aguas adyacentes a Gibraltar. Ya he dicho que las aguas interiores del puerto de Gibraltar son aceptadas por España. No se aceptan las aguas circundantes al istmo, que es un contencioso diferente al de soberanía que genera Utrecht porque este espacio no solo no estaba incluido, sino que estaba expresamente excluido y porque España no solo ha sido objetor persistente en contra de su ocupación, sino que no admite la prescripción adquisitiva que pone sobre la mesa el Reino Unido.

En cuanto al resto de aguas circundantes, es verdad que el Reino Unido argumenta que el principio de que el territorio terrestre se proyecta sobre el mar es un principio válido en el Derecho del Mar. España, de hecho, no objeta este principio de forma generalizada. Lo que España objeta es que Gibraltar pueda generar espacios marítimos cuando de forma expresa se acordó en el Tratado de Utrecht que no tendría jurisdicción alguna fuera del castillo, la ciudad y el puerto. Hay quien le llama a esto teoría de la costa seca que, a veces, se le atribuye a la inteligencia de Franco, pero no es así. Se trata de una doctrina que ha aplicado en varias ocasiones la Corte Internacional de Justicia, la más reciente en un caso de la controversia marítima de Chile contra Perú, donde hay un trozo de tierra peruana cuyos espacios marítimos son de Chile.

Gaseoductos marinos y derecho internacional

Diarios Grupo Joly
4 de octubre de 2022

La actualidad mediática ha visualizado la existencia de gaseoductos submarinos, como consecuencia de 4 explosiones que se han producido en el gaseoducto Nord Stream 1 que suministraba gas natural desde Rusia a Alemania, pasando por el Mar Báltico. Atraviesa espacios marinos, bajo soberanía o jurisdicción de Estados como Estonia, Letonia, Lituania, Polonia, Dinamarca y Alemania (Estados miembro de la OTAN) y de Suecia y Finlandia (candidatos a la misma).

El momento en el que han ocurrido los hechos era un momento en que hay un conflicto gasístico entre Rusia y la UE, como consecuencias de las sanciones aplicadas a Rusia por la agresión a Ucrania.

Quisiera partir en mi análisis del hecho de que las tuberías y cables submarinos son infraestructuras que conectan territorios a través de los espacios marinos para suministrar gas, petróleo, cables de comunicación, etc. Tienen una exhaustiva regulación en el marco del Derecho del Mar (su principal sistema regulatorio) y otros marcos jurídicos, bien por su operatividad (derecho internacional mercantil, de seguros, etc.), bien por sus consecuencias, como las medioambientales (cambio climático, pesca, biodiversidad, etc.). También son regulados por tratados internacionales. Hay intereses nacionales e intereses generales, mucho más difusos como las consecuencias del metano en relación con el cambio climático.

El del Nord Stream queda regulado por un Tratado Internacional de Inversiones y lo gestiona un consorcio ruso-alemán. Sus controversias quedan sometidas al sistema de arbitraje establecido en el Tratado de la Carta de Energía, de 1994, del que, por cierto, España es parte.

Al hilo de la existencia de estas infraestructuras y otras que no vienen al caso, hace unos años acordé con una brillante doctoranda, hoy profesora doctora Noelia Arjona Hernández, que se ocupara de analizar la inmunidad de jurisdicción de los Estados en los espacios marinos.

El tema, obviamente, iba mucho más allá de los buques de guerra o buques de Estado destinados a fines no comerciales. Debió incluir los vehículos marítimos no tripulados (drones, robots, dispositivos, equipos) y la problemática de los pecios submarinos (patrimonio cultural subacuático, tumbas de guerra, etc.).

Dejó para el final las tuberías y cables submarinos porque ya contaban con una exhaustiva regulación en el marco del Derecho del Mar y debían adaptarse a la regulación general de los diferentes espacios marinos que pudieran atravesar. Esta tesis doctoral se defendió en junio de 2021, por lo que el caso de Nord Stream 1 no pudo ser abordado.

No obstante, al hilo de las cuestiones generales, tomamos partido a sabiendas de la complejidad de las cuestiones presentes. No hay que olvidar que la existencia de cables y tuberías submarinos son de larga data. Ya en 1884 se firmó un tratado en este sentido.

Una tubería de gas natural que atraviesa varios espacios marinos de diferentes Estados necesita de un acuerdo explícito de todos los Estados implicados. Es verdad que tiene un fin comercial y eso le podría privar de inmunidad soberana, sin embargo, la propiedad de la tubería es de una empresa fuertemente participada por un Estado, Rusia, que forma parte de las infraestructuras críticas de otro Estado, Alemania, y ha habido fuertes inversiones estatales para su desarrollo, operatividad, distribución del producto, etc.

Hay que determinar si el hecho que se ha producido ha sido exactamente un accidente o un sabotaje. En el primer caso, si ha habido diligencia debida habrá que determinar la responsabilidad objetiva. En el segundo caso, hay que determinar quién ha sido el autor del mismo, porque no tendrá la misma relevancia si ha sido un particular o ha sido un Estado. Lo que no cabe es considerarlo un objetivo militar porque está fuera del teatro de operaciones militares y no se dirige hacia infraestructuras de una parte beligerante.

Es muy importante también identificar el espacio marino en el que se ha producido el hecho. La profundidad ha sido escasa y la distancia a las costas adyacentes es amplia, por lo que no ha debido ser en el mar territorial de ninguno de los Estados ribereños. Dinamarca ha denunciado que se ha producido en su zona económica exclusiva (reservada a la explotación, preservación y protección de los recursos económicos, vivos o no vivos). Dinamarca tiene regulación nacional al respecto, en su mar territorial, pero tiene que aceptar el derecho de Rusia o Alemania a establecer tuberías submarinas, con las máximas exigencias de seguridad, en el marco de libertad que regula el Derecho del Mar y que no supongan una violación de sus derechos soberanos o sus derechos en espacios donde pueda ejercer jurisdicción concreta. España, por ejemplo, prohíbe el daño a las tuberías submarinas existentes en mar territorial español, en el art. 39 de la Ley 14/2014, de 24 de julio, de Navegación Marítima, pero nada manifiesta en otros espacios marinos.

¿Podríamos considerar al Nord Stream 1 como una tubería submarina que transporta un producto soberano del Estado y, por lo tanto, tributario del derecho de inmunidad soberana? ¿Sería esta «inmunidad derivada» susceptible de ser invocada ante los tribunales internacionales o nacionales, según el caso? No será fácil la respuesta porque habría que determinar si el gas natural que debe recibir Alemania por parte de Rusia es solo un producto comercial, por tanto, susceptible tan solo de los actos de *iure gestionis*, o es de vital necesidad para la vida del Estado que pueda considerarse de *iure imperii*.

Como siempre, el derecho tendrá que venir después de los hechos, pero sus consecuencias llegarán. Habrá que establecer una investigación objetiva para determinar los hechos y después vendrán las responsabilidades: internacional, civil, penal, económica, según corresponda.

El peligro de la tragedia de Algeciras

Diarios del Grupo Joly
27 de enero de 2023

Estos días ha sido noticia de primera plana la agresión mortal al Sacristán de la Iglesia de La Palma, de Algeciras, y el intento de agresión mortal al párroco de la Iglesia de San Isidro, en la misma localidad. Una vez más, una noticia que visualiza una ciudad sin ley. Una vez más, se inmortaliza el nombre de la ciudad, con un hecho calamitoso.

Sin embargo, más allá del argumento para una posible novela de Pérez Reverte, se convierte en un elemento estructural para una ciudad en la que conviven 127 nacionalidades diferentes y que asume con naturalidad la diversidad en su más noble sentido.

Yassine Kanjaa, así parece que se llama el presunto homicida, nacional de Marruecos, era un inmigrante que vivía en un piso ocupado y que contaba con una orden de expulsión por su situación irregular. El ministro del Interior viajará a Algeciras, incluso suspendiendo su agenda en Estocolmo, no tengo muy claro para qué, más allá de la foto. Quizás necesite explicar cómo se justifica la inmigración irregular, la ocupación de una propiedad privada o la inconsistencia de una orden de expulsión, sin medidas de aseguramiento, todo ello competencia de su ministerio.

Mientras tanto, es la ciudad la que sufre, una vez más, las consecuencias de una imagen tan marginal. Y son sus ciudadanos los que tienen que convivir con la desidia de un Estado que no les protege, aunque les cobra «generosamente» sus impuestos.

Sin embargo, la ciudad de Algeciras, tres veces nacida a lo largo de su historia, ha demostrado con vehemencia, que sabe sobreponerse no solo a sus variadas crisis, sino incluso a su doble muerte, aunque espero que resurja también de esta muerte civil a la que está sometida.

Pocas ciudades del occidente europeo tienen este pedigrí y, sin embargo, quién y qué se sabe de Iulia Traducta, que hasta 2006 permaneció enterrada en pleno casco histórico de la Villa Vieja, la primera ciudad imperial formada con extranjeros mauritanos (¡sí, mauritanos!) que alcanzaron la dignidad de ciudadanos de Roma.

Quién y qué se sabe del porqué de la existencia del Patio de Comares, o de los Arrayanes de la Alhambra de Granada, que se construyó a imagen y semejanza del existente en Algeciras para honrar su nombre. Quién y qué se sabe de la advocación de la Virgen de Europa, una de las ermitas que el agresor de la noticia intentó herir con su daga, golpeando su puerta, al encontrarla cerrada.

Todo esto me sirve de justificación para denunciar cómo el nombre de la ciudad se utiliza siempre como fuente recurrente de noticias cuando hablamos de contrabando, de narcotráfico, de inmigración irregular, etc. Es decir, siempre se la sitúa en los bordes del sistema. Ahora, a todo ello se le suma el terrorismo, probablemente yihadista.

Es verdad que no podemos soslayar esas realidades, pero, quizás, sí podemos analizar sus causas para comprender que, lejos de la existencia de un loco independiente, puede darse un caldo de cultivo que crece en un entorno que propicia la mala acción.

La pobreza de infraestructuras en todos los niveles no es más que uno de los elementos más visibles que impiden el crecimiento armónico de una ciudad de 120 000 habitantes censados.

Es verdad que dispone de uno de los puertos más importantes del mundo, pero vive de espaldas a la ciudad. No hay más que ver sus rejas, sus controles, sus espacios cerrados, su olvido del litoral. Y no es porque sea deficitario, sino todo lo contrario. Un puerto que financia otros puertos de España, sin compensar a los ciudadanos que sufren las consecuencias de sus necesidades portuarias.

Algeciras dispone de una frontera exterior de la UE, de las pocas donde hay espacios para FRONTEX y para una Comisaría Conjunta Hispano-Marroquí, pero que no dispone de comunicaciones del siglo XXI, ni siquiera con su capital de provincia, cuyas barriadas periféricas y no periféricas son propias de las populosas ciudades de América Latina, sumidas en un pavoroso olvido.

No seré yo quien llame la atención de estas pobrezas estructurales en las que la voluntad política deliberada (que se diseña –¡o no!– en los despachos de Madrid) ha sumido no solo a Algeciras, sino a todo el Campo de Gibraltar, singularmente a las ciudades de la Bahía en un abandono clamoroso, bien visible, que no se corresponde ni con el nivel de pago de sus habitantes, ni con sus recursos, ni con sus deudas políticas (proximidad a Gibraltar, a Marruecos, al Estrecho).

Gibraltar puede explicar, que no justificar, la desidia de los sucesivos gobiernos y hay muchos ciudadanos hartos de esperar, que denuncian sin eco el olvido estructural.

En Algeciras no solo hay hombres y mujeres de talla nacional, incluso universal, no solo hay agitadores culturales de todas las artes, sino personas sencillas que quieren vivir en paz en sus calles y plazas. La Comisión Islámica de España ya ha expresado su pésame y su repulsa ante los hechos acaecidos, esperando que «no perturbe la paz social», un bien tan preciado como vulnerable.

La agresión presuntamente llevada a cabo por la persona acusada estos días de la muerte violenta del sacristán de la Iglesia de La Palma y del mismo intento al Párroco de San Isidro, puede poner en peligro la convivencia lograda con mucha paciencia en todas las zonas de la ciudad, de plena armonía entre distintas razas, religiones, etnias. Todo ello se pone en peligro si nuestros ciudadanos se refugian en el discurso del odio. Frente a ello, solo cabe formación, cultura, concienciación... Y para esto tiene que haber acompañamiento del Estado y las instituciones que ejerzan competencias en su nombre. Nos jugamos la paz social.

Fiscalización de los fondos europeos

Diarios Grupo Joly
22 de febrero de 2023

Estos días se produce una visita de una comisión parlamentaria europea a España para conocer le ejecución de los fondos europeos *next generation*. Ello he provocado una serie de comentarios muy poco técnicos y la mayoría con intereses políticos, en función de unos signos u otros del arco ideológico.

Creo que se requieren algunas explicaciones que pueden justificar la situación.

El Parlamento Europeo es una institución de la UE, del mismo calibre que el Consejo, la Comisión o el Tribunal de Justicia, pero no funciona igual que los parlamentos nacionales a los que estamos habituados. Sus competencias son mucho más limitadas y, aunque tiene un rol legislativo, este es diferente porque dispone de un sistema de co-decisión, en el que se requiere también la intervención necesaria del Consejo (es decir, de los representantes de los gobiernos).

En la elaboración del presupuesto europeo es también competente junto al Consejo, por lo que tiene capacidad para establecer los niveles de gastos, su distribución, el establecimiento de las prioridades, etc.

Para 2023, los compromisos presupuestarios han ascendido a un total de 186 600 millones de euros para ejecutar actividades en el campo del mercado único, innovación y economía digital; de cohesión, resiliencia y valores; recursos naturales y medio ambiente; migración y gestión de las fronteras; seguridad y defensa; vecindad y resto del mundo; administración pública europea; y otros instrumentos especiales.

Quien audita las cuentas y la legalidad de las operaciones es el Tribunal de Cuentas Europeo, quien recomienda al Parlamento la aprobación de la gestión de la Comisión en la ejecución del presupuesto, que es la institución responsable de dicha ejecución.

Como todo parlamento, el Parlamento Europeo dispone de una Comisión de Control Presupuestario, que hace el trabajo de control más efectivo y que hace recomendaciones al plenario. Por supuesto, el plenario no tiene por qué seguir sus recomendaciones.

Ya media España sabe que esta comisión está presidida por la alemana Monika Hohlmeier y está compuesta por 29 miembros + la presidenta (5 alemanes, 5 franceses, 4 polacos, 3 rumanos, 2 italianos, 1 español, 1 checo, 1 belga, 1 portugués, 1 irlandés, 1 croata, 1 húngaro, 1 finlandés, 1 chipriota, 1 austriaco y uno de Países Bajos), de 16 Estados diferentes.

De los 10 europarlamentarios que están en Madrid, dos son españoles, Isabel García Muñoz (del Grupo de la Alianza Progresista de Socialistas y Demócratas en el Parlamento Europeo, PSOE) y un Miembro Suplente de la Comisión, Jorge Buxadé Villalba (del Grupo de los Conservadores y Reformistas Europeos, VOX). Acompañan, como observadores, 5 europarlamentarios españoles, de distintos partidos, que no disponen del derecho de voto en esta fase de actuación de la Comisión de Presupuestos del Parlamento Europeo.

¿Para qué han venido a Madrid? Para «evaluar sobre el terreno la aplicación del Plan Nacional de Recuperación y Resiliencia, incluido el cumplimiento de hitos y objetivos, y en particular los sistemas de gestión, auditoría y control en vigor».

¿Por qué? Porque la financiación de este programa *next generation* se canaliza a través de un mecanismo de resultados, a diferencia de otros fondos europeos, como los programas de cohesión o los agrícolas. Por tanto, los parlamentarios europeos tienen derecho a hacer un seguimiento de la ejecución de este nuevo mecanismo para detectar si los hitos propuestos por el Gobierno se han conseguido.

¿Por qué a España? Sencillamente porque España ha sido el primer miembro de la UE en recibir estos fondos (10 000 millones de euros en 2021 + 6 000 millones más este año), por lo que no hay precedentes, pero todo hace pensar que estas visitas se irán produciendo en cuanto los Estados miembro vayan ejecutando el programa.

Hohlmeier ya se quejaba en el informe de gestión presupuestaria de 2021 de «la ausencia de metodología, la falta de transparencia y otras dificultades para que la UE verifique el uso de los fondos».

Por supuesto, el que esta Comisión haya sido tan relevante, quizás se deba a que el propio Gobierno haya sido quien la haya realzado porque no son «Hombres de Negro» ni el Gobierno está obligado, ni los ministros del Estado tienen que dar tantas explicaciones, ni siquiera recibirlos protocolariamente. Es verdad que todo lo que sea poner trabas puede interpretarse en sentido negativo, pero las explicaciones pueden darse en niveles técnicos inferiores.

En cuanto a que recojan quejas de las Comunidades Autónomas, quisiera recordar que el Estado miembro de la UE es el Reino de España y, además, es el único responsable, frente a la UE, por lo que, más allá de ser informados del modo soberano en el que España distribuye o ejecute los fondos, es una competencia exclusiva del Gobierno central.

Hay a quien le ha sorprendido que la presidenta de la Comisión Parlamentaria Europea haya preguntado al Gobierno por el alcance de la reforma del delito de malversación de fondos. Creo que cualquiera puede comprender que esa reforma podría implicar a la gestión de los fondos europeos. Parece lógico, pues, recibir información relevante en este sentido, sobre todo para una alemana. En el informe final de esta visita, estoy seguro de que se establecerán recomendaciones para proteger los intereses financieros de la UE, que son los de todos sus ciudadanos.

La candidatura de *Carteia* e *Iulia Traducta* para el Sello de Patrimonio Europeo

Europa Sur
25 de marzo de 2023

(I)

El Consejo de la Unión Europea, el 20 de noviembre de 2008, decidió crear el Sello de Patrimonio Europeo (Decisión 1194/2011/UE del Parlamento Europeo y del Consejo, de 16 de noviembre de 2011). La idea era, sobre todo, promover los valores europeos, concediendo la distinción del Sello de Patrimonio Europeo a «los monumentos, los sitios arqueológicos, subacuáticos, naturales, industriales o urbanos, los lugares de memoria, los paisajes culturales, el patrimonio contemporáneo o el patrimonio inmaterial, asociados a un lugar, que hayan desempeñado un papel fundamental en la historia de Europa, de la integración europea o de la Unión».

El Movimiento Europeo ha promovido la candidatura de *Carteia* y *Iulia Traducta* para la consecución del Sello de Patrimonio Europeo. El Movimiento Europeo es una organización de dimensión internacional que tiene como propósito fundamental facilitar, desde la sociedad civil, la integración europea (fue la impulsora del Consejo de Europa y del Tribunal Europeo de Derechos Humanos). Fue fundada en el Congreso de La Haya, presidido por Winston Churchill, en 1948. La han presidido después, entre otros, Robert Schumann o Valery Giscard d'Estaigne y han participado intensamente Konrad Adenauer o François Miterrand.

El IV Congreso se celebró en Alemania, conocido como Contubernio de Múnich. En él participaron ya numerosos españoles. Hoy día, forman parte de su Consejo, Josep Borrell, Massimo D'Alema, Jacques Delors o José Manuel Durão Barroso, por citar solo algunos.

Pues bien, el Consejo Federal Español del Movimiento Europeo, presidido actualmente por Francisco Aldecoa Luzarra se ha planteado, a instancias del Consejo Andaluz del Movimiento Europeo (CAME), en cuya directiva me integro como Vocal de Cultura y Patrimonio, la iniciativa de promoción del Sello de Patrimonio Europeo para los enclaves arqueológicos de *Carteia* y *Iulia Traducta*.

¿Por qué nos planteamos esta candidatura?

La ciudad de *Carteia* fue fundada por los púnicos a mediados del siglo IV a.C. La segunda guerra púnica marcará un hito en su devenir histórico, ya que hizo que terminara siendo parte de las ciudades dediticias (rendidas a Roma), tras la finalización de esta en 206 a.C.

Sin embargo, treinta años más tarde, en 171 a.C. será la elegida para llevar a cabo uno de los hechos más singulares de la historia del derecho romano y que aún hoy día está sujeto a discusión por insignes romanistas. En un alarde de ingeniería jurídica sin par, el pretor de la Bética, Lucio Canuleio, (por tanto, el representante de la autoridad romana) decidió llevar a cabo la *deductio* de la ciudad, esto es, la fundación «jurídica» de la urbe para dotarla de un nuevo estatuto. Para ello, manumitió a personas que se encontraban en un limbo jurídico pues eran hijos de ciudadanos romanos y de mujeres hispanas, probablemente esclavas. La genialidad de Canuleio, que marcará el devenir histórico de la ciudad y la zona, fue proceder a la regularización jurídica de estas personas y dar la opción a los habitantes de *Carteia* que quisieran quedarse y regirse por el derecho latino. Esto es un hápax, un caso único en la historia antigua. Un ejemplo de integración jurídica y de fusión de culturas. Jamás se había hecho nada igual. Los efectos fueron inmediatos: la ciudad pasó de tres hectáreas a más de veintidós y fue protagonista de cuantos hechos relevantes sucedieron en ese proceso que conocemos como romanización, especialmente durante el cruento siglo I a.C. Personajes como Julio César, Octavio Augusto o los hijos de Pompeyo pasaron por su solar.

La opción por el bando perdedor en la última contienda civil le acarreó una gradual pérdida de influencia, que no de potencia urbanística ya que durante los siglos I y II se llevan a cabo potentes acciones urbanísticas (Teatro, Circo, Termas, etc). Su decadencia llegó en la Tardoantigüedad (siglos VI–VII) cuando el espacio foral viene utilizado como necrópolis, así como las termas, claro indicador de que la ciudad no funcionaba como tal. Durante la conquista musulmana tenemos el dato comentado por las fuentes de que la primera oración que realizaron las tropas se llevó a cabo en su solar.

Por su parte, la ciudad *de Iulia Traducta* fue fundada en torno al año 28 a.C. para dar respuesta a una serie de problemas que el nuevo gobernante de Roma, Octavio, tenía en ciernes. Por una parte, tenía un excedente de veteranos generados por incesantes años de luchas intestinas, ciudadanos romanos a los que había que darles tierras como pago por sus servicios. La mayoría las querían en Italia, pero es cierto que muchos otros preferían comenzar una nueva vida en territorios donde mezclarse con las poblaciones autóctonas.

La presencia de *Carteia*, ciudad de notable prestigio que había tomado partido en la Guerra Civil por el bando senatorial, obligó a Octavio a hacer una «limpieza» de clientelas pompeyanas mediante la probable confiscación de tierras para colocar a sus veteranos leales en la zona. Para ello, llevó a cabo la creación de la ciudad de *Iulia Traducta* a la que le dio su propio apellido en el territorio de la poderosa Carteia y utilizó para habitarla a sus veteranos junto a gentes trasladadas desde las ciudades de Tingi y Zelis, en el actual Marruecos.

Esto se convierte en un hecho singular de primer orden porque, aunque conocemos traslados poblacionales en la zona, el hecho destacado reside en hacerlo para llevar a cabo una *deductio*, una fundación colonial que sirviera de ejemplo a otro núcleo políticamente hostil. *Iulia Traducta*, al igual que otras ciudades de su entorno, crecerá debido fundamentalmente a una floreciente industria de productos haliéuticos, de la que se conservan numerosos ejemplos en su solar como factorías de salazones, entramado urbano, necrópolis, etc.

Los habitantes de *Carteia* y de *Iulia Traducta* fueron, pues, hombres libres, con estatuto jurídico, sometidos al *ius latii*, con derechos como el *ius suffragiorum*, el *ius honorum*, el *ius commercii*, el *ius connubii* y el *ius migrationis*. Todos estos derechos, con matices diferentes, son esencialmente derechos incorporados a la ciudadanía europea que disfrutamos actualmente.

(II)

Vistos los elementos históricos y su conexión con los principios y valores de la Unión Europea, el Consejo Federal Español del Movimiento Europeo, a través del Consejo Andaluz (CAME), decidió promover esta candidatura de *Carteia* y *Iulia Traducta* para el Sello de Patrimonio Europeo. El nombre de la candidatura, para que fuera comprensible en su objetivo, fue «*Carteia* y *Iulia Traducta*: ciudadanía europea, integración y transculturalidad».

Estuvimos discutiendo intensamente si ampliar la candidatura con *Baelo Claudia*, con el que se cerraría el tridente campogibraltareño. Sin embargo, hubo dos razones potentes que nos permitió excluirla, a pesar de su envidiable posición medioambiental, elemento tan querido por la Comisión Europea. Las dos razones fueron que el hecho de que haya constancia histórica de que en *Baelo Claudia* se utilizaron instrumentos jurídicos innovadores como los «contratos en origen» para los inmigrantes temporeros (para el servicio a las almadrabas), no nos era suficiente, además de que era, jurídicamente hablando, un conjunto arqueológico que disponía ya de seguridad jurídica y presupuestaria suficientes.

Finalmente, sobre todo en mi calidad de campogibraltareño y de enamorado de *Carteia* y de *Iulia Traducta*, el CAME me solicitó el liderazgo de esta candidatura. Para ello, me puse en contacto inicial con arqueólogos, historiadores, funcionarios de cultura, etc., para perfilar las ideas (Pedro Rodríguez Oliva, Alejandro Jiménez Hernández, Rafael Jiménez-Camino, Darío Bernal Cassasola, Salvador Bravo, Margarita Díaz, Francisco Alarcón Castellano, Mirian Díaz Cañizo, Rosario Arias, Juan Carlos Guzmán). En segundo lugar, contacté a todas las autoridades locales para conocer el grado de apoyo e interés (alcalde de Algeciras, presidente de la Mancomunidad de Municipios del Campo de Gibraltar, concejala delegada de Cultura de Algeciras). En tercer lugar, con grupos culturales, intelectuales de la zona, etc., para conocer si ello despertaría aspectos positivos de la candidatura en la cultura de la zona (imposible nombrarlos a todos por lo que dejo constancia de ello, sin mencionar a ninguno).

Desgraciadamente no pude contar ni siquiera con una reunión de cortesía con el alcalde de San Roque, que no dispuso de tiempo para recibirme. Dejo también constancia de ello.

La presidenta del Consejo Andaluz del Movimiento Europeo (CAME), profesora doctora Maricruz Arcos y la Secretaria General, profesora doctora Isabel Jiménez, se pusieron en contacto con las autoridades relevantes de la Junta de Andalucía, comunidad autónoma que tiene las competencias para promover estas iniciativas.

Allanado este camino, yo mismo me puse en contacto directo con la consejera de Cultura y Patrimonio Histórico de la Junta de Andalucía, Patricia del Pozo, quien me recibió en el Palacio de Altamira, de Sevilla, sede de la Consejería y, después, en el Palacio Miguel de Mariño, con el director general, Miguel Ángel Aráuz Rivero, en una dimensión más técnica.

De todos no recibí más que agradecimiento, impulso y facilidades.

Una vez que se conformó la candidatura, la Junta de Andalucía decidió presentar formalmente al Consejo Nacional de Patrimonio, del Ministerio de Cultura y Deportes, la candidatura de «*Carteia* y *Iulia Traducta*: ciudadanía europea, integración y transculturalidad» en el formato de sitio temático nacional. Se decidió expresamente que no hubiera ninguna otra candidatura andaluza para reforzar la nuestra.

El Ayuntamiento de Algeciras facilitó todo lo posible para que la candidatura fuera un éxito. De hecho, al tener necesidad de disponer de una Sede Oficial, nos ofreció el edificio Pérez Villalta, imponente edificio que fue muy aplaudido en el propio Consejo Nacional.

La Consejería de Cultura de la Junta de Andalucía me pidió que fuera yo el responsable de dirigirme al Consejo Nacional de Patrimonio, lo que quise hacer por videoconferencia desde la ciudad de Algeciras, por estar aún la situación pandémica activa. Acompañé en esta reunión a Juan Manuel Becerra, jefe del Servicio de Patrimonio Histórico y Documental de la Junta de Andalucía, quien facilitó todos los medios y me cedió la palabra, en nombre de la Comunidad Autónoma de Andalucía.

El informe fue positivo, pero, en efecto, la candidatura de *Carteia* e *Iulia Traducta* era poco competitiva si consideramos la fortísima candidatura del Monasterio de Yuste, con la que solo la dimensión presupuestaria la hizo completamente irrisoria. Finalmente, por tanto, la candidatura no prosperó porque solo podíamos mostrar un lugar de memoria y contábamos con un presupuesto escaso.

No obstante, el hecho de que el Ministerio de Cultura no retuviera nuestra candidatura para ser presentada a la Comisión Europea, no nos ha hecho decaer en la continuación del proyecto para la próxima edición. Es verdad que la Consejería de Cultura ha cambiado, incluso de nombre. Volvemos a empezar, pero no vamos a decaer.

Ahora estamos promoviendo que el enclave arqueológico de *Carteia* y el BIC de *Iulia Traducta* cambien sus estatus jurídicos al de «Conjunto Arqueológico», que permita disponer de una dirección, un equipo de arqueólogos, técnicos, plan-director, proyectos de investigación, de consolidación, de excavación, etc. Nos queda mucho, pero si entre todos empujamos, el proyecto puede ser estratégico para una comarca tan maltratada, como la del Campo de Gibraltar.

Turquía, ni Oriente ni Occidente

Anuario Joly Andalucía
29 de junio de 2023

Como es bien sabido, el orden internacional que hoy conocemos es un producto del Estado moderno que surge en la Europa de los siglos XVI y XVII. Sin ser el único modelo existente, la realidad es que se ha impuesto este modelo occidental.

La primera aportación no cristiana sería, precisamente, el Imperio otomano, el predecesor de la Turquía contemporánea. Con la llegada de este Imperio al mundo de las relaciones internacionales, deja de llamarse ya al sistema naciente, de Estados civilizados cristianos para llamarse únicamente Estados civilizados. Un nuevo Estado, en este caso musulmán, hizo su entrada en el mundo relacional de los Estados modernos.

Desde la conquista de Constantinopla, en 1453, los otomanos se convirtieron en un centro de conexión entre el Este y el Oeste y así continuaron hasta su caída en el siglo XIX, cuando llamaron a las puertas de la nueva sociedad internacional que estaba en construcción.

Sin embargo, a pesar de su éxito de entrar en la gran liga de las potencias de la época, Turquía va perdiendo su dimensión imperial y va aceptando los hábitos de la diplomacia occidental, aunque manteniendo sus peculiaridades.

En la I Guerra Mundial se une, por descarte, en una alianza con Berlín y por extensión al Imperio austro-húngaro y ello, lógicamente, le granjeó la enemistad de Rusia, Francia y Gran Bretaña.

El genocidio armenio por parte de los turcos, durante la gran masacre de 1915-1917 y la pérdida de la guerra, en 1918, relegó a Turquía a un rincón de la historia. Perdió Irak, incluyendo lo que hoy es Palestina, que pasó a manos británicas, y Siria y Líbano, a manos francesas. Con ellos perdió su capacidad de influencia internacional.

Con la II Guerra Mundial se inicia un periodo de aceptación de los parámetros occidentales de los turcos, dado que no aceptaron ser beligerante y ello cambiaba la suerte futura de los otomanos. El resultado final de la guerra le atrajo hacia occidente, a pesar de que gran parte de su territorio está enclavado en el continente asiático.

Ello explica que Turquía solicitara su membresía en la OTAN durante el proceso de celebración del Tratado de Washington que finalmente constituyó esta organización internacional en 1949, pero sin la participación turca por oposición de los Estados Unidos. En 1950, creada ya la OTAN, se le denegó otra vez su ingreso. A pesar de ello, la cooperación turca en la guerra de Corea con el envío de un importante contingente militar persuadió a las potencias aliadas de aceptar a Turquía en la Alianza Atlántica (OTAN), en 1952, al mismo tiempo que Grecia, constituyendo el sistema de defensa colectiva de Occidente frente a la Unión Soviética. Esta situación le alinea con la Europa capitalista de las libertades.

Turquía dispone del nada despreciable segundo ejército más grande de los aliados y ello le ha hecho merecedor de disponer en su suelo del Cuartel General del Mando Aliado de Tierra. Las razones geoestratégicas de Turquía para incorporarse a Occidente tienen mucho que ver con el temor de una invasión soviética por el control del Estrecho de los Dardanelos.

Su alineamiento con Occidente ni siquiera comenzó con su ingreso en la OTAN. El 13 de abril de 1950 se incorporó al Consejo de Europa.

Sí, con la Organización Internacional Europea para la defensa de la democracia y los derechos humanos, es decir, valores eminentemente occidentales, muy a pesar de las dificultades que ha tenido para asumirlos porque su historia, su cultura, su religión, etc., han sido tradicionalmente diferentes. Como el resto de los 46 Estados del Consejo de Europa, se comprometió con el Convenio Europeo de Derechos Humanos, siendo hoy día uno de los Estados más demandados ante el Tribunal Europeo de Derechos Humanos. Desde sus comienzos, ha sido un socio leal y activo.

Por último, en el marco de la Unión Europea en 1999 obtuvo el estatuto de Estado candidato a incorporarse a la UE y en 2004 comenzaron las negociaciones, aún sin terminar. La UE ha ido dando muchas largas al ingreso de Turquía y parece que Turquía se ha cansado de tener un estatus de permanente candidato, sin avances sustanciales para el ingreso. Ello le está llevando a una política de aprovechamiento de su situación geoestratégica, en temas como la inmigración, su privilegiada posición para la salida al Mar Mediterráneo y su proximidad a Oriente Medio, con una agenda propia cada vez más marcada.

A fecha de hoy, Turquía está alineada a Occidente, pero sin dejar de ser Oriente, y aprovecha cada debilidad de ambos frentes para sacar ganancia de su privilegiada situación. Su posición en la guerra de Ucrania es una manifestación de su equilibrio político.

Como una nota premonitoria, desde junio de 2022 ha solicitado cambiar el nombre oficial de Turkey por el de Türkiye, dado que Turkey en inglés significa «pavo» y «fallo». Esperemos que ello no signifique la apertura de un nuevo capítulo de tensiones.

La nueva política española respecto al Sáhara

Anuario Joly Andalucía
29 de junio de 2023

En febrero de 2015 di una conferencia en la Facultad de Derecho de la Universidad de Sevilla, con el título «El Sáhara Occidental en la encrucijada entre los principios jurídicos y la política internacional». Soy consciente, pues, de las dificultades del análisis de este tema que puede desvirtuar cualquier conclusión, dependiendo del método de análisis.

Marruecos siempre ha considerado la postura española como «confusa y contradictoria», quizás con fundamento, al tratar siempre de respetar la legalidad internacional y de no ofender a un vecino tan cercano. Esto hace que el equilibrio entre las reglas jurídicas y la política, a veces, no es fácil de alinear.

El marco general sobre las cuestiones del Sáhara se dilucida en tres ámbitos completamente diferentes, el marco de las Naciones Unidas, el marco de la Unión Europea y el marco bilateral. España tiene que afrontar estas realidades.

Históricamente, España ha querido, de forma indigna diría yo, mantener una postura neutral, inconsistente con sus obligaciones internacionales, en defensa del principio de autodeterminación del pueblo saharaui, y con su responsabilidad histórica que, además, le reclama la sociedad española de forma casi unánime.

Sin embargo, las circunstancias han cambiado durante el pasado 2022. En marzo de 2022, la Casa Real Alauita de Marruecos hace pública una carta del presidente del Gobierno español, en el sentido de un cambio de política respecto al Sáhara.

La esencia de la carta era que España reconoce que la posición autonomista del Gobierno marroquí respecto al Sáhara puede ser una solución negociada. ¿Supone esto un cambio sustancial de la política de neutralidad alegada y un cambio sustancial en cuanto a la responsabilidad histórica?

Absolutamente nada ha cambiado desde el punto de vista jurídico. España no tiene capacidad para legitimar ninguna solución en un territorio que no le es propio. Tampoco significa que la nueva apuesta de España por el autonomismo signifique un rechazo jurídico del principio de autodeterminación porque este puede satisfacerse con un referéndum donde se establezca, como pregunta, si se desea o no una autonomía dentro del Estado de Marruecos.

La gran preocupación de la prensa española, en general, ha sido sobre las causas que han llevado al presidente del Gobierno, Don Pedro Sánchez, a cambiar de posición política. Que si las informaciones obtenidas por Marruecos con el Programa Pegasus, que si el *Marruecosgate* en el Parlamento Europeo, que si la presión de Estados Unidos y Francia.

Seguramente nada de eso ha estado ausente porque nunca hay una causa, sino un cúmulo de coincidencias. Sin embargo, ninguna causa ha sido determinante. Presiones políticas las ha habido desde siempre, aunque hayamos olvidado los discursos vehementes de Francia y el Reino Unido ante el Consejo de Seguridad de Naciones Unidas cuando España reclamaba medidas eficaces para impedir la Marcha Verde, o las presiones norteamericanas ante la propuesta de independencia de España para el Sáhara.

Siempre he considerado que España se ha sentido sola, incluso aislada. Ni siquiera Naciones Unidas apoyó el difícil trance de la España franquista, en aquellos aciagos días de 1975, ni luego, durante todo el proceso posterior. MINURSO, la Misión de Naciones Unidas para el Referéndum en el Sáhara, todavía desplegada, es un ejemplo de fracaso diplomático internacional estrepitoso.

Qué más tiene que hacer España para que la comunidad internacional se implique de verdad. 2022 ha sido un año en el que se ha visto que la Administración Biden no ha revertido las consecuencias de la proclamación de Trump respecto al Sáhara; en el que Alemania, la poderosa locomotora europea, ha tenido que frenar sus posiciones diplomáticas y reconocer lo mismo que ha reconocido el Gobierno de España, y el año en que el Consejo de Seguridad se ha plegado a los planteamientos norteamericanos.

No hay más que recordar las palabras pronunciadas por Jeffrey DeLaurentis, embajador de Estados Unidos ante la ONU, cuando se justificaba ante el Consejo de Seguridad, durante la inminente adopción de la Resolución 2654, adoptada el 27 de octubre de 2022, coincidentes con el propio texto de la Resolución: «El plan de autonomía de Marruecos es serio, creíble y realista y un enfoque potencial para satisfacer esas aspiraciones».

Es verdad que, ahora, España ha podido contar con algunas de las instituciones de la UE, como el Parlamento Europeo y el Tribunal de Justicia de la UE. Sin embargo, en diplomacia, en relaciones internacionales, un Estado tiene que saber cuándo no puede ganar en los asuntos públicos. El problema es que no lo ha explicado y eso no solo es considerar infantil al pueblo español, sino una potencial especulación de oscuras dimensiones. Todo es más fácil de comprender.

2022 ha sido el año en que Marruecos, por penaltis, ha superado a España en los octavos de final del Mundial de Fútbol.

Cumbre académica
América Latina-Unión Europea

Diarios Grupo Joly
9 de julio de 2023

Una vez iniciada la presidencia rotatoria del Consejo de la Unión Europea (UE) por parte de España, una de sus prioridades va a ser el fortalecimiento de las relaciones entre la UE y América Latina-Caribe (UE-CELAC).

Se han establecido los días 17 y 18 de julio de 2023, para la Cumbre de Jefes de Estado y de Gobierno, que se celebrará en Bruselas.

Desde que se reformó el sistema de estas cumbres en 2010, se han celebrado dos cumbres, la primera en 2013, en Santiago de Chile y la segunda, en 2015, en Bruselas. La próxima, pues, será la tercera.

A nadie se le escapa la importancia estratégica de estas relaciones, no solo por las cuestiones económicas, que también, sino por las cuestiones culturales, sociales, políticas, etc. Por ello, España lleva siempre en su sello el fortalecimiento de estas relaciones birregionales.

Pues bien, paralelamente a estas cumbres de los jefes de Estado y de Gobierno UE-CELAC, se celebra unos días antes una Cumbre Académica UE-CELAC, que en esta ocasión será la V Cumbre. Tendrá lugar los días 7 y 8 de julio en Alcalá de Henares, en el marco de la presidencia española del Consejo de la UE.

¿Cuál es el sentido de esta Cumbre Académica? La esencia es entregar a los jefes de Estado y de Gobierno UE-CELAC un documento, fruto de la reflexión, el debate y el acuerdo sobre uno de los más esenciales temas de integración birregional: la integración académica.

Se trata de encontrar un espacio común de educación superior, ciencia, tecnología e innovación CELAC-UE.

La libre circulación de los títulos académicos de los estudiantes, de la formulación de títulos conjuntos entre universidades, de programas de doctorado, de proyectos de investigación, etc., es una de las enseñanzas que más utilidad nos ha aportado la UE. Cualquiera que se aproxime al Programa ERASMUS, que ha permitido a miles y miles de estudiantes de los 27 Estados miembro de la UE y a otros muchos adheridos, el intercambio no solo académico, sino cultural, personal, idiomático, etc., hoy constituye uno de los acervos más importantes de la identidad europea.

Esto no estaría completo si no se produce la misma aproximación con América-Latina y el Caribe porque sus coincidencias culturales, políticas, filosóficas, etc., con la UE son una realidad inobjetable. No hay en el mundo ninguna otra región que cuente con mayores coincidencias, lo que repercute en la identidad en las estrategias políticas.

En esta necesidad, la educación en general, y particularmente la educación superior, juega un rol de enorme importancia. Por ello, la necesidad de abordar estos desafíos, estas oportunidades y, ¡claro está!, estas amenazas que nos acechan.

Las universidades y sus centros de investigación no son ajenas a lo que ocurre en el mundo. Hay plena conciencia de la importancia de la contribución universitaria a la transición energética, al estudio de las necesidades del sector productivo, de la economía circular y a otras muchísimas cuestiones de nuestro tiempo.

Por poner tan solo un ejemplo, permítanme que señale al Instituto de Estudios sobre América Latina, de la Universidad de Sevilla, que dirijo, que concentra una investigación trascendente para las cuestiones de las que vengo hablando. En nuestro entorno, trabajamos sectores interrelacionados, interdependientes e interdisciplinares. Por eso, nuestras líneas de investigación afrontan cuestiones como el cambio climático, la gobernanza de las aguas o la contribución de América Latina a la sociedad internacional, desde áreas tan diversas como la propia historia de América, la historia del arte americanista, la lengua y literatura españolas, la antropología social, la sicología social, el derecho internacional, las relaciones internacionales, la economía, la botánica, la ecología, la tecnología.

Somos conscientes, pues, de la importancia de estas cumbres, tanto la académica, como la política. El mundo actual, complejo, incluso difícil, necesita aunar esfuerzos y es más fácil hacerlo entre iguales.

Por ello, apoyamos esta Cumbre Académica que celebramos los días 7 y 8 de julio de 2023 en Alcalá de Henares. Nuestro IEAL (Instituto de Estudios de América Latina) estará presente y tratará de contribuir y enriquecer los debates, poniendo sobre la mesa nuestra experiencia. Esperemos que los políticos asuman sus responsabilidades y establezcan acuerdos que mejoren la vida individual, ciudadana y política de las personas.

El potencial transformador de la vinculación euro-latinoamericana alcanzará desafíos e integración que hoy ni siquiera vislumbramos. Brindo por ello.

De nuevo con las aguas circundantes a Gibraltar

Europa Sur
20 de agosto de 2023

Esta misma semana ha vuelto a la palestra el debate sobre las aguas circundantes a Gibraltar. El lunes 14 de agosto, por la noche, un buque de Estado español del Servicio de Vigilancia Aduanera, cumpliendo con su obligación, observó que un buque, registrado en Gibraltar, el «Ultimate Predator», buque auxiliar del puerto de Gibraltar, sospechosamente y contraviniendo todas las normas internacionales al respecto, navegaba sin luces y sin el Sistema de Identificación Automática (SIC) activado. ¿Qué hacía un buque auxiliar del puerto de Gibraltar navegando sin luces y sin el SIC activado en un lugar donde es ampliamente conocido que se desarrollan actividades de contrabando y actividades delictivas, todas ellas ilícitas?

La excusa es que dicho buque auxiliar había llevado a cabo una transferencia de tripulación a un buque mercante y que el sistema de luces y de identificación habían funcionado mal. ¡Qué coincidencia! Parece que también les dejó de funcionar el teléfono o los sistemas de comunicación abordo.

Estos hechos han provocado airados comentarios sobre la titularidad de las aguas circundantes a Gibraltar, que es el lugar geográfico donde se desarrollaron los acontecimientos. Obviamente, cada uno ha intentado explicar los hechos desde posiciones supuestamente jurídicas sin tener en cuenta los elementos sistémicos que operan en el caso.

Lo primero que habría que decir que no vale invocar, a conveniencia, un sector de un derecho concreto e interpretarlo, también convenientemente, a los intereses particulares. El Derecho, con mayúsculas, dispone de instrumentos muy ricos como para simplificarlo a conveniencia. Uno de los principios que se estudian en todas las Facultades de Derecho de todo el mundo, son el principio de contradicción y el principio de la buena fe y, aun así, ambos no son suficientes porque hay que relacionarlo con el conjunto de normas que conforman un ordenamiento.

Lo que define la práctica de las actividades llevadas a cabo en torno a las aguas circundantes a Gibraltar es, precisamente, la indefinición de su titularidad jurídica. Hay varias controversias en torno a ellas (no todas las aguas disponen del mismo tratamiento jurídico) y ello hace que se generen discusiones más o menos exaltadas.

Poniendo orden jurídico

He dicho que no todas las aguas disponen del mismo tratamiento jurídico. El texto normativo que justifica la presencia británica en Gibraltar es el Tratado de Utrecht de 1713. Independientemente del tiempo transcurrido, incluso de las consideraciones en torno a la posible nulidad de dicho tratado por haber sido negociado por Estados terceros y haber sido coaccionados los representantes de España, uno de los Estados firmantes, (art. 51 de la Convención de Viena sobre el Derecho de los Tratados). A pesar de ello, digo, tanto España como el Reino Unido consideran vigente dicho tratado, con excepción de aquellas disposiciones que son contrarias a normas de derecho imperativo (*ius cogens*), como las que resultan discriminatorias. Ello legitima la presencia del Reino Unido en Gibraltar.

Por supuesto, a este tratado se le superponen las normas bien establecidas sobre los espacios sometidos a dominio colonial que han sido definidas por la Asamblea General de Naciones Unidas. Según estas normas, Gibraltar es una colonia y sobre ella pesa la obligación de la potencia ocupante (Reino Unido) de proceder a la descolonización, a través de una integración territorial con España, la potencia reclamante, de tal manera que, teniendo en cuenta los intereses de la población, se proceda a negociaciones directa entre ambas partes. Habría que preguntarse si hay buena fe por parte de todos y, habiéndola, si hay voluntad política.

Ahora bien, una de las controversias, la relativa a la interpretación del Tratado de Utrecht para adaptarse a las normas actuales de Derecho del Mar (parcialmente existente en 1713), genera debate práctico en torno a las aguas circundantes a Gibraltar.

El puerto de gibraltar

Cuando se hace la cesión de Gibraltar al Reino Unido en 1713, se incluye el puerto existente. Ello no plantea discusión jurídica pues ambas partes, España y Reino Unido, aceptan la aplicación del Tratado de Utrecht. Esto quiere decir que las aguas del puerto de Gibraltar son «aguas interiores», tal como las define la Convención de Naciones Unidas sobre el Derecho del Mar, que ha sido invocada por el señor Picardo.

Obviamente, el Reino Unido puede ejercer su jurisdicción en este espacio marítimo de las aguas interiores del puerto y dispone de un derecho de paso inocente por el mar territorial de España, en el sentido de que los buques que se dirijan a Gibraltar o que salgan de su puerto, pueden navegar libremente si no contravienen las normas internacionales en cuanto a la navegación inocente, las normas ambientales, fiscales, penales, migratorias, etc., que le sean de aplicación.

Otro problema diferente sería el de la navegación de los buques militares británicos o no, que van y vienen a Gibraltar, que pueden conculcar otras normas aplicables, como las procedentes de la prohibición de la utilización de espacios sometidos a dominio colonial a los efectos de establecer bases militares o zonas de aprovechamiento militar. De hecho, este es uno de los grandes problemas de la negociación: el uso de la zona militar del puerto de Gibraltar (también del aeródromo militar) para el tránsito de personas y mercancías, sin control civil, inaceptable para la Unión Europea en un hipotético acuerdo que incluya a Gibraltar en la zona Schengen.

Las aguas sobre las que se proyecta Gibraltar

El Reino Unido considera que una interpretación correcta del Tratado de Utrecht, donde no se ceden estos espacios marítimos, más allá de las aguas interiores del puerto de Gibraltar, les legitima para ejercer su jurisdicción sobre lo que llaman «aguas británicas» o «aguas de Gibraltar». Reivindica el principio jurídico de que el territorio domina al mar, principio que ha sido reconocido por la propia Corte Internacional de Justicia.

Ahora bien, España se opone a este principio (*lex generalis*) por la existencia del propio Tratado de Utrecht (que ambas partes aceptan) y que no cede los espacios marítimos circundantes a Gibraltar (*lex specialis*). A esta doctrina se le conoce como doctrina de la costa seca. ¿Cómo se puede fundamentar?

Estamos hablando de principios jurídicos, tenemos que atender a los hechos concretos, a la jurisprudencia, a la doctrina, a la colisión con otras normas aplicables, etc., para determinar la norma aplicable. Sin embargo, la doctrina de la costa seca no es un principio en sí mismo, sino una doctrina, pero sí su fundamento, la existencia de normas particulares (Tratado de Utrecht) que impiden la aplicación de las normas generales. Por tanto, estamos ante un principio que sí sería aplicable como el que *lex specialis derogat generalis*.

¿Ha habido experiencias jurídicas en las que puede apoyar España sus expectativas jurídicas? En efecto, varias experiencias. Me referiré tan solo a una de ellas. La Corte Internacional de Justicia ha decidido, en su fallo relativo al caso de Perú contra Chile, que Perú no tiene acceso al mar, durante casi 300 metros, en Punta Concordia, en el que el territorio es peruano y las aguas circundantes son chilenas. El fundamento de la Corte Internacional de Justicia fue precisamente la doctrina de la costa seca o, si se prefiere, la aplicación del principio jurídico de que *lex specialis derogat generalis*.

Las aguas proyectadas por el istmo

Este sería el tercer espacio marítimo en controversia. De todos es sabido que el Istmo no fue cedido en Gibraltar y que fue, poco a poco, incorporándose a la custodia o jurisdicción del Reino Unido, aunque de forma ilegítima. No es posible alegar la prescripción adquisitiva porque España ha sido objetora persistente (perdón por el vocabulario jurídico, pero es necesario). En definitiva, no se puede alegar que ha habido una dejación de derecho por parte de España porque desde siempre se ha venido oponiendo. Lo que España no puede hacer es imponer por la fuerza el desalojo de esa zona no cedida en Utrecht.

Esto quiere decir que las aguas que se proyectan desde el Istmo, cuanto menos, son espacios marítimo no sometidos al Tratado de Utrecht. En este caso, no es un problema de costa seca.

Dicho todo esto, habría quien tuviera la tentación simplista de que, si esto es así, España estaría legitimada para obligar a los buques y a las personas a que se sometan a la jurisdicción española. Sin embargo, no es tan sencillo porque lo que no podría hacer España es imponerlo a cañonazos. El Derecho Internacional impone dos principios básicos del orden internacional actual: el arreglo pacífico de las controversias y el no uso de la fuerza.

Ahora bien, habría una batería de medidas legítimas para la reivindicación del derecho. Para ello, habría que tener convicción, determinación y voluntad política. ¿Las tenemos?

Declaración del Consejo Europeo de Granada

Diarios Grupo Joly
8 de octubre de 2023

Como ya sabe casi todo el mundo, el Consejo Europeo se ha reunido en la ciudad de Granada, bajo la presidencia rotatoria de España, con el objetivo de estudiar líneas estratégicas, definir orientaciones o establecer las prioridades políticas para el futuro de la UE.

Un buen resumen sería muchas palabras (algunas incluso machaconamente repetidas), pocas nueces y ninguna acción. Ahora bien, eso no significa que haya sido una reunión irrelevante. Había dimensiones muy diversas sobre la mesa: la defensa y las capacidades militares de la UE, el crecimiento sostenible, la transición ecológica y digital, el cambio climático, el mercado interior cohesionado, los problemas energéticos, los medicamentos esenciales, los retos demográficos, las cadenas de suministros, la ampliación de la UE, etc.

Lo que no ha sorprendido ha sido la ausencia de la expresión inmigración o asilo. Ha quedado clara la posición de Hungría y Polonia, con la complicidad de Italia.

Lo que yo he valorado de la Declaración ha sido esta frase casi escondida entre la grandilocuencia de tanta palabrería: la colaboración con socios regionales del mundo para proteger y mejorar el orden internacional basado en normas con las Naciones Unidas como eje central.

Como he dicho, ni una sola palabra dedicada a la inmigración. No hay que esconder que se trata de un tema muy espinoso para algunos socios, pero esto no justifica la dimensión del problema, entre otras cosas porque la inmigración regular y legal será la única vía de resolver el reto demográfico, que sí ha mencionado. El Centro Wittgenstein considera que el déficit europeo de trabajadores es de 72,7 millones de personas y con la actual política migratoria solo se cubre el 30% (la ONU da otros datos igualmente exigentes: 60,8 millones). ¿Qué hacemos perdiendo el tiempo? Por nuestro propio interés hay que regular la inmigración. Si no queremos hacerlo por responsabilidad, dignidad o respeto por los derechos humanos, que son valores europeos, hagámoslo por egoísmo.

Es verdad que las estrategias, las orientaciones o las prioridades políticas de la UE deben ser adoptadas por unanimidad, aunque las acciones, una vez adoptadas, las lleva a cabo el Consejo por mayoría cualificada. Esto es lo que permite ver el espectáculo de Hungría, Polonia (y algún otro que aplaude a escondidas) la falta de sensibilidad en cuanto al reparto equitativo de inmigrantes, para descargar a los Estados más próximos de las costas o de los canales de llegada. Nadie dudó en abrir sus fronteras a los ucranianos, sin exigir responsabilidades inmediatas a los Estados vecinos, fundamentalmente Polonia. Hubo acuerdos de distribución de refugiados.

En Granada, tanto Viktor Orbán como Mateusz Morawiecki se han opuesto radicalmente a que la Declaración Final del Consejo Europeo contenga conclusiones sobre inmigración. Esto no es nuevo, se viene produciendo desde, al menos, 2015. Sin embargo, lo que es más nuevo es la visceral oposición a que aparezca en una Declaración Final de un Consejo Europeo unas líneas dedicadas a este problema estructural, que requiere, sí o sí, una gran dosis de realismo.

Mi preocupación al respecto no es que el Consejo Europeo no se haya hecho eco de esta cuestión, sino que se rebajen las expectativas a nivel del Consejo formal que se celebrará en Bruselas dentro de dos semanas. Es vedad que el COREPER (Consejo Preparatorio de Representantes Permanentes en Bruselas) ha llegado a un acuerdo político sobre el mecanismo de gestión de crisis migratorias. En este acuerdo, tras años de negociaciones, se han devaluado los mecanismos en cuanto a solicitudes de asilo, los tiempos en los que los inmigrantes puedan estar en el limbo inadecuado de las fronteras, el endurecimiento de los requisitos de entrada, ya duros de por sí, etc. ¿El Consejo va a avalar este acuerdo político del COREPER o va a negociar con Hungría y Polonia, tras su negativa absoluta en Granada? Y otros Estados ¿no querrán ganar pesca en río revuelto?

Sí quisiera, como anuncié al principio, resaltar un aspecto que tiene bastante que ver con mi quehacer actual: «La intensificación de la colaboración con socios regionales del mundo para proteger y mejorar el orden internacional basado en normas con las Naciones Unidas como eje central».

No puedo pensar en ningún otro socio regional del mundo más próximo a Europa que América Latina. Es la gran olvidada, junto a África, de las estrategias globales, no solo de la UE, sino de la mayoría de los grandes actores internacionales. Ello hace que sea presa de estrategias individuales de Rusia o China, sin ninguna conexión axiológica, más allá de las conexiones económicas.

Ninguna otra región del mundo se parece más a Europa que América Latina. Compartimos valores, historia común, lenguas y, sobre todo, compartimos intereses comunes. Por ello, no solo aplaudo esta necesidad marcada por el Consejo Europeo que puede dar un impulso a la intensificación de las relaciones políticas, sociales, económicas y de cualquier otra índole, a las relaciones de Europa con América Latina.

Esta región del mundo está haciendo una llamada desesperada para la resiliencia (la palabra más repetida en la Declaración Final de Granada) y Europa debe ser consciente de lo estratégico que resultará un diálogo político, con acciones económicas, sociales y culturales, incluyendo la seguridad y defensa por el bien no solo de Europa y de América Latina, sino del propio mundo. Nadie más aporta valores, principios, derechos comunes. Por tanto, es responsabilidad de Europa esta alianza estratégica con América Latina.

El Consejo Europeo de Granada ha sabido percibirlo. La presidencia rotatoria española ha actuado consecuentemente. Ahora hacen falta acciones y estrategias a largo plazo.

La barbarie en Oriente Próximo

Diarios Grupo Joly
13 de octubre de 2023

La barbarie que se ha desatado entre los milicianos de Hamás e Israel, con implicaciones de Hezbolá y otros actores en Oriente Próximo, ha desviado la atención mediática hacia esta zona del mundo. Ucrania ya casi no existe.

Mis alumnos y discípulos me preguntan si puedo poner orden jurídico a estos hechos y, no sin dificultad, me propongo hacerlo en esta tribuna.

Ante todo, quisiera decir que no hay nada más civilizador que el Derecho. Incluso en los conflictos armados (es la terminología jurídica existente en Derecho Internacional, aunque para los sociólogos, politólogos o los periodistas se llamen guerras), el Derecho prevé prohibiciones, límites y sanciones.

En este conflicto, desatado por los ataques indiscriminados de milicianos de Hamás de Gaza contra Israel, se dan varios actores involucrados, cada uno con estatuto jurídico diferenciado.

Hamás no es un Estado, ni siquiera es un Movimiento de Liberación Nacional. Si lo fuera, estaría obligado a respetar las normas de los conflictos armados, incluyendo el Derecho Internacional Humanitario.

Palestina tiene derecho a estar representada, como pueblo, por la OLP, pero la OLP tiene su base territorial en Jerusalén y Cisjordania. No tiene capacidad de decisión ni de control en Gaza. Por tanto, el derecho que podría tener la OLP, como sujeto del Derecho Internacional, a alzarse en armas contra el ocupante (Israel es ocupante en Jerusalén y Cisjordania), sería un derecho de legítima defensa, con todas las prohibiciones y límites que su estatuto jurídico le exige.

No ha sido este el caso. Se trata de un grupo insurgente, que controla la Franja de Gaza y gobierna de facto en ella, incluso por voluntad popular. Da igual que le queramos llamar «grupo terrorista». Esto es solo una definición política que pueden hacer los Estados individualmente considerados

(Estados Unidos) o las organizaciones internacionales que quieran establecer sanciones (la Unión Europea).

Ahora bien, independientemente de la calificación, los actos que cometan, si no cumplen las reglas de los conflictos armados, pueden ser calificados de «actos terroristas», que sí están definidos en los Convenios de Ginebra y sus Protocolos Adicionales y en el Estatuto de la Corte Penal Internacional y otros tratados internacionales.

No discriminar a combatientes y a civiles es un acto criminal, atacar población civil es un acto criminal, hacer rehenes es un acto criminal, matar prisioneros de guerra, es decir, combatientes que han depuesto las armas o que han sido desarmados, es un acto criminal. Todos ellos, son contrarios al Derecho y el Derecho tiene previsto sanciones penales, contra los dirigentes o los ejecutantes. Es una responsabilidad penal individual que prevén todos los códigos penales militares y comunes del mundo, amén de los estatutos de los tribunales penales internacionales, fundamentalmente la CPI.

Por supuesto, los atacados con estos métodos tienen el derecho de ejercer su legítima defensa, individual o colectiva, incluso con ayuda externa. Ahora bien, Israel tiene los mismos límites, o más, por ser sujeto de Derecho, que el propio Hamás.

La respuesta indiscriminada de Israel contra Gaza, sin distinguir entre población civil y población combatiente, con las dificultades que esta distinción conlleva en entornos urbanos, el bombardeo de hospitales, escuelas, locales protegidos como los de la ONU y otras organizaciones internacionales son actos criminales que, de haber voluntad política y procedimientos justos, pueden acabar ante los tribunales internacionales o los de cualquier Estado.

La Audiencia Nacional española ha decidido ejercer la jurisdicción universal que permite nuestro ordenamiento, por el asesinato de una ciudadana española, sevillana, y la desaparición de otro ciudadano español. Esta conexión con la nacionalidad se lo permite el Derecho. Es más, cualquier crimen de guerra y aquellos que atenten contra derechos inalienables pueden ser enjuiciados, si no hay respuesta en su jurisdicción ordinaria, ante cualquier tribunal del mundo por el ejercicio de la jurisdicción universal.

Estos tipos de crímenes son imprescriptibles. En España, ahora que se habla tanto de amnistía, se empieza a comprender sus límites.

En la situación de Oriente Próximo hay más actores implicados. Está Hezbolá, del Líbano, que ya lleva ataques armados en el norte de Israel o que reescala el conflicto. Es evidente que Siria e Irán son influyentes, no solo en el apoyo político o económico a Hamás, sino, incluso, armamentístico.

Hay que preguntarse no solo cómo el Mosad no ha podido prever estos ataques, sino cómo ha estado ajeno al movimiento de armas, munición, artefactos militares, maquinaria, etc., a sabiendas del estrecho control de Israel sobre Gaza, sometida a una estricta vigilancia integral, por tierra, mar y aire.

La única frontera abierta con Gaza es la frontera con Egipto (Paso de Rafah), que Israel acaba de bombardear y Egipto de cerrar, con las consecuencias humanitarias que pudiera acarrear y por la inestabilidad que crearía la implicación de otros actores en el conflicto. No olvidemos tampoco que la UE tiene allí desplegada una Misión de Asistencia Fronteriza de la Unión Europea para el Paso Fronterizo de Rafah (EU BAM Rafah) y una Misión de Policía de la Unión Europea para los Territorios Palestinos (EUPOL COPPS) que se acaban de prorrogar por un año más, hasta el 30 de junio de 2024. ¿Todos han estado ajenos o mirando para otra parte?

La cooperación espacial Iberoamericana

Diarios Grupo Joly
9 de noviembre de 2023

Esta semana se está celebrando en Sevilla la importante Semana Espacial, como una apuesta del Gobierno español para visibilizar la Agencia Espacial Española, recientemente instalada en su sede oficial de San Jerónimo, en el edificio CREA. No en vano en Andalucía hay más de cien empresas espaciales y entre ellas algunas de las más importantes del mundo, como GMW, HISPASAT, HISDESAT, INDRA, AIRBUS, etc., etc.

Incluso la presidencia española de la UE ha resuelto que haya un Consejo de Ministros de la UE de los responsables espaciales en la ciudad de Sevilla.

Ahora bien, de todo esto, lo más estratégico es la necesaria cooperación espacial iberoamericana. La cooperación europea está ya muy asentada, a través de la Agencia Espacial Europea y otros organismos. La iberoamericana está incipiente, pero es absolutamente estratégica.

He podido participar en el V Foro Aeroespacial Chile-España y en el Seminario «La cooperación espacial España-CELAC» (Comunidad de Estados Latinoamericanos y del Caribe). Me han quedado claras dos cosas, la falta de gobernanza del espacio ultraterrestre y la necesidad de cooperación internacional.

En efecto, las actividades espaciales no son solamente carísimas, con presupuestos inasumibles para los Estados individualmente hablando (ni siquiera para Estados Unidos), sino que los recursos se ven infrautilizados si no hay un uso racional, proporcionado y compartido. Por decir tan solo un ejemplo, un satélite de observación de la tierra gira en torno a nuestro planeta y, por algunos minutos, a veces algunos segundos, está observando un punto de interés determinado (por ejemplo, los movimientos terrestres en torno a las minas de un determinado Estado), pero el resto del tiempo hasta que gire completamente estaría perdiendo eficacia si no es utilizado por otros Estados para observar espacios o situaciones que le son de interés.

De eso se trata, de que Iberoamérica se conciencie de esa necesidad y de que coopere de forma solidaria. España acaba de crear hace seis meses su Agencia Espacial Española, pero muchos Estados de América Latina ya habían creado las suyas propias, y Argentina, Bolivia, Chile, Colombia, Ecuador, México, Paraguay, Perú y Venezuela disponen de agencias propias y/o satélites orbitando la tierra. Los intereses en materia de seguridad y defensa, observación de la tierra, conectividad, navegación aérea, etc., son tan solo una expresión de los intereses más inmediatos y directos. Incluso lo más cercanos y baratos y, aun así, difícilmente abarcable para los Estados considerados individualmente.

Si desde 2018 se han lanzado más de cinco mil satélites, se estima que hasta 2040 girarán en la órbita geoestacionaria más de cuatrocientos mil.

Por tanto, estamos obligados a tener una mirada sistémica. Y esta tierra andaluza, aún más. Disponemos de infraestructuras tecnológicas de primerísimo nivel en nuestro suelo (el INTA de Huelva, los Observatorios Astronómicos de Granada y Almería, el Laser Lab, de Málaga, el Radar SST de Morón (Sevilla), el Centro de Vuelos Experimentales (ATLAS), de Jaén, con tecnología que se exporta a todos los lugares del mundo. Contamos, igualmente, con un Clúster Aeroespacial que engloba a las más importantes empresas aeroespaciales de nuestro país.

De esta forma, esas dos debilidades detectadas, la de la falta de gobernanza espacial y la necesidad de la cooperación iberoamericana, deben ser resueltas. La primera, ofreciendo un foco de atención al derecho aeroespacial (por eso apoyo la creación de un máster en ese marco en la Universidad de Sevilla, que debería ser estratégico) y la institucionalización de la cooperación público-privada en el marco iberoamericano, reforzando no solo los lazos políticos con la Agencia Latinoamericana y Caribeña del Espacio (ALCE), cuyo responsable está estos días en Sevilla.

Hay que coordinarse entre España y Portugal, con ALCE y otras agencias nacionales del entorno iberoamericano para organizar actividades, investigación conjunta, exploración del espacio ultraterrestre desde posiciones comunes, aportar tecnología que permita un marco de seguridad y bienestar de la población, y compartir capacidades espaciales. Hay muchos activos con poco rendimiento por falta de cooperación internacional.

Nuestras empresas espaciales (solo en Andalucía hay más de cien) ya tratan de cooperar. INDRA, por ejemplo, tiene más de 20 000 trabajadores en América Latina; HISPASAT sirve a más de 30 países, muchos de ellos de América Latina. Otras muchas tienen plataformas de negocios espaciales en la zona. La economía espacial ya supone un importante porcentaje del PIB andaluz.

Italia ya ha percibido esa importancia. Se ha sumado, como recientemente España, a los Acuerdos Artemisa, junto a Brasil, México, Colombia, etc., y está promoviendo la cooperación. Claro que esta cooperación tiene que ser amplia y, desde luego, la cooperación euro-latinoamericana sería importante, pero los que hablamos español nos comunicamos mejor y como dijo Yerko Benavides Brito, jefe de la División de Desarrollo Tecnológico e Industria del Ministerio de Defensa de Chile, ayer mismo, en la Agencia Espacial Española, los españoles y los latinoamericanos estamos «separados por un océano, pero unidos por el espacio». Esa es la clave y no podemos desaprovechar esta oportunidad.

Postureo climático

Diarios Grupo Joly
15 de diciembre de 2023

En 1992 (hace, pues, la friolera de 31 años) se adoptó en Río de Janeiro (Brasil), la Convención Marco de las Naciones Unidas sobre el Cambio Climático. Esta Convención Marco entró en vigor en 1994 y dispone, hoy en día, de 197 Estados miembro, es decir, una de las comunidades convencionales más extensas del planeta (más, incluso, que Estados miembro tiene la propia ONU).

Lo más importante de esta Convención Marco es que es un texto jurídicamente vinculante que reconoce la existencia del cambio climático como consecuencia directa de las interferencias antropógenas (inducidas por el ser humano). Para ello, se fija como meta la estabilización de las concentraciones de gases de efecto invernadero en la atmósfera, la adaptación de los ecosistemas y el mantenimiento del sistema económico.

El órgano supremo de esta Convención Marco es la Conferencia de las Partes (COP), que examina a los Estados miembro en relación con la aplicación de la Convención y toma las decisiones necesarias para la efectividad de la misma. Se reúne cada año en un lugar diferente. Esta semana en Dubái se ha celebrado la COP28 (en 2019 se reunió en Madrid).

Claro que la mayoría de las veces no toma decisiones y, cuando las toma, no se arbitra un procedimiento de control y sanción para los incumplidores. Esto hace que el sistema se tambalee porque le hace depender de la voluntad política de los gobernantes de turno (llámense Bush, Trump, Orbán, Bolsonaro o Rajoy) o, peor aún, de la ausencia de consecuencias jurídicas o económicas.

Hemos llegado a la COP28, terminada el día de ayer, 12 de diciembre, sin mucho éxito hasta la fecha. De las 28 celebradas, seguramente nos pueden llegar a sonar la de Kyoto, que estableció el Protocolo de Kyoto en 1997 o, la de París, que adoptó el Tratado de París en 2015. Y a pesar de ello, siendo estos acuerdos Tratados Internacionales, no han modificado ni la conducta ni los efectos de los Estados sobre el cambio climático.

Esta inacción solo puede fundamentarse en el postureo climático que nos invade. Los Estados quieren aparentar que les preocupa el cambio climático para lo que establecen «normitas» (perdón por la expresión) para eliminar las bolsas de plástico en los supermercados (mientras estos han sustituido los viejos carritos de metal por otros de plástico) o establecer lugares subterráneos para el almacenamiento de CO2, que solo existen nominalmente (invito a que se conozca el establecido por España frente a las costas de Huelva o el de Gibraltar en las estructuras de la plataforma continental de las aguas de la Bahía de Algeciras).

Tenemos un Panelde Expertos sobre Cambio Climático de las Naciones Unidas que es, incluso, anterior a la Convención Marco. No fue creado por ella, sino en el marco del Programa de las Naciones Unidas para el Medio Ambiente (PNUMA) y la Organización Meteorológica Mundial (OMM) en 1988, pero tiene de bueno que es un órgano científico formado por expertos independientes, con los que contribuyen miles de científicos de todo el mundo y que hacen evaluaciones objetivas sobre el impacto del cambio climático y de la necesidad de adaptación, proponiendo metodologías novedosas y análisis de consecuencias sobre este fenómeno. Yo le llamo a este panel de expertos la «verdad revelada», porque no son análisis de los políticos o los gobernantes de turno, sino análisis de los científicos, de los expertos, que presentan sus conclusiones, independientemente de los gobiernos.

Esta «verdad revelada» nos dice que el calentamiento global es un hecho, con un impacto de 1,50 °C de calentamiento con respecto a los niveles preindustriales, que los fenómenos meteorológicos extremos son cada vez frecuentes y más desastrosos, que la acidificación de los mares y océanos ya ha colapsado, como consecuencia de la imposibilidad de absorción de estos sumideros azules de carbono, de más CO_2 procedente de la atmósfera.

En este momento hay tres solicitudes de Opiniones Consultivas ante la Corte Internacional de Justicia, ante el Tribunal Internacional del Mar y ante la Corte Interamericana de Derechos Humanos que tendrán que pronunciarse sobre la vulnerabilidad de algunos Estados por la acción del cambio climático, sin ser responsables ni directos ni indirectos. Y que quieren saber quiénes serían los responsables.

La mayoría de los Estados contaminantes miran para otro lado. La mayoría de los no contaminantes, por falta de desarrollo adecuado, miran con recelo a los primeros porque desearían situarse en el mismo lugar.

Mientras tanto, todos los Estados importantes del mundo disponen de unidades ministeriales (en España, Ministerio de Transición Ecológica) que se esfuerzan por maquillar sus acciones, estableciendo roles minúsculos con postureos climáticos a través de normativas enrevesadas para que los ciudadanos crean en lo «verde», en lo «ecológico», en lo «natural», llevado al extremo por la empresas de los «bio», que inundan un mercado totalmente confuso y que sigue vendiendo lechugas dobles en bolsas de plástico, o bolsas de naranjas de diez kilos envueltas en mayas de materiales no reciclables.

La COP28 nos ha enseñado, una vez más, que no tenemos políticos a la altura del desafío que supone esta amenaza del cambio climático. Si alguien creía que era solo en España, desengáñese, es en todo el mundo. Solo una hecatombe nos hará consciente, a la fuerza, de que el cambio climático tiene consecuencias irreparables. O los ciudadanos nos lo tomamos en serio, con el escrupuloso respeto al gran principio que rige el medioambiente: «pensar globalmente y actuar de forma local», o la naturaleza nos enseñará por la fuerza de los hechos.

¿Genocidio en Gaza? Sudáfrica cree que sí

Diarios Grupo Joly
15 de enero de 2024

El jueves 11 y el viernes 12 de enero de 2024 se han celebrado en La Haya, ante la Corte Internacional de Justicia (CIJ), las audiencias públicas para escuchar los argumentos de la demanda de Sudáfrica contra Israel por violación de la Convención para la Prevención y la Sanción del Delito de

Genocidio (Convención sobre Genocidio), de 1948, de la que tanto Sudáfrica como Israel forman parte.

La base de la demanda es la consideración por parte de Sudáfrica de que Israel está cometiendo actos con la intención de destruir, total o parcialmente, una comunidad nacional, étnica, racial o grupo religioso. Tal como se recoge de forma expresa en la demanda, «Sudáfrica considera que la conducta de Israel (a través de sus órganos estatales, agentes estatales y otras personas y entidades que actúan siguiendo sus instrucciones o bajo su dirección, control o influencia) en relación con los palestinos en Gaza, viola sus obligaciones en virtud de la Convención sobre Genocidio».

Fue el 29 de diciembre de 2023 cuando Sudáfrica presentó la demanda y el día 2 de enero, cuando Israel, contrariamente a su política de no responder a las demandas ante la CIJ, compareció ante la misma para rechazar las acusaciones sudafricanas.

Debo clarificar que no se trata de la Corte Penal Internacional (CPI), también radicada en La Haya, en cuyo Estatuto igualmente se contempla el crimen de genocidio. Se trata de la CIJ que solo enjuicia a Estados y no a personas. De hecho, Sudáfrica y otros Estados han presentado también una solicitud para que el Fiscal de la CPI investigue «vigorosamente» los crímenes cometidos, incluyendo el de genocidio.

Por tanto, en este caso del que me ocupo, de la CIJ, no es una acusación contra Netanyahu o contra responsables políticos o militares que hayan llevado a cabo las acciones que Sudáfrica considera genocidio. Esas acusaciones, no me cabe la menor duda, ya vendrán, bien en el marco de la CPI, bien en el de los tribunales internos de Israel, bien en el marco de la jurisdicción universal, en la que cualquier Estado tendría competencias (algunos, limitadas) para el enjuiciamiento penal individual por crímenes de genocidio, crímenes de lesa humanidad o crímenes de guerra.

Será muy difícil que Sudáfrica pueda probar la intencionalidad de Israel y la conexión de esa intencionalidad con los actos perpetrados en Gaza. Sin embargo, el elemento positivo es que Sudáfrica ha puesto nombre a los actos que se desarrollan, ha obligado a los Estados a pronunciarse o, al menos, a significarse (España ha decidido no apoyar a Sudáfrica, al igual que toda la UE, con algunas excepciones que se muestran muy críticas como Bélgica o Irlanda).

También se han pronunciado multitud de organizaciones, bien inter-gubernamentales, bien no gubernamentales, así como ciudadanos de todo el mundo, significativamente más de 600 ciudadanos israelíes incluyendo responsables de partidos políticos, que han comunicado a la CIJ que Israel toma «medidas sistemáticas para aniquilar a la población de Gaza, matarla de hambre, abusar de ella y para desplazarlos» (*The New Arab*, 10 de enero de 2024).

En estas primeras audiencias, la CIJ ha conocido los argumentos de las partes y de todos aquellos que tienen *locus standi* para comparecer, bien como representantes de Estados parte, bien como *amicus curiae*. Una vez que ya han terminado las audiencias públicas previas, la CIJ deberá decidir si establece las medidas provisionales solicitadas por Sudáfrica «para proteger los derechos invocados de una pérdida inminente e irreparable». Las medidas provisionales que podrá adoptar la Corte en las próximas semanas tendrán que ver con la suspensión de las hostilidades, por el riesgo de los perjuicios inminentes e irreparables y por la urgencia.

Debemos tener claro que en el conflicto israelo-palestino se están produciendo violaciones graves del Derecho Internacional, particularmente del Derecho Internacional Humanitario y de Derechos Humanos que, en su día, tendrán sus consecuencias penales, como he dicho. Ahora tan solo se trata de una demanda contra Israel por otro Estado parte en la Convención para la Prevención y la Sanción del Delito de Genocidio, Sudáfrica, lo que no es poco.

Sudáfrica le atribuye a Israel no solo el crimen de genocidio, sino un *dolus specialis*, en su comisión. Como parte en la Convención sobre Genocidio, Sudáfrica se atribuye una obligación de prevenir dicho crimen.

Para el inicio del procedimiento, Sudáfrica invoca el artículo IX de la Convención sobre Genocidio que permite el sometimiento de las partes a la CIJ cuando se produzca una controversia en cuanto a la interpretación, aplicación o cumplimiento de la citada Convención.

Ni Sudáfrica ni Israel han realizado reservas respecto a este artículo IX.

Sería interesante preguntarse por qué Sudáfrica da un paso tan llamativo que podría enturbiar sus propias relaciones internacionales. No hay que olvidar que ha sido un tradicional aliado de Estados Unidos y que forma parte de la Commonwealth que preside el Rey Carlos III del Reino Unido.

Sin embargo, no hay que olvidar tampoco que Sudáfrica sufrió un larguísimo periodo de *apartheid*, reconoció al Estado palestino en 1995, forma parte del grupo de los BRICS (formado por países emergentes como Brasil, Rusia, India, China y Sudáfrica –también se acaban de incorporar Egipto, Irán, Emiratos Árabes Unidos, Arabia Saudita y Etiopía–, que quieren liderar algunos aspectos de las relaciones internacionales, desbancando el poder omnímodo de Estados Unidos) y por formar parte de África (quizás el Estado más influyente de ese continente) y de los Estados nacidos de la descolonización. Quizás, por todo ello, se ha sentido obligado a liderar procesos jurídico-políticos como el que nos ha ocupado.

Habrá que estar pendiente de las consecuencias que produzca esta nueva situación y las respuestas de Estados Unidos, la UE y otros actores muy potentes en Oriente Próximo.

Terrorismo y amnistía: reflexiones desde la UE

Diarios Grupo Joly
26 de enero de 2024

Estos días hay un encendido debate, incluso ciudadano, sobre las enmiendas introducidas en el Proyecto de Ley sobre Amnistía, en relación con el delito de terrorismo. Se habla de terrorismo malo y terrorismo bueno; de terrorismo que viola los derechos humanos y terrorismo que no los viola. Todo muy pobre y muy poco fundamentado, con soluciones simples a problemas complejos. El punto central está en hablar de terrorismo y no de acto terrorista, que será los que deberán tener en cuenta los jueces, tanto nacionales como europeos. Me explico.

El actual debate me ha recordado al habido en el *Centre d'étude et de recherche de droit international et de relations internationale*, de la *Academie de Droit International* de La Haya, en 1988 (hace, pues, 35 años), cuando un grupo de investigadores, seleccionados por el *Curatorium* de la citada Academia, y financiado por la Fundación Rockefeller, divididos en dos secciones, anglófona y francófona, para debatir sobre «Los aspectos jurídicos del terrorismo internacional», fuimos incapaces de definir jurídicamente el terrorismo, sobre todo, en la sección francófona, que fue en la que yo participé, por la presencia de diplomáticos y estudiosos procedentes del mundo árabe. Hubo tantas exclusiones, exenciones, justificaciones, etc., que tuvimos que prescindir del debate inicial.

Tras varias reuniones infructuosas, decidimos, unánimemente, en ambas secciones, anglófona y francófona, dejar de intentar definir el terrorismo y centrarnos en los actos terroristas, es decir, en las consecuencias que provoca el terrorismo.

Puedo afirmar que la Unión Europea no ha tenido interés político por el tema del terrorismo hasta después de los acontecimientos del 11 de septiembre de 2001. Digo interés político y concreto porque, con anterioridad, el terrorismo había suscitado algunas declaraciones más o menos retóricas y algunas medidas, pero encuadradas dentro de la política global de la lucha contra la delincuencia organizada en general, pero sin particularizar las penas o medidas concretas. Ni siquiera a ETA se le atribuían actos terroristas, en el ámbito europeo, con anterioridad a esa fecha.

El Consejo de Seguridad de Naciones Unidas comenzó a tratar el terrorismo desde el día siguiente de los atentados, estableciendo acciones para combatirlo. Incluso creó un Comité contra el Terrorismo, que presidió el embajador español, Javier Rupérez. Tal era el nivel de compromiso de España en estos temas. Ahora bien, no olvidemos que Estados Unidos no incluyó a ETA tampoco en el listado de grupos terroristas hasta cuarenta y dos días después de los atentados de Nueva York (en 2003, se incluiría a Herri Batasuna).

Las preocupaciones internacionales se centraban, en todo caso, en la seguridad de la aviación o el tráfico marítimo, con las personas internacionalmente protegidas, con la toma de rehenes, con los atentados con bombas, con la financiación del terrorismo, con el terrorismo nuclear y poco más.

Por su parte, el Consejo Europeo, diez días después de esos atentados en Estados Unidos, aprobó un Plan de Acción contra el terrorismo donde se mencionaban todas las medidas policiales y judiciales, así como las políticas en la lucha contra el terrorismo. Esta iniciativa fue seguida por el Consejo de Ministros de Justicia e Interior, donde se crea EUROJUST, una fiscalía europea contra los grandes delitos, incluidos los de terrorismo.

A partir de entonces comienzan los Planes de Acción, los Planes de Lucha, las estrategias, las decisiones jurídicas, la cooperación reforzada, la política de dimensión exterior e iniciativas y medidas que han alcanzado los aspectos políticos, policiales y judiciales. Incluso contamos con una definición propia de terrorismo. Sin embargo, una vez más, podemos afirmar que se llama definición común de terrorismo, pero que, en realidad, se trata de una aproximación común de delitos y penas, relacionados con el terrorismo. De nuevo, el problema de la definición y de la utilización de la calificación de los actos terroristas.

Hasta 2001, la UE, tanto en el Tratado de Maastricht como en el de Ámsterdam, señaló al terrorismo como uno de los crímenes a prevenir y combatir, pero desde la perspectiva del crimen organizado y no desde la amenaza a la seguridad del Estado.

El Tratado de Lisboa, actualmente vigente, menciona en varias ocasiones al terrorismo, bien para completar la cláusula de solidaridad (art. 222 TFUE) como para afianzar la jurisdicción del Tribunal de Justicia de la UE en el ámbito de la inmovilización de fondos o activos financieros (art. 75 TFUE) o la pléyade de normas que todos los ciudadanos hemos podido comprobar cada vez que nos montamos en un avión y que aún persisten para asegurar la navegación aérea.

El problema seguía siendo la definición. En 2002 se aprobó una Decisión Marco del Consejo, de 13 de junio de 2002, sobre la lucha contra el terrorismo para aproximar las legislaciones de los Estados miembro en la definición de los delitos de carácter terrorista y en las penas correspondientes. En este sentido, la Unión Europea llega a la conclusión de definir los delitos, es decir, los actos terroristas, los tipificados como delitos según los respectivos derechos nacionales que, por su naturaleza o su contexto, puedan lesionar gravemente a un país o a una organización internacional cuando su autor los cometa con el fin de intimidar, forzar, obligar, atentar, secuestrar, destruir instalaciones, etc. He aquí el marco de actuación posible de la Comisión Europea y del Tribunal de Justicia de la UE, con competencias en estas materias.

Hay muchos problemas jurídicos como para resolver la cuestión distinguiendo un terrorismo que viola los derechos humanos y otro terrorismo que no, por lo que serían amnistiables. Por ejemplo, la problemática de las amenazas terroristas, los grupos terroristas organizados, los elementos penales conexos, como la tentativa, la complicidad, la inducción y un largo etcétera.

En definitiva, es muy poco riguroso afinarse en la elaboración de una ley casuística o «de autor» porque los jueces están obligados a aplicar el ordenamiento jurídico completo (no una única ley) y nuestro ordenamiento es un sistema jurídico muy afianzado que dispone de normas muy diversas, como la Constitución, los tratados internacionales, las normas europeas, las leyes, los principios jurídicos, la jurisprudencia, nacional e internacional… No auguro, pues, una aplicación que salvaguarde tan solo los intereses políticos en juego porque los jueces están obligados a aplicar el ordenamiento jurídico en su conjunto.

Conflictos armados y derechos humanos

Diarios Grupo Joly
5 de marzo de 2024

Cualquiera que observe nuestra realidad estará viendo diariamente en la TV, en la prensa o en las redes sociales, las atrocidades que se están cometiendo en Ucrania, en Gaza, en otros más de 50 conflictos armados abiertos y en otros conflictos insurgentes de menor intensidad, como ahora en Haití, Ecuador, El Salvador…

Es una pregunta muy recurrente: ¿dónde está el Derecho Internacional? Esta misma pregunta nos podríamos hacer cuando se ha cometido un asesinato, una violación o un acto de corrupción, pero nadie se pregunta ¿dónde está el Derecho Penal? La mayoría sabemos que el Derecho llega más tarde y su capacidad sancionatoria, a veces, incluso, muy tarde. Pero el Derecho llega.

Esa es su grandeza. No puede impedir por su mera existencia que se cometan los crímenes más atroces. No puede detener una mano asesina.

Sin embargo, incluso cuando hay una ingeniería jurídica insoportable, incluso en esos casos, el Derecho termina llegando. Da igual si hay por medio leyes de amnistía, intervenciones de los fiscales sometidos al principio de jerarquía o comisiones de Venecia. Siempre quedan principios, valores, interpretaciones judiciales y una pléyade de herramientas jurídicas para que la impunidad no reine a sus anchas. Eso sí, siempre manteniendo el principio de inocencia y las posibles circunstancias, como la legítima defensa u otras eximentes o atenuantes.

Los conflictos armados, sean internacionales o internos, también tienen sus límites. El primer límite es la propia prohibición del recurso al uso de la fuerza armada contra la integridad territorial de un Estado (Ucrania) o territorio no autónomo (Gaza), ni siquiera como represalia. Esto generará responsabilidades en el ámbito internacional, estatal, en el marco de la jurisdicción de la Corte Internacional de Justicia (CIJ), o individual penal, en el marco de la jurisdicción de la Corte Penal Internacional (CPI) o de la jurisdicción universal (los tribunales de cualquier Estado que pueden reclamar su competencia para el enjuiciamiento de los crímenes de guerra o de crímenes de lesa humanidad).

Seguro que todos hemos oído hablar de que Sudáfrica ha denunciado a Israel ante la CIJ por violación de la Convención sobre la Prevención y Sanción del Delito de Genocidio, por cierto, publicada en el BOE español de 8 de febrero de 1969. Eso es contra el Estado de Israel y, por tanto, es responsabilidad del Estado. También hemos oído hablar de que la Corte Penal Internacional emitió el pasado 17 de marzo de 2023 una orden de detención contra Putin por la «deportación ilegal de niños» (responsabilidad internacional individual); también se ha visto cómo la jueza de la Audiencia Nacional, María Tardón, aceptó el pasado 10 de octubre de 2023 investigar la desaparición de tres ciudadanos españoles en los actos terroristas cometidos por Hamás en Israel (jurisdicción universal).

Los actos de agresión pueden ser diferentes, tanto en el caso de Ucrania como en el de Gaza. Putin alega una respuesta armada, sin justificación alguna, considerando que basta la mera defensa de la población de origen ruso o rusófona existentes en Crimea y en el Dombás. En el caso de Gaza, Israel alega legítima defensa frente a ataques de Hamás en su territorio.

Sin embargo, en ambos casos, la legítima defensa está sujeta a las condiciones establecidas para su uso: *necesidad* (incluye la inmediatez y la ausencia de otros medios alternativos: última ratio); *proporcionalidad* (criterios cualitativos y cuantitativos); *provisionalidad* (hasta alcanzar los objetivos defensivos perseguidos y hasta tanto el Consejo de Seguridad inicie actuaciones); y *deber de informar al Consejo de Seguridad* (artículo 51 de la Carta de la ONU).

Su incumplimiento podría conllevar al ejercicio de la responsabilidad estatal por agresión y/o al ejercicio de la responsabilidad penal individual, también por agresión, contra los responsables.

En cuanto a los ataques armados indiscriminados que estamos viviendo, tanto en un conflicto como en otro, también tienen sus reglas (que como toda regla puede ser objeto de desprecio, pero que tendrán sus consecuencias jurídicas). Y eso que las reglas fueron establecidas en 1949, cuando los Estados, mayoritariamente europeos, las elaboraron pensando en ejércitos regulares, con caballeros de honor, muy lejos de las contiendas de hoy día, con armas de destrucción masivas, con implicaciones crecientes de la población civil como víctimas indirectas, con teatros de operaciones con señores de la guerra, o con medios de comunicación que televisan en directo las consecuencias de los actos más cruentos, lo que lleva a los ejércitos modernos a evitarlos o a utilizar medios subversivos.

En los dos últimos decenios estamos percibiendo la precariedad de las normas del Derecho Internacional que deben aplicarse durante los conflictos armados para proteger a las víctimas (combatientes heridos o enfermos, combatientes náufragos, prisioneros de guerra, población civil) que se manifiestan actualmente porque no pueden dar respuesta a los riesgos y amenazas, cuyos desafíos quedan anclados en una realidad jurídica débil y sin instrumentos eficaces.

Hoy día hablamos de la privatización de la guerra, hablamos de guerra santa, de niños combatientes, de guerra de ciudades, de guerra electrónica, de drones, y para ello no se pueden utilizar las viejas reglas, aunque siempre nos quedarán los principios de proporcionalidad, los principios elementales de humanidad, el principio de distinción, el de necesidad militar pero, desgraciadamente, con principios tan solo, no podemos construir un *corpus iuris* que dé respuestas a los retos actuales.

Por ello, recurrimos a otros sectores del ordenamiento jurídico, especialmente visibles cuando están en juego los derechos humanos en periodos de conflictos armados, donde se producen situaciones simultáneas, porque se produce una permeabilidad o migración de un sector hacia otro o porque hay situaciones de frontera que hacen difícil la separación. De ahí los actos de terrorismo, los actos de genocidio, los crímenes de lesa humanidad, además de los crímenes de guerra, que incluirían los daños medioambientales o los delitos contra los bienes culturales.

Se les está recordando constantemente a los responsables que hay que cumplir con el Derecho, pero ellos saben que, si no cumplen, les llegará la cita con los tribunales. Seguramente tarde, pero será implacable. Es lo único que puede hacer el Derecho, recordarles que las normas se establecen para que, si se violan, les caiga todo el peso de la ley.

El nuevo pacto europeo sobre migración

Diarios Grupo Joly
21 de mayo de 2024

El 14 de mayo pasado, el Consejo de la UE adoptó el Pacto de la UE sobre Migración y Asilo. En España, la noticia ha pasado sin pena ni gloria. Sin embargo, este Pacto incorpora diez normas jurídicas con categoría de Reglamentos o Directivas y con cambios sustanciales en la política común migratoria y de asilo.

Los objetivos generales de todas estas normas aprobadas son gestionar las llegadas de manera ordenada; crear procedimientos eficientes y normalizados; y asegurar un reparto equitativo de la carga entre los Estados miembro.

La importante reforma del sistema de asilo y de control de la inmigración supone, por un lado, dar respuestas a los fracasados sistemas imperantes en la UE al respecto y, por otro lado, un desafío en relación con los derechos humanos.

Se trata, entre otras muchas cuestiones, de «comunitarizar» la presión migratoria que soportan algunos Estados de la UE para que otros puedan prestar ayuda, reubicando migrantes, transfiriendo grupos, contribuyendo financieramente o desplegando personal de apoyo. Eso sí, se simplifican los procedimientos para el retorno de los migrantes irregulares o aquellos solicitantes de asilo a los que se les haya denegado.

Por tanto, la clave está en el reparto equitativo de la responsabilidad y la solidaridad que, seamos sinceros, no es de carácter obligatorio porque muchos de los Estados de la UE no han manifestado estar dispuestos a ello. Por tanto, no espero que hayas reubicaciones, aunque pueda haber contribuciones financieras o despliegue de personal de apoyo.

Es verdad que hay un nuevo enfoque sobre la migración legal, la contratación en origen y otras vías seguras que permitan atraer capacidades deficitarias en la economía y la sociedad europea. Se trata, pues, de un refuerzo de la tarjeta azul, creada en 2021, para admisiones aceleradas. Sin embargo, como se ve, todo el sistema está sujeto tan solo a los intereses económicos europeos, muy alejados de criterios éticos o humanitarios.

El nuevo Reglamento sobre la Gestión del Asilo y la Migración mejora los criterios de admisión y el Estado responsable de examinar las solicitudes, que sigue siendo el primer Estado de entrada, pero que, ahora, se podría compartir la sobrecarga de algunos Estados, atendiendo a criterios diferentes, como el de la presencia de un familiar en otro Estado, la existencia de un título académico del solicitante, expedido en los últimos seis años en otro Estado miembro de la UE, la reagrupación familiar...

Otros cambios normativos tienen que ver con la autorización para establecer excepciones a las normas de entrada, en caso de afluencia masiva o situaciones de fuerza mayor (seguridad sanitaria, seguridad alimentaria, catástrofes naturales...).

La ampliación de los datos en el sistema EURODAC dará nuevas funcionalidades y la recopilación de datos será más exhaustiva con lo que se puede hacer un seguimiento más personalizado de los movimientos de los migrantes.

En nuevo Reglamento de control se puede resumir en dos palabras, o asilo o retorno. Los mecanismos de ambos procesos pueden ser nacionales, es decir, cada Estado establecerá el que considere más conveniente, con el límite de respetar los derechos humanos, especialmente el de no devolución a un lugar donde pueda sufrir persecución.

En cuanto al Reglamento sobre el Procedimiento Común de Asilo se simplifica peligrosamente, permitiendo procedimientos rápidos obligatorios en fronteras, con los problemas derivados de la inadmisión automática de las solicitudes, procediéndose a la expulsión inmediata, con lo que ello supone de trasladar la importancia de una decisión de este calibre a una mera autoridad policial. Esta normativa se complementa con el Reglamento sobre Procedimiento Fronterizo de Retorno.

Las nuevas normas establecidas en el Pacto Europeo de Migración y Asilo respecto a las solicitudes de asilo armonizan las normas de protección y los derechos de los solicitantes, hasta ahora sometidos a criterios menos comunes. Con ello, se reducirá el número de solicitudes de asilo «a la carta», buscando el país que sea más generoso o que cuenta con normas más laxas.

Las condiciones de acogida también se mejoran, entre otras cosas porque se establecen normas uniformes, por ejemplo, en el derecho al trabajo de los solicitantes de asilo (no más de nueve meses tras la solicitud de asilo) o el derecho a la educación de los menores, acompañados o no.

En fin, estas normas comentadas se establecen entre otras muchas, que requerirán un estudio académico más pormenorizado, un análisis de la práctica y un conocimiento de cómo los jueces van aplicando estas normas. Sin embargo, lo que no puede negarse es que, tras muchos años, la UE ha sido capaz de llegar a un acuerdo normativo (que no político) de una de las cuestiones más importantes para el conjunto de los Estados miembro de la UE, con sus variables, como son la migración y el asilo.

Muchos aspectos que se están debatiendo estos días y que se intensificarán durante la campaña electoral al Parlamento Europeo que culminará el próximo día 9 de junio, con la elección de la nueva Eurocámara, serán temas estrella de los debates políticos. Se trata de un tema muy sensible en nuestras sociedades, por falsos temores, por aparentes percepciones y por no tener en cuenta las realidades de las necesidades de la propia Europa, escasa de trabajadores y de personal cualificado para afrontar su futuro con un mínimo de garantía.

Los nuevos retos de la UE tras las elecciones

Diarios del Grupo Joly
7 de junio de 2024

La UE convocó elecciones entre el día 6 y 9 de junio de 2024 en todo el territorio de la Unión, en la que los ciudadanos europeos pudieran elegir a los 720 eurodiputados que conformarán el nuevo Parlamento Europeo. España elegirá a 61 diputados, entre 34 alternativas diferentes.

Las tareas principales de este próximo parlamento van a ser de vital importancia para los nuevos desafíos a los que se enfrenta el mundo global y Europa en particular: la elaboración de las normas europeas, junto con el Consejo, la aprobación del presupuesto, la defensa de los valores de la UE y el nombramiento de la Comisión Europea.

Cuando se habla del futuro de Europa resulta recurrente pensar en las reformas necesarias de las instituciones de la Unión Europea para afrontar los nuevos retos a los que tenemos que dar respuestas.

Sin embargo, Europa es algo más que la mismísima Unión Europea, tal como hoy día la concebimos.

No se trata de pensar que Europa es geográficamente más extensa que la propia Unión Europea porque, tras la última ampliación de 2013, para incorporar a Croacia, la Unión Europea coincidirá básicamente con la geografía política de Europa dado que Rusia tiene y tendrá un proyecto propio, diferente del de la Unión Europea.

Cuando digo que Europa es algo más es porque el proyecto de la Unión Europea debe ser algo más que reformas institucionales o que reparto de votos o cuotas, siendo estos elementos de vital importancia también.

El futuro de Europa debe estar planificado en el plano interno y en el plano externo. En el plano interno buscando un equilibrio, de singular dificultad, entre la dimensión política y la dimensión ciudadana.

La dimensión política debe responder a los intereses de las entidades políticas superiores, sean Estados, regiones u otras comunidades, pero sin que ello suponga erosión o fragilidad de la soberanía de los Estados, unidades políticas por antonomasia para un orden centrípeto y no centrífugo.

La dimensión ciudadana se centra en los intereses superiores del ser humano que disfrute de la jurisdicción europea y en la participación democrática de la ciudadanía en la construcción del proyecto europeo.

El método actual de elaboración de los tratados sustrae a la ciudadanía de un precioso derecho que es el de participación en el proceso político de elaboración de una Unión Europea que vaya más allá de una simple organización internacional.

Respecto al plano externo (por tanto, *ad extra*) hay varias cuestiones esenciales que deben ser abordadas para que el futuro de Europa tenga credibilidad: la armonización de la política exterior y la autonomía en materia de seguridad y defensa común.

En materia de política exterior comprendo las distintas sensibilidades que ofrece y, por tanto, comprendo las dificultades a las que la propia Unión Europea se enfrenta. Es verdad que Estados tan diferentes en cuanto a política exterior se refiere, necesitan plantear la política exterior europea desde sus propias posiciones. Sin embargo, es hora ya de establecer mecanismos de decisión y de control que no se sustraigan a la estrategia general que pueda marcar el futuro de la UE.

Estamos hablando de problemas importantísimos como los nuevos movimientos migratorios, los desplazamientos geoestratégicos derivados de las nuevas fuerzas emergentes de Asia, de los desplazamientos medioambientales, del cambio climático, del control de la energía, de la mundialización del comercio, de los nuevos aprovechamientos del mar, de la precariedad de las viejas reglas para afrontar los nuevos desafíos, de la inteligencia artificial.

Para ello se debe abordar un procedimiento en la toma de decisiones que sea coherente con todo el procedimiento de la UE y establecer unos mecanismos de control que permitan a los distintos Estados y a los ciudadanos en general reclamar su cumplimiento.

Soy plenamente consciente de las dificultades de abordar este tema, pero soy más consciente de las que acarrearían no abordarlas. Se haría necesario diseñar, junto a los principios y orientaciones generales de la Política

Exterior Común de la Unión Europea y las estrategias comunes, un procedimiento por el que la toma de decisiones en las acciones y posiciones comunes tenga un marcado carácter «comunitario».

Respecto a la seguridad y defensa común en Europa el futuro pasa por no prejuzgar la labor de la OTAN que de momento debe seguir siendo prioritaria en la gestión de la crisis, por lo que ninguna propuesta debería afectar al Tratado de Washington. Sin embargo, hay que destinar muchos más recursos a la investigación, más puestas en común de instrumentos militares y más estrategias de seguridad que otorguen autonomía a las decisiones propias para los intereses de la UE. Hay, pues, que elegir bien.

El alcance jurídico de las políticas de Israel

Diarios Grupo Joly
23 de julio de 2024

El 19 de julio de este mismo año, la Corte Internacional de Justicia (CIJ), el máximo órgano judicial de Naciones Unidas emitió una Opinión Consultiva sobre «Las Consecuencias Jurídicas derivadas de las Políticas y Prácticas de Israel en el Territorio Palestino Ocupado, incluida Jerusalén Este».

Pongamos orden jurídico. La CIJ tiene una doble competencia jurisdiccional, la competencia contenciosa (demandas entre Estados) y la competencia para emitir Opiniones Consultivas (a instancias de los órganos y organismos de Naciones Unidas, autorizados para ello en la Carta de las Naciones Unidas). Pues bien, el pasado 31 de diciembre de 2022, la Asamblea General de la ONU adoptó una Resolución solicitando a la CIJ que emitiera una Opinión Consultiva para que evaluara, desde el punto de vista jurídico, la situación de las políticas y prácticas de Israel en Palestina.

Hay que recordar que las opiniones consultivas, a diferencia de las sentencias, no son de carácter obligatorio. Sin embargo, al fundamentarse en el Derecho Internacional y al ser emitidas por el órgano jurisdiccional principal de Naciones Unidas, su contenido se considera siempre con un alto valor jurídico. Además, el procedimiento seguido por la CIJ es el mismo que el de los casos contenciosos.

La Asamblea General hizo dos preguntas, cargadas de intencionalidad: «a) ¿Cuáles son las consecuencias jurídicas que se derivan de la continua violación por parte de Israel del derecho del pueblo palestino a la libre determinación, de su prolongada ocupación, asentamiento y anexión del territorio palestino ocupado desde 1967, incluidas las medidas destinadas a alterar la composición demográfica, el carácter y el estatus de la Ciudad Santa de Jerusalén, y de su adopción de leyes y medidas discriminatorias conexas?

b) ¿Cómo afectan las políticas y prácticas de Israel mencionadas en el párrafo 18 a) supra al estatuto jurídico de la ocupación, y cuáles son las consecuencias jurídicas que se derivan de ese estatuto para todos los Estados y las Naciones Unidas?».

Se ve claramente que la Asamblea General tiene su planteamiento político. Ahora lo que busca es el respaldo jurídico de la CIJ.

La institución judicial ha hecho un análisis jurídico exhaustivo para poder responder a la Asamblea General, lo que le ha llevado a consumir 283 párrafos.

El aspecto jurídico inicial del que parte la CIJ es que Cisjordania y Jerusalén Este son territorios ocupados y que la potencia ocupante es Israel. Por su lado, la Franja de Gaza no puede considerarse estrictamente un territorio ocupado, pero sí un territorio donde Israel ejerce el control efectivo.

Ello le lleva a la conclusión de que Israel está obligada por el IV Convenio de Ginebra sobre Protección de la Población Civil y otras normas de Derecho Internacional Humanitario, así como por el Pacto Internacional de Derechos Civiles y Políticos de Naciones Unidas y otros, por lo que estas obligaciones convencionales son aplicables a la situación de los territorios ocupados.

Una de estas obligaciones analizadas por la CIJ tiene que ver con los asentamientos de colonos israelíes en territorio de Cisjordania y Jerusalén Este, en contravención de las normas internacionales que regulan la ocupación. Otra es el uso y abuso que hace Israel, en contravención también de las normas internacionales para beneficiar a su propia población, en detrimento de la población palestina, incluso utilizando los recursos naturales del territorio ocupado, sobre todo, el agua, la producción de alimentos, etc.

Las normas aplicables en el territorio ocupado, violando igualmente el Derecho Internacional son las de la potencia ocupante, por lo tanto, es Israel quien decide el desplazamiento forzado de la población palestina, la confiscación de bienes, los castigos, incluso corporales, a los palestinos, la anexión de territorios, medidas discriminatorias, permisos de residencia, demoliciones punitivas, la falta de permisos de construcción y un largo etcétera.

Todas estas políticas y prácticas, según la CIJ, afectan a la condición jurídica de la ocupación y consecuentemente constituyen violaciones flagrantes del Derecho Internacional.

Todos estos hechos fueron comprobados *in situ* por una Comisión de Juristas, entre los que me encontraba, en 2005. Pudimos ver los efectos de estas políticas y prácticas de Israel en Cisjordania y Jerusalén Este. Emitimos un informe que, en esencia, se fundamenta en las mismas premisas que esta Opinión Consultiva de la CIJ del 19 de julio de 2024. Aquel informe se convirtió en una Proposición No de Ley del Parlamento español y en una Resolución del Parlamento Europeo. Después de 20 años, seguimos diciendo las mismas cosas e Israel sigue haciendo las mismas cosas. Algo no se está haciendo bien en la comunidad internacional organizada.

El asilo diplomático en América Latina

Diarios Grupo Joly
10 de septiembre de 2024

La mañana de este domingo 8 de septiembre de 2024 se ha levantado con la noticia de que Edmundo González, líder opositor al régimen de Maduro y presunto ganador de las elecciones en Venezuela, había abandonado Caracas en un avión de la Fuerza Aérea Española.

La noticia no llama la atención por las consideraciones jurídicas que voy a hacer, sino por sus razonamientos políticos. El ministro de Asuntos

Exteriores español no solo ha confirmado la noticia oficialmente, sino que ha dicho que Edmundo González ha solicitado asilo y que el Gobierno español se lo va a conceder, prescindiendo de las obligaciones de procedimiento, que ha despreciado. También ha confirmado que un avión oficial español lo ha recogido en el aeropuerto más vigilado de Venezuela, poniendo a disposición de la oposición venezolana, las negociaciones diplomáticas necesarias, el avión, el personal de pilotaje, el combustible, etc., para hacer realidad esta operación.

El Sr. Edmundo González se encontraba, desde hace días, en la Embajada de España en Venezuela, no se sabe si como solicitante de asilo o como invitado del embajador.

Estos hechos me llevan a una reflexión de orden jurídico. El refugio en una embajada y la protección que le otorga el Estado titular, se llama en Derecho Internacional, «asilo diplomático», para distinguirlo del «asilo territorial», que es el que se produce en una frontera o en un puesto fronterizo del Estado.

Estos hechos son bastante frecuentes en América Latina, donde se ha creado un *corpus iuris* bastante exclusivo, donde se ha llegado a constituir una auténtica costumbre regional, invocable ante los tribunales, junto a un conjunto de normas convencionales, entre cuyos tratados podemos citar la Convención sobre Asilo Diplomático de Caracas, de 1954, precisamente donde se diferencia entre asilo diplomático y asilo territorial.

Los perseguidos políticos en el área de América Latina han sido una constante en su historia, por lo que buscaron esta fórmula del asilo diplomático para dar respuesta a la obligación internacional, de carácter «erga omnes», en palabras de la Corte Internacional de Justicia, que obliga a la no devolución de una persona en caso de persecución. Veremos muchos más casos en otras embajadas acreditadas ante el Gobierno venezolano (actualmente Argentina y Brasil, amén de otros posibles casos en la misma Embajada española).

Ahora bien, lo que pudiera resultar de una norma consuetudinaria a nivel regional latinoamericano, no tiene por qué ser extensible al resto de la comunidad internacional. De hecho, la Unión Europea no acepta el asilo diplomático. Un ejemplo de ello fue el Caso Assange, en la Embajada de Ecuador en Londres, donde permaneció más de diez años por falta de un salvoconducto del Gobierno británico para que pudiera salir de dicha Embajada y posteriormente del país, bajo la protección y garantía de Ecuador.

En el caso de Edmundo González, se ha hecho saber que disponía de los salvoconductos necesarios del Gobierno venezolano para poder salir del país, de la mano de España y embarcar en una aeronave oficial española que le esperaba. Esto ha requerido de dos voluntades, de la de Venezuela y de la de España.

Sin embargo, como he dicho, España, como parte de la Unión Europea, no acepta el asilo diplomático, entre otras cosas, por temor al refugio masivo que se puede producir en los locales diplomáticos y a las tensiones políticas que pueden generar. Cabe recordar aquí, la «invasión» de ciudadanos cubanos reclamando el asilo en el interior de las instalaciones diplomáticas y consulares de España en La Habana. O la de ciudadanos de la Alemania Oriental en los locales diplomáticos de la Alemania Occidental en Berlín.

Cuando España ingresa en las, entonces, Comunidades Europeas, tiene que dejar claro su rechazo al asilo diplomático. La primera ocasión que tuvo España para ello fue con el Sargento Mikó, refugiado en la Embajada de España en Malabo (Guinea Ecuatorial), donde solicitó asilo, que le fue denegado, en base a la renuncia que hizo España de esta práctica del asilo diplomático. Fue devuelto a las autoridades ecuatorianas, con exigencias de garantías de un juicio justo y equitativo y un seguimiento del Cónsul General, durante todo el proceso y periodo de condena. Fue la primera vez que España mostraba públicamente su rechazo a esta fórmula de asilo.

Otro caso en el que España mostró su renuncia a esta práctica (que venía ejerciendo desde, al menos, 1601, donde se registra la primera intervención jurídica) fue con ciudadanos afganos, trabajadores de la Misión española en el contingente de Naciones Unidas y posteriormente de la OTAN (traductores, panaderos, conductores, etc.), quienes solicitaron refugio en los cuarteles militares, que se les denegó, aunque por razones humanitarias aceptaron embarcarlos en aviones de la Fuerza Aérea Española y una vez que estuvieron en suelo nacional, registraron sus solicitudes, para no romper la nueva práctica de no utilizar la figura del asilo diplomático.

Como vemos, la práctica de esta figura jurídica de protección es muy abundante, especialmente en América Latina, con sus convulsiones políticas, por el interés de todos los implicados, dado que la historia demuestra la sucesión de solicitudes de ejercientes del poder y de oposición y, por último, por la solidaridad inherente a esa comunidad hispano-lusa.

Ahora bien, España debe aplicarse un poco más. Debe dejar claro si retornamos a esta práctica jurídica del asilo diplomático (¡ojo, para todos!) o no. Y, una vez, regresados a esta institución, debemos exigir un escrupuloso respeto de los procedimientos. Un ministro, por muy de Exteriores que sea, no puede ejercer de portavoz, dando automaticidad a la concesión, porque hay obligaciones no solo materiales, sino procedimentales también, donde puede intervenir, incluso, el poder judicial.

La ocupación israelí de Palestina y el papel del derecho internacional

TRT WORLD ESPAÑOL
26 de septiembre de 2024

El pasado 19 de julio de 2024, la Corte Internacional de Justicia (en delante CIJ) emitió una Opinión Consultiva, solicitada por la Asamblea General de Naciones Unidas (en adelante, Asamblea General) sobre «Las Consecuencias Jurídicas derivadas de las Políticas y Prácticas de Israel en el Territorio Palestino Ocupado, incluida Jerusalén Este». La Resolución solicitante de la Asamblea General se adoptó el 31 de diciembre de 2022.

Este tipo de solicitudes se establece cuando se quiere conocer una situación jurídica, por lo que cualquier órgano u organismo de Naciones Unidas autorizado por la Carta de la ONU, puede dirigirse a la CIJ para que emita su parecer jurídico. No estamos hablando de un caso contencioso de un Estado (o varios) contra otro Estado, que podría terminar con la emisión de una sentencia, de carácter obligatorio, sino de un Informe Jurídico para establecer una verdad jurídica.

Ahora bien, a diferencia de otros tribunales internacionales, las opiniones consultivas de la CIJ no son jurídicamente vinculantes, aunque disponen de una autoridad moral difícilmente rechazable.

La Asamblea General quería saber la opinión de la CIJ respecto a dos cuestiones relevantes: «a) ¿Cuáles son las consecuencias jurídicas que se derivan de la continua violación por parte de Israel del derecho del pueblo palestino a la libre determinación, de su prolongada ocupación, asentamiento y anexión del territorio palestino ocupado desde 1967, incluidas las medidas destinadas a alterar la composición demográfica, el carácter y el estatus de la Ciudad Santa de Jerusalén, y de su adopción de leyes y medidas discriminatorias conexas? b) ¿Cómo afectan las políticas y prácticas de Israel mencionadas en el párrafo 18 a) supra al estatuto jurídico de la ocupación, y cuáles son las consecuencias jurídicas que se derivan de ese estatuto para todos los Estados y las Naciones Unidas?».

Lo primero que aborda la CIJ es si la situación puede considerarse una ocupación, de conformidad con el Derecho Internacional, llegando a la conclusión que Cisjordania y Jerusalén Este son territorios ocupados por Israel y, por lo tanto, territorios donde Israel está obligado a respetar las normas establecidas para los territorios ocupados, que se determinan en el marco del derecho aplicable a los conflictos armados, especialmente la IV Convención de Ginebra sobre Derecho Internacional Humanitario y todas las normas protectoras derivadas de las obligaciones convencionales de Israel, relacionadas con los derechos humanos.

La CIJ analiza las prácticas de Israel para llegar a la conclusión de que Israel viola el Derecho Internacional: el desplazamiento forzado de la población palestina, la confiscación de bienes, los castigos, incluso corporales, a los palestinos, la anexión de territorios, medidas discriminatorias, permisos de residencia, demoliciones punitivas, la falta de permisos de construcción y un largo etcétera.

Para llegar a estas conclusiones, la CIJ ha tenido que desarrollar 283 párrafos. Ello da idea del rigor jurídico que ha utilizado.

La conclusión que se derivó de este análisis de la CIJ es que «la presencia continuada de Israel en el Territorio Palestino Ocupado es ilegal y que Israel tiene la obligación de cesar de inmediato cualquier nueva actividad de asentamiento, y de evacuar a todos los colonos del Territorio Palestino Ocupado».

No hay que olvidar que no era la primera vez que la CIJ se ha visto sometida a emitir una Opinión Consultiva sobre la situación de Palestina bajo ocupación de Israel, cuando adoptó la Opinión Consultiva sobre las consecuencias jurídicas de la construcción de un muro en el territorio palestino ocupado, de 9 de julio de 2004. En ella, la CIJ llega a la conclusión de que la construcción del muro que ha construido Israel en Jerusalén Este y en Cisjordania es contraria al Derecho Internacional. Israel tiene también la obligación jurídica de cesar y detener de inmediato dicha construcción y de desmantelar la estructura y derogar todas las normas relacionadas con ella, además de reparar todos los daños ocasionados. El resto de los Estados tienen la obligación de no reconocer la situación ilegal de la construcción del muro.

Como he dicho, este tipo de opiniones consultivas no tienen fuerza jurídica vinculante, aunque a cualquier Estado mínimamente democrático le dañaría en su imagen y buscaría soluciones para adecuarse a la realidad jurídica.

Por ello, ha instado, tanto en la Opinión Consultiva de 2004 sobre las consecuencias jurídicas de la construcción del muro, como en esta reciente de julio de 2024, sobre la ocupación israelí de los territorios palestinos, a los órganos de Naciones Unidas, sobre todo a la Asamblea General y al Consejo de Seguridad, a que adopten medidas necesarias para el cese de las situaciones ilegales planteadas.

En relación con la de 2004, el Consejo de Seguridad, cuyas resoluciones sí son vinculantes, adoptó el 23 de diciembre de 2016 la Resolución 2334, instando a Israel a cesar sus ilegalidades y a comportarse como exige el Derecho Internacional, pero no adoptó medida alguna porque el singular sistema de veto impide este tipo de acciones, salvo con la mayoría prevista en la Carta. El Consejo de Seguridad, a diferencia de la Asamblea General tiene una serie de instrumentos, incluyendo el uso de la fuerza, para doblegar a los Estados, pero debe decidirlo, de conformidad con la Carta de la ONU.

La Asamblea General ha decidido adoptar una Resolución este pasado 13 de septiembre de 2024, donde asume los planteamientos jurídicos de la CIJ y exige a Israel un comportamiento conforme al Derecho Internacional. Sin embargo, como he dicho, los límites jurídicos de la Asamblea General para exigir este comportamiento están en la propia Carta.

Ahora bien, esta reflexión solo alcanza a la responsabilidad del Estado. Se ha activado y se puede activar la responsabilidad penal individual, en el marco de la jurisdicción internacional de la Corte Penal Internacional, donde ya ha habido acciones, o de la jurisdicción universal porque estamos hablando de crímenes de guerra para los que esta jurisdicción es plenamente competente. Y los Estados, individualmente, están adoptando medidas conforme al Derecho Internacional, no reconociendo las consecuencias de la ocupación y reconociendo al Estado palestino.

Iulia Traducta, más allá de la arqueología

Europa Sur
6 de octubre de 2024

Estos días, Iulia Traducta se ha colado en los medos de comunicación por la inauguración de la musealización de las fábricas de salazones de la vieja ciudad romana. Hay que reconocer que esta puesta en valor, más allá de la financiación con fondos europeos y de la protección jurídica otorgada por la Junta de Andalucía, con la declaración de Bien de Interés Cultural, ha sido una labor, diría de varios años, de los responsables del Ayuntamiento de Algeciras. Es justo, pues, que el alcalde José Ignacio Landaluce y la teniente de alcalde y delegada de Cultura, Pilar Pintor, junto al resto del equipo y personal implicado, sean reconocidos. La ciudad debe estar agradecida por estos desvelos.

Iulia Traducta, va mucho más allá de la arqueología, que ha dado excelentes frutos en estas fábricas de salazones, pero que supone solo la punta del iceberg.

Quisiera recordar por qué es importante este enclave arqueológico, más allá de lo visible. Esa importancia fue la que llevó al Movimiento Europeo a proponer a Carteia e Iuia Traducta para la concesión del Sello de Patrimonio Europeo. Yo, como responsable de Patrimonio y Cultura del Consejo Andaluz de dicho Movimiento Europeo, fui el encargado de recopilar la información, de elaborar el informe final y de defender, en nombre de la Junta de Andalucía, la candidatura de estas dos ciudades, hoy campogibraltareñas, ante la Comisión Nacional de Cultura.

En esta ocasión, solo voy a referirme a Iulia Traducta, dejando para otra ocasión los cuantiosos valores de Carteia, a la que ya le he dedicado otros espacios.

Lo primero fue contar con los responsables políticos del Ayuntamiento, de la Mancomunidad, la Consejería de Cultura de la Junta, etc. Hay que decir que con ellos todo fue muy fácil.

Para elaborar el informe técnico, fueron imprescindibles, con relación a Iulia Traducta, las charlas, los escritos, los documentos aportados, etc., por personas clave que dieron todas las luces para la construcción de la candidatura. Quiero comenzar con Rafael Camino, arqueólogo municipal, sin cuyo entusiasmo hubiéramos tenido menos oportunidades; Darío Bernal Casasola, Catedrático de Arqueología de la Universidad de Cádiz, cuya generosidad le llevó a involucrarse directamente en la candidatura; Salvador Bravo, historiador y arqueólogo, quien en esa doble dimensión aportó fundamentos históricos que reforzaron la candidatura; Pedro Rodríguez Oliva, Catedrático Emérito de Arqueología de la Universidad de Málaga, cuya sabiduría y buen hacer dio muchas luces; Rosario Arias y Juan Carlos Guzmán, del Centro Asociado de la UNED en el Campo de Gibraltar, por todos los medios y facilidades que nos ofrecieron.

Debo decir en este punto que la defensa de la candidatura la hice por videoconferencia (tiempos pandémicos) y quise hacerla físicamente en Algeciras, para lo cual Rosario Arias nos ofreció su propio despacho de la UNED. Recuerdo como me escuchaba atentamente tras las cámaras.

Hubo muchos más implicados, tanto para el enclave de Carteia como para el enclave de Iulia Traducta. Imposible nominarlos a todos, lo que sí hice en el informe presentado a la Comisión Nacional de Cultura.

Me impliqué personalmente en que ambos enclaves tuvieran una candidatura única porque están relacionados por la historia, por el espacio geográfico y por las potencialidades de futuro.

No hubo suerte por dos razones fundamentales; había otra candidatura mucho más potente, como el Monasterio de Yuste, que fue quien, de las 9 candidaturas, obtuvo mayor apoyo; y nuestra candidatura no era más que un Lugar de Memoria. A pesar de ello, fue muy bien valorada y nos dieron consejos muy útiles para tener en cuenta.

Hacía falta excavación, investigación y puesta en valor. Carteia sigue paralizada en su 10% de porción excavada. Iulia Traducta avanza con la musealización de las fábricas de salazones y con los proyectos de la Universidad de Cádiz.

Los valores esenciales que nos determinaron a llevar a Iulia Traducta en esta candidatura de reconocimiento de la Unión Europea fueron los siguientes.

La ciudad de Iulia Traducta fue fundada en torno al año 28 a. C. para dar respuesta a una serie de problemas que el nuevo gobernante de Roma, Octavio, tenía en ciernes. Por una parte, tenía un excedente de veteranos generados por incesantes años de luchas intestinas, ciudadanos romanos a los que había que darles tierras como pago por sus servicios. La mayoría las querían en Italia, pero es cierto que muchos otros preferían comenzar una nueva vida en territorios donde mezclarse con las poblaciones autóctonas.

La presencia de Carteia, ciudad de notable prestigio que había tomado partido en la Guerra Civil por el bando senatorial, obligó a Octavio a hacer una «limpieza» de clientelas pompeyanas mediante la probable confiscación de tierras para colocar a sus veteranos leales en la zona. Para ello llevó a cabo la creación de la ciudad de Iulia Traducta a la que le dio su propio apellido en el territorio de la poderosa Carteia y utilizó para habitarla a sus veteranos junto a gentes trasladadas desde las ciudades de Tingi y Zelis en el actual Marruecos.

Esto se convierte en un hecho singular de primer orden porque, aunque conocemos traslados poblacionales en la zona, el hecho singular reside en hacerlo para llevar a cabo una deductio, una fundación colonial que sirva de ejemplo a otro núcleo políticamente hostil. Iulia Traducta, al igual que otras ciudades de su entorno, crecerá debido fundamentalmente a una floreciente industria de productos haliéuticos de la que se conservan numerosos ejemplos en su solar como factorías de salazones, entramado urbano, necrópolis, etc.

Por tanto, fue la primera vez que se constituía una ciudad de nueva planta, con valores de integración, otorgando la ciudadanía a «peregrinii» (extranjeros), con lo que supone de valor para la integración que predica la Unión Europea. La candidatura final se tituló «Carteia y Iulia Traducta; Ciudadanía, Integración y Transculturalidad». Nada más afín a la actualidad de la ciudad de Algeciras.

Juan Ignacio de Vicente y Lara, *in memoriam*

Europa Sur
5 de enero de 2025

Esta madrugada, Nacho, su hijo, me ha comunicado el fallecimiento de Juan Ignacio de Vicente y Lara. Durante las dos últimas semanas nos temíamos lo peor, pero yo tenía esperanza porque Juan Ignacio era un superviviente, un jabato. Le tocó luchar contra animales muy feroces, como la ceguera, la incomprensión de la Administración Pública, las envidias... Pero jamás se rindió, junto a su incombustible mujer, Mercedes, lazarillo, guía, amiga y fiel esposa.

Yo le conocí en el bachillerato nocturno. Era un poco mayor que yo. No en vano tuve que solicitar un permiso especial para cursar los estudios en el turno de noche, hasta entonces vedado a los menores de 16 años. En el Curso de Orientación Universitaria (COU) empezó a agudizarse su dolencia degenerativa que terminaría, al muy poco tiempo, con su visión. Mercedes, ya desde entonces, no dejó de acompañarle ni un solo día.

Yo me ocupaba de darle los apuntes de Historia del Arte. Pedro Ríos y otros compañeros se ocupaban de otras asignaturas. Ya completamente ciego fue capaz, a pesar de los muchos inconvenientes que se le pusieron, de terminar sus estudios universitarios.

No se conformaba con licenciarse en la Universidad de Sevilla. Fue el primer director del Museo Municipal y su defensa del patrimonio cultural de Algeciras le hicieron acreedor del reconocimiento de sus paisanos. Fue un docente enamorado y sus alumnos le recuerdan con devoción.

Contaré una pequeña anécdota con mis alumnos de la Universidad de Sevilla. Habíamos venido a aprender sobre Gibraltar y sobre la Conferencia Internacional de Algeciras de 1906. Le pedí que él nos explicara la significación histórica de la sala del pleno del Ayuntamiento, donde se celebraron las sesiones de negociación de la citada conferencia diplomática. En un momento dado de su intervención, se fue la luz. Juan Ignacio siguió explicando los azulejos que decoran el citado Salón de Plenos, ante la incredulidad de mis alumnos. Tuve que pedirle que parara un momento para explicarle a mis alumnos que Juan Ignacio no había podido darse cuenta del apagón porque era ciego. Mis alumnos no daban crédito y lo premiaron con un cerrado aplauso. Fue, sin que él lo pretendiera, ni siquiera lo supiera, su mejor lección para ellos. Cuando llegó la luz, continuó en el mismo punto donde lo había dejado.

Siempre decía de él que no le era necesario ver, ni siquiera tocar la *terra sigilata*, porque le bastaba olerla.

Sé que la tierra te será leve, amigo, porque la humildad que te caracterizó es un manto que siempre te protegerá. Descansa en paz.

Estados Unidos sin Europa

Diarios Grupo Joly
24 de enero de 2025

Si en algo coinciden casi todos los analistas de los nuevos discursos de Trump y de las indagaciones de sus primeras acciones es en la reaparición, en la escena internacional, del unilateralismo, que podrá llevar, sin duda, a una autarquía, con el empobrecimiento que ello reportaría, y a la recuperación de los intereses particulares, aunque sean comunes, abandonando la lucha frente a los peligros y amenazas que se ciernen contra los intereses generales de la comunidad internacional.

No hay que quitarle gravedad a lo dicho y a lo hecho por Trump: retirada de Estados Unidos de la OMS, retirada de Estados Unidos del Acuerdo de París, el regreso a la producción masiva de gas y petróleo frente a la producción de energías renovables, la presión política a través de aranceles ignorando sus obligaciones en el marco de la OMC, las amenazas contra Panamá, Groenlandia, Canadá o México. Pero no debemos dejarnos arrastrar por la melancolía.

Los estudios de la mayoría de los analistas han utilizado un método equivocado, en mi modesta opinión. Lo han visto como un emperador que ha vociferado, creyéndose inmune, por todopoderoso, dejándose llevar por el miedo, y esto es un error, que ya han cometido muchos imperios a lo largo de la historia. Incluso, en la historia reciente tenemos ejemplos del fracaso de estas políticas invasivas.

No voy a recordar, como han hecho muchos, el periodo de entreguerras, sobre todo, los años 30, en los que se estaban reorganizando las grandes potencias de la época. Ni siquiera voy a recordar a los periodistas y los tertulianos, que también los había, desacreditando a la Sociedad de Naciones por su inoperancia, de la misma manera que hoy, Trump y los trumpistas desacreditan a la OMS o a otros organismos del sistema de Naciones Unidas, si no, al mismo corazón de la ONU. La realidad posterior fue que el primer acto global de la postguerra fue la creación de la ONU, como sucesora necesaria de la Sociedad de Naciones.

El hecho de que haya habido unos pocos jefes de Estado o de Gobierno, incluso europeos, jaleando las ideas de Trump, podría recordar al citado periodo de los años 30. Puede que haya discursos y acciones que sean de consumo interno, pero su trascendencia internacional no debería preocuparnos, salvo que tenga consecuencias.

La presidenta de la Comisión Europea ha estado tardíamente acertada, poniendo los puntos a las íes. Es verdad que ni la Alta Representante de la Política Exterior de la UE ni el presidente del Consejo de la UE se han tomado en serio las amenazas y las acciones de Trump. Fue lo mismo que sucedió en los años 30. Quizás, incluso, vendamos a algún amigo, como se hizo con España durante la Guerra Civil.

Sí me gustaría pensar que Europa, la suma de la UE y otros, puede reforzar nuestra seguridad y defensa (quizás bastaría luchar de verdad contra la corrupción, de forma decidida). Es tan obvio que debemos invertir en seguridad y defensa que no es necesario que nos lo diga Estados Unidos, pero Estados Unidos debe saber que Alemania también estaba armada hasta los dientes y se consideraba inmune.

Estados Unidos ya ha recibido ataques armados en su propio territorio (Torres Gemelas en Nueva York) y esos ataques duelen mucho. Mejor, mucho mejor, tener aliados, y los aliados naturales de Estados Unidos son Europa y América Latina. De estos dos grupos, sin duda, el que puede tener un poder global, es Europa, incluso, en este caso, la UE. El resto son poco fiables, poco eficaces o mucho más costosos: India, Japón, Marruecos...

Es verdad que la Commonwealth tendría el corazón dividido por las declaraciones de Trump sobre Canadá. ¿Qué van a hacer el Reino Unido, Australia o Nueva Zelanda?

Cuando hablo de aliados no solo estoy pensando en temas de seguridad militar, sino también en temas de seguridad alimentaria, comercial, científica, etc. etc.

Estados Unidos y la UE no disponen de un acuerdo de libre comercio y tienen disputas muy importantes como la arancelaria entre Boeing y Airbus, los servicios digitales y el déficit de la balanza de pagos. Y eso debe resolverse con negociaciones y con diálogo.

Sin embargo, en tiempos revueltos, otros actores pueden ofrecer sus bienes y servicios. Ya lo hacen Rusia y China en África, incluso en América Latina, ¿por qué no se podrían encontrar espacios de colaboración entre estos actores globales si los aliados europeos se sienten desatendidos, atacados...?

Estados Unidos lleva mucho tiempo mirando a Asia, pero esa estrategia no le está siendo tan útil como creía porque, salvo India que, en sí mismo es un continente y se está limitando ahora mismo a crecer y a hacerse imprescindible para hacer de contrapeso a China, no encuentra aliados militares de peso, ni socios comerciales, salvo que quiera considerar su aliado militar y socio comercial a Corea del Sur.

Por todo ello, considero que en Europa debemos contribuir mucho más a la seguridad y defensa del continente y del mundo, pero también debemos exigir no ser ninguneados, incluso de tener voz propia en la gobernanza global, como un actor decisivo.

Estados Unidos debe ser un aliado estratégico, pero sin superioridad, más allá de la que da su propia riqueza, su propia estructura militar o su propia capacidad de incidir en la política internacional. En este sentido, la UE es un ejemplo maravilloso. Hay Estados muy potentes como Alemania o Francia, otros medianos como Italia, España o Polonia, pero hay otros muchos pequeños que contribuyen a la seguridad y a la prosperidad común. Todos somos útiles, incluso necesarios, pero nadie imprescindible. Lo saben bien los que han sido imperios.

Por tanto, Estados Unidos y Europa se necesitan, pero, si se quieren forzar voluntades, se corre el riesgo de que se cambie de bando. Esto durante el siglo XIX se llamó el *balance of power*, que provocó alianzas antinaturales. ¿Es lo que ansía Estados Unidos o los estrategas le enseñarán a Trump la realidad de la política internacional, empezando por explicarles que España no forma parte de los BRICS? Espero mucho de los internacionalistas norteamericanos para que le den clases, incluso gratuitas, a Trump.

El cruce del paso fronterizo con Gibraltar

Europa Sur
16 de febrero de 2025

Esta última semana ha declarado ante el Juzgado de Instrucción nº 3 de La Línea, el responsable policial de la Unidad Central de Fronteras, en calidad de testigo, en un procedimiento de carácter penal por prevaricación y coacciones, como consecuencia de las denuncias del inspector jefe del Paso Fronterizo de La Línea de la Concepción.

El citado Comisario responsable de la Unidad Central de Fronteras ha dejado claro, sin titubeos, que en ese paso fronterizo se debe aplicar el Código Schengen, aunque, por motivos de seguridad, puede relajarse el control exhaustivo, siempre que el responsable del puesto lo considere adecuado.

Quisiera fundamentar la normativa aplicable en este paso fronterizo, uno de los únicos cuatro pasos fronterizos terrestres existentes en España, junto a los de Andorra, Ceuta y Melilla.

Es verdad que el paso fronterizo con Gibraltar es muy peculiar pero la normativa aplicable, además de las normas internacionales universales relacionadas con los derechos humanos, es la establecida en el marco del Derecho de la Unión Europea (UE) que, por la pertenencia de España al espacio Schengen, es una competencia compartida entre la UE y los Estados parte.

A los efectos jurídicos, el paso fronterizo con Gibraltar es una frontera exterior. Hay que recordar que hasta la adopción del Acuerdo sobre la Retirada del Reino Unido de Gran Bretaña e Irlanda del Norte de la Unión Europea y de la Comunidad Europea de la Energía Atómica (Diario Oficial de 19 de febrero de 2019) –el llamado Brexit–, Gibraltar gozaba de la cualificación de territorio de la UE y sus habitantes eran ciudadanos europeos de pleno derecho. Por tanto, cabía la libre circulación por este paso fronterizo.

Con el nuevo acuerdo, Gibraltar se somete a la condición de territorio dependiente de un Estado tercero, de los llamados extracomunitarios, por lo que ya no es posible el cruce libre de fronteras. A petición de España, el Consejo Europeo aceptó que, en relación con Gibraltar, la UE no aceptaría ninguna medida que no fuera aceptada previamente por España. Por tanto, hay que proceder a una negociación política que permita el cruce de fronteras en el paso fronterizo de La Línea.

Esta negociación se está produciendo, pero no ha dado aún resultados. España y Reino Unido, de forma bilateral, han firmado cuatro Memorandos de Entendimiento (MOU) para regular las futuras relaciones entre el Reino Unido y la UE, en cuanto al cruce de fronteras de Gibraltar y en cuanto a la cooperación transfronteriza en materia sobre derechos de los ciudadanos, cooperación policial, medio ambiente y contrabando de tabaco.

Estos documentos no son jurídicamente vinculantes (por su naturaleza política y no jurídica). Además, España, de forma unilateral, no puede decidir las reglas del cruce de fronteras, entre otras cosas porque la competencia para el cruce de fronteras la asume la UE.

En todo caso, en el Memorando de Entendimiento sobre derechos de los ciudadanos no se contempla ninguna especificidad para el cruce del paso fronterizo fuera de los trabajadores fronterizos y, en todo caso, todo lo acordado para el periodo transitorio ha decaído porque ya se está fuera del plazo último del periodo transitorio, que finalizó el 31 de diciembre de 2020.

El llamado Código Schengen (técnicamente Reglamento (UE) 2024/1717 del Parlamento Europeo y del Consejo, de 13 de junio de 2024) es el derecho aplicable en el cruce de fronteras y, para ello, se establecen las condiciones para la entrada en España (y toda la UE), de los ciudadanos de Estados no pertenecientes a la UE. En esencia, todos los ciudadanos procedentes de terceros Estados deben disponer de un documento de viaje válido, de un visado cuando sea exigible, estar en posesión de documentos que justifiquen el objeto y las condiciones de la estancia prevista y disponer de medios de subsistencia suficientes, además de no estar inscrito como no admisible en el Sistema Informático Schengen y no suponer una amenaza para el orden público, la seguridad interior, la salud pública o las relaciones internacionales de ninguno de los Estados miembro ni, en particular, estar inscrito como no admisible en las bases de datos nacionales de ningún Estado miembro por iguales motivos.

Para poder garantizar el cumplimiento de todas estas reglas, hay una obligación para los responsables de los pasos fronterizos: el sellado sistemático de los pasaportes, tanto a la entrada como a la salida. Quedan excluidos de este sellado las personalidades políticas, los pilotos y marinos, así como los miembros de las tripulaciones y los ciudadanos de Andorra, Mónaco y San Marino.

Como puede comprobarse, los ciudadanos británicos, incluidos los ciudadanos de Gibraltar (y, por supuesto, todos los demás) no están excluidos de estas obligaciones señaladas.

Es verdad que, tanto el derecho de la UE, como el derecho nacional español tienen en cuenta la posibilidad de flexibilizar, en momentos puntuales y a criterio del jefe del puesto, para evitar momentos de avalanchas, perjuicios palpables, aspectos de seguridad. Ahora bien, esta flexibilidad es ocasional y debe ser la excepción.

También es verdad que la UE ha establecido normas para que en los cruces fronterizos terrestres se pueda generar un tráfico fronterizo menor sin excesivo control. A ello la normativa europea le dedica el Reglamento (CE) nº 1931/2006 sobre normas relativas al tráfico fronterizo menor en las fronteras terrestres exteriores de los países de la UE y modificaciones al Convenio de Schengen (Diario Oficial L/29 de 3 de febrero de 2007). Sin embargo, el Reino Unido, incluyendo Gibraltar, no participó en la adopción del citado Reglamento, y no está vinculado ni sujeto a su aplicación.

De tal manera que se puede asegurar que en el cruce fronterizo establecido por España (y, por consiguiente, la UE) en La Línea de la Concepción ha de aplicarse, de forma íntegra, el Código Schengen y el resto de las normas universales, europeas y nacionales que le son de aplicación.

Tropas europeas en Ucrania

Diarios Grupo Joly
18 de marzo de 2025

Si cualquiera leyera un periódico de los años 30 del siglo pasado, podría pensar que los vocablos más relevantes son los mismos que utiliza la prensa actual: rearme, defensa, seguridad, agresión, reclamaciones territoriales, etc.

Todos conocemos cuál ha sido el elemento disruptivo más importante, por lo que no hago análisis del mismo. Trumps nos ha desnudado. No podemos seguir siendo la primera potencia comercial y consumidora del mundo, y no participar en el diseño de la nueva arquitectura del mundo. Y sin Europa, el mundo será peor. Nos hemos dotado de valores, principios y garantías jurídicas para cuidar de la paz y seguridad internacionales.

Ahora bien, es verdad que hemos ignorado el costo de la defensa y seguridad porque nos hemos estado beneficiando de un escudo protector de los Estados Unidos que, mientras estuvo enzarzado en la Guerra Fría, era de su interés estratégico, pero, ahora, Trump ha demostrado, torpemente, desde luego, que puede cambiar de aliados y nos pilla sin recursos, sin estrategias, sin respuestas.

Ahora se empieza a hablar de enviar tropas europeas a Ucrania. Sin embargo, no sabemos quién las va a enviar ni en calidad de qué. Hay, pues, que poner orden a estas cuestiones.

Lo primero que habría que señalar es que no es una iniciativa, tan sólo, de la Unión Europea. El Reino Unido (y Francia) son los dos Estados que están liderando esta propuesta, aunque cuentan con el respaldo de la UE, sobre todo de la Presidenta de la Comisión Europea y de muchos otros Estados, interesados en la estabilidad de Centro Europa.

Si se trata de una coalición de Estados que acuerdan colaborar con Ucrania para repeler el acto de agresión de Rusia contra territorio ucraniano, deberíamos tener claro que estamos hablando de operaciones militares ofensivas y, por lo tanto, se constituyen en objetivos militares legítimos del atacante, independientemente de la ilegalidad de la agresión inicial.

Estaríamos en un teatro de operaciones militares donde se ha de estar dispuesto al cumplimiento del Derecho de los Conflictos Armados, pero también a soportar las consecuencias de un conflicto a gran escala. Incluso se podría ampliar al resto de los territorios de los Estados participantes. Esto si que sería la Tercera Guerra Mundial.

Sin embargo, lo que se oye (no hay nada oficial, más allá de conversaciones y debates entre líderes, o, incluso, de convocatorias de reuniones de órganos militares), es del envío de una fuerza europea de interposición para garantizar un alto el fuego, es decir, lo que en el lenguaje internacionalista llamamos una operación de mantenimiento de la paz (OMP).

Estas OMP no se contemplan ni en la Carta de las Naciones Unidas ni en ningún otro documento universal, pero se han puesto en práctica en el marco de la Organización de las Naciones Unidas para dar respuestas a problemas de mantenimiento de la paz, contribuyendo a desplegar contingentes, militares o civiles, en situaciones y crisis susceptibles de amenazar o quebrantar la paz y seguridad internacionales, que puedan ayudar a resolver el conflicto. La mayoría las conocemos por los cascos azules y han recibido en dos ocasiones el Premio Nobel de la Paz.

La experiencia ha sido enorme a lo largo de los años, desde la primera que se puso en marcha, por cierto, en Palestina, que aún pervive allí.

Ahora bien, en Ucrania no se habla de la contribución de la ONU porque sería muy difícil el despliegue de contingentes de cascos azules, estando implicados dos de los miembros permanentes del Consejo de Seguridad, Rusia y Estados Unidos.

Las Organizaciones Internacionales regionales, en el estricto marco de la ONU, y siguiendo la misma trayectoria, han ido, a su vez, contribuyendo al mantenimiento de la paz y seguridad internacionales, de tal manera que se han diseñado o bien operaciones paralelas, complementarias, suplementarias o independientes, a las de Naciones Unidas. En este marco, la OUA, la OSCE, la OTAN y, sobre todo la UE han sido especialmente generosas en la contribución al mantenimiento de la paz.

La primera vez que la UE utilizó este instrumento fue la Misión de Verificación de la Comunidad Europea en Eslovenia y Croacia extendiéndose más adelante al resto de repúblicas ex yugoslavas, e incluso extendiendo sus redes en Bulgaria, Albania y Hungría, por expresa invitación de dichos países, que empezó a operar en julio de 1991. Su misión no es sólo de verificación sino de análisis de información a los órganos comunitarios, especialmente al Consejo, etc. Incluso la Unión Europea aceptó administrar la ciudad de Mostar (Bosnia-Herzegovina) en el Acuerdo de Washington de 14 de marzo de 1994, donde se estableció una federación croata-musulmana, en la que España tuvo tanto liderazgo.

La fundamentación jurídica de la UE está perfectamente definida en el propio Tratado de Lisboa. En realidad, como ya he dicho, el único texto jurídico donde se diseñan este tipo de OMP es en el Tratado de Lisboa, que en su artículo 42 señala claramente que «La política común de seguridad y defensa forma parte integrante de la política exterior y de seguridad común. Ofrecerá a la Unión una capacidad operativa basada en medios civiles y militares. La Unión podrá recurrir a dichos medios en misiones fuera de la Unión que tengan por objetivo garantizar el mantenimiento de la paz, la prevención de conflictos y el fortalecimiento de la seguridad internacional, conforme a los principios de la Carta de las Naciones Unidas. La ejecución de estas tareas se apoyará en las capacidades proporcionadas por los Estados miembros».

El control político y la dirección estratégica de estas operaciones de gestión de crisis la ejercerá el Comité Político y de Seguridad, asesorado por el Comité Militar de la UE. A estas operaciones, comandadas por la UE se pueden unir otros muchos Estados de fuera de la UE. De hecho, existen acuerdos con docenas de Estados, incluidos Canadá, Australia, Corea del Sur, Nueva Zelanda, Estados Unidos, etc. etc que colaboran y se integran en sus tareas civiles, militares, logísticas, materiales...

La experiencia de la UE en el envío de operaciones de este tipo es muy amplia: más de 40 misiones desplegadas en todo el mundo y, actualmente, 22 misiones (12 civiles, 8 militares y dos híbridas).

Por tanto, tenemos experiencias. También sabemos cuáles son las condiciones jurídicas para esos despliegues. Se ha de contar con el consentimiento del soberano territorial, en este caso Ucrania, salvo que Rusia aceptara el despliegue de los soldados europeos en las franjas que ahora controla en el Dombas y en Crimea, lo que no es probable.

Desde luego es deseable que haya cooperación rusa, que se adopte un alto el fuego, pero no es imprescindible. El Derecho Internacional sólo exige el consentimiento del soberano territorial y la cooperación de todas las partes posibles, incluidos los Estados limítrofes por donde deberían transitar las tropas puestas a disposición.

Otra condición relevante sería el uso limitado de la fuerza. Las operaciones de gestión de crisis internacionales no son operaciones militares de fuerza ofensiva. Son defensivas y sirven con el único objetivo de mantener la paz y seguridad internacionales. Por ello, su equipamiento tiene que dar respuesta a la labor defensiva. Por supuesto, en esta defensa se incluye la defensa personal del personal adscrito a la operación, la defensa de los lugares de depósitos militares, de cuarteles para el personal, de los materiales, de los lugares de mando, etc., así como la defensa del objetivo político diseñado.

Obviamente, las partidas presupuestarias tienen que estar garantizadas, por ello, en el marco de la UE, una vez decidido el despliegue de una operación, la financiación corre a cargo del Fondo Europeo de Apoyo a la Paz, obviamente nutrido por los Estados Partes, en condiciones muy parecidas a las de Naciones Unidas, que se complementan con las aportaciones voluntarias de terceros Estados que quieran unirse a ellas (en el caso de Ucrania, ya hay muchos Estados que se han interesados, como Reino Unido, Canadá, Australia, Nueva Zelanda, Suráfrica, Corea del Sur, Japón, y un largo etc. de Estados latinoamericanos, de la Europa de la OCDE, de África y Asia.

La ONU en Sevilla

Diarios Grupo Joly,
24 de junio de 2025

Como la mayoría de los españoles seguramente ya saben, el próximo día 30 de junio se va a inaugurar en Sevilla la IV Conferencia Internacional de las Naciones Unidas sobre Financiación para el Desarrollo. Se trata de la cuarta ocasión en que se reúne esta conferencia, auspiciada por la Organización de las Naciones Unidas (ONU) a través de la Asamblea General y el ECOSOC, con el objetivo de establecer un foro de encuentro entre los responsables de los gobiernos, organizaciones internacionales, empresas, sociedad civil, etc., para fomentar una cooperación más efectiva, en el marco del desarrollo.

Estos objetivos, dados la variedad de participantes, los intereses diversos de cada uno de ellos y las dificultades políticas actuales, permiten percibir cierto pesimismo en torno al punto de mira central: la financiación del desarrollo.

Es verdad que este tipo de conferencias ha tenido un impacto cuantificable en el desarrollo de la arquitectura jurídica de ciertos problemas globales, como los derechos humanos, la cooperación al desarrollo, el medio ambiente, el cambio climático.

Solo el hecho de que haya un diálogo entre todas las partes implicadas, como Estados (desarrollados y no desarrollados), organizaciones internacionales intergubernamentales, ONG, empresas, etc., muestra la bondad de este tipo de reuniones.

Ya en 2003 dirigí una tesis doctoral sobre «La contribución de las ONG a la elaboración del derecho internacional de los derechos humanos», por tanto, he sabido de primera mano cómo, en estas conferencias internacionales, se puede contribuir a diseñar la arquitectura jurídica de temas tan relevantes.

Ahora bien, estamos hablando de financiación y eso son palabras mayores, máxime en un tiempo donde solo de habla de rearme, de gasto militar, de crecimiento desaforado, por lo que es poco probable que pueda llegarse a propuestas conciliables entre todos los actores. Esta conferencia, como sus predecesoras, establecen espacios diferenciados entre lo formal y lo informal. La diferenciación entre una agenda oficial, a puerta cerrada, y una agenda pública es una manera de evitar la interacción, la crítica, o incluso la protesta.

Las dificultades radican en innumerables variables presentes en un análisis sosegado de este tipo. Nunca es un buen momento para movilizar recursos públicos nacionales. Ni siquiera en la propia Unión Europea hay unanimidad al respecto, salvo que hablemos de la ayuda humanitaria. En los Estados nacionales, tampoco. Por ejemplo, en España es imposible cuantificar su cooperación al desarrollo por las dificultades derivadas del propio concepto (qué se entiende por desarrollo), de la variedad de instrumentos (ayudas, préstamos, transferencia de tecnología, etc.) y por la diversificación de las entidades públicas con competencias, más o menos establecidas (Estado, comunidades autónomas, mancomunidades, diputaciones, ayuntamientos, universidades, empresas públicas y un largo etc.).

Al mismo tiempo, hay que ser conscientes de la confluencia de sectores influyentes como el comercio internacional multilateral, la deuda soberana, la arquitectura financiera internacional, la actitud de las empresas transnacionales, etc.

La Comisión Internacional de Expertos sobre Financiación para el Desarrollo, presidida por el colombiano José Antonio Ocampo, e integrada por 16 economistas de todo el mundo, entre ellos el español José Antonio Alonso, ha presentado algunas propuestas para que sean analizadas en la Conferencia de Sevilla, que incluyen temas tan relevantes como la cooperación fiscal y la lucha contra los flujos ilícitos de capital; el fortalecimiento del papel de los bancos multilaterales y nacionales de desarrollo; la financiación medioambientalmente sostenible; el comercio, la industrialización y la inversión (políticas industriales en el marco de la OMC, propiedad intelectual...); la reestructuración de la deuda soberana; el fortalecimiento de la red de seguridad global (efectos colaterales de las políticas macroeconómicas, gestión de la volatilidad de los flujos de capital privado en los países en desarrollo...); la falta de regulación (actividades con altos riesgos de emisiones de carbono, los mercados financieros digitales...) y, finalmente, algunas reformas de las instituciones financieras internacionales, nuevas reglas de gobernanza de los bancos multilaterales de desarrollo, así como la creación de un Consejo de Coordinación Económica Mundial de las Naciones Unidas.

Como podemos ver, los desafíos son enormes y extremadamente complejos para que puedan ser abordados en la IV Conferencia que se celebrará en Sevilla, entre el 30 de junio y el 2 de julio.

Lo eventos programados darán satisfacción a muchos de los que tienen previsto estar en la ciudad de Sevilla durante los días programados. Por supuesto, en un evento de esta entidad, el Rey ejercerá la máxima representación de España y se notará su presencia en la ciudad. Incluso el nombre de la ciudad estará fijado en, al menos, dos documentos que se harán eco de él, como la creación de la Plataforma de Sevilla para la Acción y el documento final de la Conferencia.

Para la ciudad es un impulso económico, de imagen, de prestigio. Para el mundo no será suficiente, pero será un paso más en el planteamiento de una necesidad perentoria porque está en juego no solo la supervivencia de los valores que representa la dignidad del ser humano, sino la propia supervivencia de la humanidad que no se puede garantizar con desigualdad, con pobreza o con inseguridad (alimentaria, sanitaria, medioambiental).